职业教育教师能力提升丛书
ZHIYE JIAOYU JIAOSHI NENGLI TISHENG CONGSHU

信息化教学能力提升教程

XINXIHUA JIAOXUE NENGLI TISHENG JIAOCHENG

河南省职业技术教育教学研究室 组编

北京师范大学出版集团
北京师范大学出版社

图书在版编目(CIP)数据

信息化教学能力提升教程 / 河南省职业技术教育教学研究室组编. —北京：北京师范大学出版社，2018.4(2020.3重印)
(职业教育教师能力提升丛书)
ISBN 978-7-303-23420-2

Ⅰ.①信… Ⅱ.①河… Ⅲ.①职业教育－计算机辅助教学－师资培训－教材 Ⅳ.①G434

中国版本图书馆CIP数据核字(2018)第020773号

营销中心电话 010-58802181 58805532
北师大出版社职业教育教材网 http://zjfs.bnup.com
电子信箱 zhijiao@bnupg.com

出版发行：北京师范大学出版社 www.bnup.com
　　　　　北京市西城区新街口外大街12-3号
　　　　　邮政编码：100088
印　　刷：北京溢漾印刷有限公司
经　　销：全国新华书店
开　　本：787 mm×1092 mm 1/16
印　　张：18.5
字　　数：383千字
版　　次：2018年4月第1版
印　　次：2020年3月第4次印刷
定　　价：39.80元

策划编辑：林　子　　　　　责任编辑：马力敏
美术编辑：焦　丽　　　　　装帧设计：焦　丽
责任校对：陈　民　　　　　责任印制：陈　涛

版权所有　侵权必究
反盗版、侵权举报电话：010-58800697
北京读者服务部电话：010-58808104
外埠邮购电话：010-58808083
本书如有印装质量问题，请与印制管理部联系调换。
印制管理部电话：010-58808284

前　言

本书由河南省职业技术教育教学研究室组织，用于对河南省中职学校教师开展信息化教学能力提升培训，目的是全面提升河南省中职教师信息化教学能力，指导开展教师信息技术应用能力培养、培训和测评等工作，促进信息技术与传统教育教学深度融合。

本书主要基于教育部2014年5月颁布的《中小学教师信息技术应用能力标准（试行）》进行编写。根据教育教学工作与专业化发展需求，教师的信息技术应用能力培训内容分为能力认知[①]、技术素养、计划与准备、组织与管理、评估与诊断、学习与发展六个方面。本教材依据这六个方面展开论述。

通过河南省中职学校教师信息化教学能力的全员培训，大力推动教师在教育教学和日常工作中主动应用信息技术、主动适应信息化社会的挑战，充分利用各种学习机会，更新观念、补充知识、提升技能，不断增强信息技术应用能力。让中职学校的教师逐步养成良好的信息技术应用习惯，积极反思、勇于探索，将信息技术融于教学、师生交流和实习实训等各个环节，转变教育教学方式，促进学生有效学习和个性化发展。对于教师自身而言，通过培训，能够拓宽成长路径，实现专业自主发展。

本书在编写过程中，依据河南省中职学校的信息化应用现状和信息化教学能力现状，考虑到技术的实用性、前瞻性和培训工作的可操作性，引入项目教学、任务驱动、小组合作、自主探究等教学新理念，注重知识与技能的导入方式及其应用的情境设计，让参与培训的教师在培训过程中，通过活动的开展来完成任务，从而提升自己的信息化教学水平和信息化应用能力。教材内容注重理论与实践的结合，使培训内容具有较强的针对性和适应性。

本书由河南省职业技术教育教学研究室高级教师宋安国任主编，河南省理工学校高级讲师李继锋和河南信息工程学校高级工程师杨广宇任副主编，教材编写组成员还

---

① 《中小学教师信息技术应用能力标准（试行）》中不包含"能力认知"。

有河南信息工程学校高级讲师谢晓广、郑州测绘学校高级讲师杨万全、河南信息工程学校高级讲师马书群。

具体编写分工如下：项目一由杨广宇负责编写，项目二由谢晓广负责缩写，项目三的任务一至任务四由李继锋负责编写，项目三的任务五、任务六和项目六由宋安国负责编写，项目四由马书群负责编写，项目五由杨万全负责编写。

由于编者水平有限，不当之处在所难免，敬请广大读者批评指正。

编者
2018 年 3 月

目　　录

项目一　能力认知

任务一　创建学习小组与电子学习档案袋 … 2
- 活动一　创建学习小组和微信交流群 … 3
- 活动二　创建教师个人电子学档 … 6
- 活动三　安装使用常用的思维导图软件 … 7

任务二　了解职业教育信息化发展现状与趋势 … 9
- 活动一　研讨职业院校教育信息化的发展现状 … 10
- 活动二　研讨我国职业教育信息化的发展趋势 … 13

任务三　了解职业教育信息化的相关政策 … 17
- 活动一　收集职业教育信息化的相关政策文件 … 18
- 活动二　提出落实职业教育信息化相关政策的建议 … 32

任务四　解析教师信息化教学能力 … 35
- 活动　研讨教师的信息化教学能力 … 36

任务五　理解职业院校四类人员的信息化能力 … 44
- 活动　研讨职业院校四类人员的信息化能力 … 45

项目二　技术素养

任务一　研讨信息化教学中的责任因素 … 50
- 活动一　探究传统教学与信息化教学中的责任因素 … 50
- 活动二　探讨引发信息化教学事故的因素 … 53

任务二　学习操作信息化教学设备 … 55
- 活动一　认识和掌握教室常用信息化教学设备 … 56
- 活动二　认识和掌握实训室常用信息化教学设备 … 58
- 活动三　认识和掌握随身常用信息化教学设备 … 59

任务三　掌握常用的教学软件及网络教学平台 …………………… 64
　　　　活动一　学习使用局域网内的常用教学软件 …………………… 64
　　　　活动二　使用网上学习平台 …………………………………… 66
　　任务四　学习制作和管理数字教育资源 …………………………… 69
　　　　活动一　练习制作手机微课 …………………………………… 69
　　　　活动二　学习使用教学资源库 ………………………………… 78
　　　　活动三　学习使用微信公众号进行教学 ……………………… 84
　　任务五　探讨提高信息道德与安全意识问题 …………………… 86
　　　　活动一　认知和保持信息道德 ………………………………… 86
　　　　活动二　掌握保证信息安全的方法 …………………………… 88

项目三　计划与准备

　　任务一　分析教学任务，制订授课计划 …………………………… 91
　　　　活动一　研讨教学任务内容 …………………………………… 91
　　　　活动二　制订学期授课计划 …………………………………… 93
　　任务二　学习理解课程设计 ………………………………………… 97
　　　　活动一　借助资源平台了解课程设计 ………………………… 98
　　　　活动二　借助资源平台了解课程设计的分类 ………………… 100
　　任务三　编写课程设计 ……………………………………………… 100
　　　　活动一　研讨课程设计的依据、理念与思路 ………………… 101
　　　　活动二　研讨课程设计的流程和方法 ………………………… 102
　　任务四　编写一堂课的教学设计 …………………………………… 104
　　　　活动一　研讨课堂教学设计 …………………………………… 104
　　　　活动二　编写授导型课堂教学设计 …………………………… 114
　　　　活动三　编写探究型课堂教学设计 …………………………… 116
　　　　活动四　研讨混合型课堂教学设计 …………………………… 120
　　　　活动五　编写课堂导学案 ……………………………………… 123
　　　　活动六　研讨理实一体化课堂教学设计 ……………………… 130
　　任务五　学习信息化教学设计 ……………………………………… 136
　　　　活动一　研讨解析信息化教学设计经典案例 ………………… 136
　　　　活动二　分析信息化教学设计与传统教学设计的区别 ……… 172
　　　　活动三　学习如何进行信息化教学设计 ……………………… 173
　　任务六　制订应对方案 ……………………………………………… 174
　　　　活动一　分析、预见信息化教学过程中可能出现的问题 …… 175
　　　　活动二　学习制订应对方案 …………………………………… 175

项目四　组织与管理

任务一　利用信息技术实施课堂教学 …………………………………… 177
　　活动一　研讨传统课堂教学特点 ………………………………………… 178
　　活动二　利用互联网技术开展智慧课堂教学 …………………………… 182

任务二　利用信息化教学资源激发学习兴趣 …………………………… 190
　　活动一　有效应用多媒体信息技术激发学生的学习兴趣 ……………… 190
　　活动二　利用仿真资源激发学生的学习兴趣 …………………………… 192
　　活动三　利用虚拟现实资源激发学生的学习兴趣 ……………………… 194

任务三　使用信息化技术工具收集教学反馈信息 ……………………… 199
　　活动一　利用数字化教学平台收集教学反馈信息 ……………………… 200
　　活动二　利用腾讯问卷收集教学反馈信息 ……………………………… 201
　　活动三　利用手机微信问卷收集教学反馈信息 ………………………… 202

任务四　应急处置信息化课堂技术故障 ………………………………… 205
　　活动一　应急处置多媒体设备故障 ……………………………………… 206
　　活动二　机动调整多媒体设备应用 ……………………………………… 208

任务五　有效提升技术素养 ……………………………………………… 212
　　活动一　创建QQ/微信讨论组开展学习活动 …………………………… 212
　　活动二　使用IP摄像头开展学习活动 …………………………………… 216

项目五　评估与诊断

任务一　了解信息化教学评价 …………………………………………… 221
　　活动一　检索信息化教学评价的相关知识 ……………………………… 221
　　活动二　研讨信息化教学中常用的评价方法 …………………………… 227

任务二　开展自评与互评 ………………………………………………… 229
　　活动　评价教学设计 ……………………………………………………… 229

任务三　评价学习过程 …………………………………………………… 234
　　活动　研讨常用的评价学习过程的方法 ………………………………… 235

任务四　评价教学资源 …………………………………………………… 239
　　活动　评价微课资源 ……………………………………………………… 239

任务五　利用电子档案袋评价教学 ……………………………………… 242
　　活动一　收集电子档案袋评价的内容 …………………………………… 242
　　活动二　研讨电子档案袋评价的特点 …………………………………… 244
　　活动三　反思电子档案袋评价在教学中的应用 ………………………… 247

任务六　学习在教学中使用评价量规 …………………………………… 249
　　活动一　设计评价量规 …………………………………………………… 249

活动二　研讨评价量规 …………………………………… 251
　　　活动三　改进评价量规 …………………………………… 252
　　　活动四　制订小组合作学习的评价量规 ………………… 253

项目六　学习与发展
　任务一　利用学习类软件提升信息化能力 …………………… 259
　　　活动　安装使用学习类应用软件 ………………………… 259
　任务二　利用信息技术促进教师专业成长 …………………… 267
　　　活动一　研讨信息技术促进教师专业成长的策略 ……… 268
　　　活动二　培养良好的在线自主学习习惯 ………………… 271
　任务三　积极探索应用信息化教学新模式 …………………… 277
　　　活动　研讨信息化教学新模式 …………………………… 277

参考文献

项目一 能力认知

当前,云计算、大数据、物联网、人工智能等新技术逐步得到广泛应用,经济社会各行业信息化步伐不断加快,社会整体信息化程度不断加深,信息技术对教育的革命性影响日趋明显。国家对网络安全和信息化工作的重视达到前所未有的程度,"互联网+"行动计划、《促进大数据发展行动纲要》等有关政策密集出台,信息化已成为国家战略,教育信息化正迎来重大历史发展机遇。

教育信息化今后工作的主要任务是:以"构建网络化、数字化、个性化、终身化的教育体系,建设'人人皆学、处处能学、时时可学'的学习型社会,培养大批创新人才"为发展方向,按照"服务全局、融合创新、深化应用、完善机制"的原则,稳步推进教育信息化各项工作,更好地服务立德树人,更好地支撑教育改革和发展,更好地推动教育思想和理念的转变,更好地服务师生信息素养的提升,更好地促进学生的全面发展,推动形成基于信息技术的新型教育教学模式与教育服务供给方式,提升教育治理体系和治理能力现代化水平,形成与教育现代化发展目标相适应的教育信息化体系,充分发挥信息技术对教育的革命性影响作用。全面提升教育质量、在更高层次上促进教育公平、加快推进教育现代化进程等重要任务对教育信息化提出了更高要求,也为教育信息化提供了更为广阔的发展空间。

为了全面提升职业院校教师信息技术应用能力,促进信息技术与教育教学深度融合,依据教育部研究制定的《中小学教师信息技术应用能力标准(试行)》,需要开展教师信息技术应用能力培养、培训和测评等工作。根据教师教育教学工作与专业发展主线,教师信息技术应用能力培训的内容分为能力认知、技术素养、计划与准备、组织与管理、评估与诊断、学习与发展六个方面,目的是大力推动教师在教育教学和日常工作中主动应用信息技术,主动适应信息化社会的挑战,充分利用各种学习机会,更新观念、补充知识、提升技能,不断增强信息技术应用能力。职业院校教师逐步养成良好的信息技术应用习惯,积极反思,勇于探索,将信息技术融于教学和师生交流等各个环节,转变教育教学方式,促进学生有效学习和个性化发展。职业院校教师要善于利用信息技术,拓宽成长路径,实现专业自主发展,做终身学习的典范。

项目学习要点：

- 创建学习小组与电子学习档案袋，为教师信息技术应用能力培训做好准备；
- 了解职业教育信息化发展现状与趋势，更新观念、补充知识；
- 了解职业教育信息化的相关政策，善于学习政策、利用政策；
- 理解职业院校校长、教学管理人员、教师和技术人员的信息化能力框架结构；
- 掌握教师信息化教学能力的内涵，利用各种学习机会和条件，不断增强信息技术应用能力。

任务一　创建学习小组与电子学习档案袋

情景描述

为了高效开展职业院校教师信息技术应用能力培训，培养教师良好的信息技术应用习惯，本次培训将信息技术融于培训的全过程，转变培训方式，结合实际，采用小组合作学习方式，促进学员有效学习和个性化发展。因此，首先要创建学习小组和教师个人电子学习档案袋（以下简称电子学档）。

小组文化是一种集体文化，需要集体成员的共同参与，形成渗透集体力量的小组文化，成员就能在这种文化氛围的熏陶下增强团队意识，为团队的共同理想不断贡献个人的智慧，进而激发学习潜能。个人潜能的聚合，将会汇集成团队的巨大能量。

学习小组的构建不仅决定了培训的基本形式，而且赋予了每位学员更多的责任，还给学员创造了一种获得信息和资源的新途径。在建立了学习小组之后，团队成员既要争取个人目标的实现，又要学会与同伴互帮互学，通过团队成员之间的相互促进和共享，形成良好的合作与良性的竞争关系。学习小组使教学信息的传递表现出多向性，每一个团队成员既可能是信息的发布者，又可能是信息的甄别者，他们的有意识参与和自觉性思考，将会极大地丰富信息内涵，提高教学效率。

任务分析

采用小组合作学习方式开展职业院校教师信息技术应用能力培训，首先要创建学习小组，并充分利用微信群建立班级群和小组群，促进相互交流与合作。还要借助有道云笔记、微信公众号、云班课、思维导图等平台工具，使每个学生创建自己的个人电子学档，并在小组内和班级内分享自己的收获、记录学习反思。

活动一 创建学习小组和微信交流群

阅读学习材料，选择适当的分组策略，创建学习小组，建立微信交流群。学生可以借助表 1-1 来记录自己所在学习小组的信息。教师可以建立班级微信群，组长建立小组微信群，学生同时加入班级微信群和小组微信群。

表 1-1 学习小组信息表

组名：　　　　　　组长：　　　　　　主发言人：
组徽：　　　　　　组训：　　　　　　组歌：
小组成员信息表：

姓名	学校	手机号	微信	电子邮箱	角色分工

知识与技能

一、合作学习

合作学习在 20 世纪 70 年代初兴起于美国，由于它在改善课堂内的社会心理气氛，大面积提高学生的学业成绩，促进学生形成良好的非认知品质等方面实效显著，很快引起了世界各国的关注，并成为当代主流教学理论与策略之一，被人们誉为近十几年来最重要和最成功的教学改革之一。自 20 世纪 90 年代初，我国也出现了合作学习的研究与实验，并取得了较好的效果。

合作学习是指学生为了完成共同任务，有明确责任分工的互助性学习。合作学习鼓励学生们为集体和个人的利益一起工作，在完成共同任务的过程中实现自己的理想。它是一种结构化的、系统的学习形式，由 2~6 名能力各异的学生组成一个小组，以合作和互助的方式从事学习活动，共同完成小组学习目标，在促进每个人的学习水平的前提下，提高整体成绩，获取小组奖励。在每个小组中，学生们通常从事各种需要合作和相互支持的学习活动。

1. 合作学习的五个基本要素

（1）积极的相互依赖——学生知道不仅要为自己的学习负责，而且要为自己所在小组中其他同学的学习负责。

(2)小组及每个小组成员的责任感——小组成绩取决于小组总任务的完成情况,小组成绩将影响个人的成绩记录。

(3)面对面的建设性的相互交流——学生们有机会相互解释所学的东西,有机会相互帮助、理解和完成作业。

(4)小组合作技能——期望所有学生都能进行有效的沟通,为小组的活动提供指导,建立并维护小组成员之间的相互信任,有效地解决组内冲突。

(5)小组的自我评估——各小组必须定期评价共同活动的实施情况,并提出提高其有效性的方法。

合作学习的方式主要有同伴教学、小组游戏竞赛、小组辅助个体和共学共享等。

2. 合作学习的七大教育功能

(1)培养合作精神。从客观上看,世界各国都在强调合作,人类今后所面临的问题越来越复杂,要解决这些问题,光靠个人力量很难实现。因此,当代教育必须重视培养学生的合作意识与合作能力,而合作学习无疑是很好的途径。由4人或6人组成的学习小组,要想在整个班级中取得优异成绩,小组成员就必须精诚合作,将个人融入集体中,一切以集体利益为出发点,经过长时间的培养,合作能力肯定会大大提高。

(2)培养交往能力。社会越发展,人际交往的重要性就越显著。在合作学习的过程中,学生增强了交往,形成了初步的社交能力。小组合作学习是学生之间互教互学、彼此交流知识的过程,也是互爱互助、相互沟通情感的过程。该过程促进了学生交往能力的提高,使学生既能"忘情"投入,又能规范、约束和指导自己的课堂行为。

(3)培养创新精神。培养学生的创造力是当今教育的重要目的之一。对于作为学习主体的学生来说,教学不应该只是传道,教学还应该是伴随着喜悦与感动的探究发现过程。合作学习采用的是异质分组方式,每个学生的学习能力、学习兴趣、知识面宽度都不一致。因此,在学习的过程中,学生间、师生间的互相启发、互相讨论,都会将一些学生的思维导向一个新的领域,使其出现一些新的视角,提出一些值得争论的问题。可以肯定,这种不断生成和建构知识,具有创造性的过程,要比传授性教学过程更受学生欢迎,更有利于学生素质的提高。

(4)培养竞争意识。当今社会,竞争无处不在,学校作为劳动力再生产的基地,应该培养学生的竞争意识,使其成为具有较强的上进心、能够适应未来社会发展需要的人才。合作学习将整个班级分为若干个小组,在问题的讨论与解决过程中,组与组之间不可避免地存在着竞争。在这一过程中,学生的竞争意识会逐渐增强。可以将班级看作社会一个小的缩影,在这个小社会中培养出的竞争意识,对学生进入未来的大社会,是大有帮助的。

(5)培养平等意识。在学校里,每个班级都存在结构差异,如性别、体力、长相、家庭、能力以及学习成绩等的差异与对立。因此,创建民主平等型集体的任务,尤显突出。合作学习采用异质分组的方式，将不同学习能力、学习兴趣、性别、个性的学生分配在同一组内，学生们可以相互启发、补充，不存在谁更行、谁更聪明的问题，大家都是讨论成员之一。这样，学生之间的关系会更平等、更民主，更有利于一个良好班集体的形成。

（6）培养承受能力。无论在学习、生活还是工作中，失败不可避免。失败是一种常见的挫折，挫折可以使人彻底消沉、忧郁下去，从此一蹶不振，也可以使人激发潜力，取得更大的成功。所以，一个人对挫折的心理承受力越高，他成就的事业也就越大。在合作学习的过程中，学生在组内真诚合作，公平竞争，在合作与竞争的过程中逐步完善人格，养成良好的心理素质。

（7）激励主动学习。合作学习能使学生由被动学习变为主动参与。在教学过程中，教师把一些问题布置下去，由小组合作讨论，这时学生已主动参与了学习。在合作讨论中，学生或多或少都会得出一些结论。如果没有完全解决问题，教师可稍加点拨，学生对方法、结论就会留下深刻的印象，因为这其中有学生自己的学习成果。

二、分组策略

小组合作学习首先涉及如何组建学习小组的问题。一个最基本的分组方法是异质分组，就是把学习成绩、能力、性别甚至性格、家庭背景等方面不同的学生分在一个合作小组内。这样，小组内的学生在能力、个性、性别等方面是不同且互补的，便于学生之间互相学习、互相帮助，充分发挥小组的作用。如果适当运用随机办法进行异质分组，可以假定各小组间是同质的，就有利于开展组间竞争性活动，实现"组内合作、组间竞争"。异质合作小组的规模是不确定的，通常2~6人。如果学生不习惯合作学习，教师就应有意识地安排他到2人配对的小组中，完成一些简单的认知目标明确的任务，以便使他获得一些经验，进而从事涉及范围更广的工作。多于6人的小组就需要有一位有才能的领导者，否则，学生们在没有经验和不经训练的条件下难以进行有效的合作活动。

三、组建学习小组

在组建学习小组时，最好按学生的工作经历、信息技术水平等因素进行优化组合，为此需要采取同质分组与异质分组相结合的策略。请主讲教师预先掌握学生的背景信息，并设计一些简单易行的分组方法。最好将信息技术水平高的学生分到不同的组内，有利于后期信息技术的学习。

分组之后，请各组学生进行自我介绍，并填写"小组成员信息表"，在相互了解的基础上，推选一位小组负责人为组长。在组长的主持下创建团队文化，包括设计组名、组徽、组歌、组训以及推选形象代言人。为了更好地投入新群体中，每个组员不妨给自己起个昵称。各团队在班上以最富创意的形式亮相，充分展现本团队的精神风貌。今后全班交流时，发言者应以团队代表身份陈述意见，运用诸如"我们××组认为……"之类的起始句式。

活动二　创建教师个人电子学档

学生在主讲教师的指导下，使用有道云笔记创建自己的电子学档，以项目为单位创建文档目录，以便记录、组织和管理自己在培训过程中的学习成果，在组内和班级内进行分享。学生要掌握在手机端使用有道云笔记的方法，拍照上传在活动一中完成的学习小组信息表。

知识与技能

一、有道云笔记

有道云笔记是北京网易有道计算机系统有限公司推出的个人与团队的线上笔记软件，它提供了电脑端、移动端、网页端等多端笔记管理功能，用户可以随时随地对线上笔记资料进行编辑、分享以及协同。

有道云笔记网址为 http：//note.youdao.com/。

有道云笔记采用了增量式同步技术，即每次只是同步修改的内容而不是整个笔记。"三备份存储"技术将用户的数据在三台服务器上进行备份存储，这样即使有1~2台机器发生故障，也能有效保障用户数据的安全性和稳定性，该技术还便于未来系统存储规模的扩大和数据处理能力的提高。

有道云笔记为用户提供了高达3G的初始免费存储空间，并且随着在线时间的增长，登录账号所对应的存储空间也同步增长。它支持多种附件类型，包括图片、PDF、Word、Excel、PowerPoint等。同时上线的还包括网页剪报功能，即通过收藏夹里的一段JavaScript代码，将网页里的信息一键抓取保存至有道云笔记里，并可对保存的网页进行二次编辑。

有道云笔记具有以下优势。

(1)纷繁笔记轻松管理——分类整理笔记，高效管理个人知识，快速搜索，分类查找，安全备份云端笔记，存储永不丢失的珍贵资料。

(2)文件同步自动完成——自动同步，无须复制下载；支持图片及文档类附件，无限增长的大存储空间，轻松实现多地点办公。

(3)路上创意随手记录——随时随地记录一切趣事和想法；轻松与电脑双向同步，免去文件传输烦恼，对会议白板进行拍照，有道云笔记将对照片进行智能优化，轻松保存会议结果。

(4)精彩网页一键保存——一键保存网页中的精彩图文，再也不会遗漏；云端存储，永久珍藏有价值的信息。

(5)增量式同步技术——只同步每次修改的那部分内容，同步变得更快、更省流量。

(6)手机端富文本编辑——在手机上也可以直接编辑含有丰富格式的笔记，提供一体化的跨终端编辑体验。

(7)白板拍照智能优化——运用智能算法自动矫正歪斜的白板照片并去除冗余背景，一拍存档，是工作学习上的高效助手。

(8)手写输入——用手指直接在屏幕上输入，保留手写原笔迹。

(9)涂鸦——轻松、有趣地随手涂鸦，绘制所思所想。

二、电子学习档案袋

电子学习档案袋简称电子学档，一般是学习者运用信息技术手段来记录和展示其在学习过程中有关学习目的、学习活动、学习成果、学习业绩、学习付出、学业进步、学习反思的主要信息，并描绘其成长轨迹的一种信息化学习载体。电子学档主要包括学习作品、学习参与、学习选择、学习策略、学习自省等内容，主要被用于在现代学习活动中对学习和知识进行管理、评价、讨论、设计等，主要由学习者本人在他人(如教师、学伴、助学者等)的协助下完成，档案的内容和标准选择等必须体现学习者的参与。

现在学生已经建立了各自的学习小组，他们可能还需要存储自己在培训过程中的各种资料，同时管理在后续培训中不断产生的作品。在本次培训中，每个学生应该在有道云笔记中创建自己的电子学档，如图 1-1 所示。

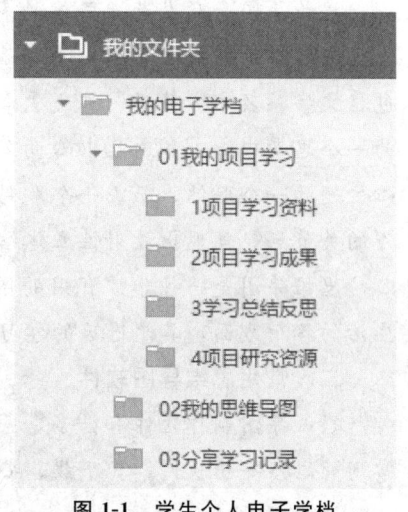

图 1-1 学生个人电子学档

活动三 安装使用常用的思维导图软件

学生在教师的指导下搜索、下载、安装、使用常用的思维导图应用软件，如百度脑图、亿图图示、MindManager、iMindMap、FreeMind、XMind 等。学生在手机端搜索思维导图应用软件，利用该软件绘制本教材六个项目的思维导图。

知识与技能

一、思维导图

思维导图又称脑图、心智地图、脑力激荡图、灵感触发图、概念地图、树状图、树枝图或思维地图,是一种将思维形象化的工具。思维导图运用图文并茂的技巧,把各级主题的关系用相互隶属与相关的层级图表现出来,把主题关键词与图像、颜色等建立记忆链接。思维导图充分运用左右脑的机能,利用记忆、阅读、思维规律,协助人们在科学与艺术、逻辑与想象之间平衡发展,从而开启人类大脑的无限潜能。因此,思维导图具有展现人类思维的强大功能。

拿起手机使用微信可以搜索到各种思维导图,也可以利用百度图片搜索功能搜索各种思维导图。

思维导图注意的焦点清晰地集中在中央图形上,主题的主干作为分支从中央图形向四周放射,分支由一个关键的图形或者写在产生联想的线条上面的关键词构成,比较不重要的话题也以分支形式表现出来,附在较高层次的分支上,各分支形成一个连接的节点结构。

思维导图是对发散性思维的表达,因此也是人类思维的自然功能。放射性思考是人类大脑的自然思考方式,每一种进入大脑的资料,无论是感觉、记忆还是想法——包括文字、数字、符码、香气、食物、线条、颜色、意象、节奏、音符等,都可以成为一个思考中心,并由此中心向外发散出成千上万的关节点,每一个关节点代表与中心主题的一个联结,而每一个联结又可以成为另一个中心主题,再向外发散出成千上万的关节点,呈现出放射性立体结构。

思维导图是一种非常有用的图形技术,是打开大脑潜能的万能钥匙,可以应用于生活的各个方面,其改进后的学习能力和清晰的思维方式会改善人的行为表现。

二、常用思维导图软件

思维导图制作软件有很多,手机端的思维导图应用软件也有很多。下面介绍几种常用的思维导图软件,其下载、安装及使用方法请自行上网搜索。

1. 亿图图示

亿图图示(EDraw Max)是一款跨平台、可视化的思维导图制作软件。直观、友好的用户界面和丰富的功能和模板,使之成为一个交流思想、筹备计划和管理项目的强大软件。使用亿图图示可以快速绘制出专业的脑图、心智地图、脑力激荡图、思维导图、灵感触发图、概念地图、树状图、树枝图或思维地图。它还可以非常容易地创建专业的流程图、组织结构图、网络图、商业展示图、建筑平面图、UML图、工作流程图、程序结构图、网页设计图、电气工程图、方向地图、数据库图表等。

2. MindManager

MindManager是一个创造、管理和交流思想的通用软件,它具有直观、友好的用户界面和丰富的功能,能够帮助用户有序地组织思维、资源和项目进程。

MindManager也是一个易于使用的项目管理软件,它能够很好地提高项目组的工作效率、培养小组成员之间的协作性。它作为组织资源和管理项目的工具,可以从脑图的核心分支派生出各种关联的想法和信息。

MindManager 与同类思维导图软件相比。它最大的优势是同 Microsoft 软件无缝集成，能够快速将数据导入或导出到 Microsoft Office Word、PowerPoint、Excel、Outlook、Project 和 Visio 中。

3. Xmind

XMind 是一款易用性很强的思维导图软件。通过 XMind 可以开展头脑风暴，帮助人们较快厘清思路。XMind 绘制的思维导图、鱼骨图、二维图、树形图、逻辑图、组织结构图等以结构化的方式来展示具体的内容。人们使用 XMind 绘制图形，可以保持头脑清晰，较好地把握计划或任务的全局，从而提高学习和工作效率。

4. 百度脑图

不仅界面看起来简洁、美观，注册一个账号，就可以云制作、云存储。操作简单，样式多变，可选不同的形状，可保存多种文件格式，也可读取多种思维导图软件格式。

5. iMindMap

iMindMap 是一个让您集思广益无限发挥的工作区，在出席课程或会议时可用于做笔录、计划任务、规划活动、创建及呈现演示等。

iMindMap 包含了各种直观、省时的功能以协助您减轻繁忙的日程安排带来的压力，同时也将让您所做的一切都添加了一份创意。

6. FreeMind

FreeMind 是一款跨平台的、基于 GPL 协议的自由软件，用 Java 编写，是一个用来绘制思维导图的软件。其产生的文件格式后缀为 .mm。可用来做笔记、脑图记录、脑力激荡等。

FreeMind 包括了许多让人激动的特性，其中包括扩展性，快捷的一键展开和关闭节点，快速记录思维，多功能的定义格式和快捷键。

不过 FreeMind 无法同时进行多个思维中心点展开(也有人认为这样是优点，可以让人们专心于眼前的事)，且部分中文输入法无法在 FreeMind 输入启动。

任务二　了解职业教育信息化发展现状与趋势

情景描述

自《教育信息化十年发展规划(2011—2020年)》发布以来，教育信息化工作坚持促进信息技术与教育教学深度融合的核心理念，坚持应用驱动、机制创新的基本方针，加强顶层设计、多方协同推进，以"三通两平台"为主要标志的各项工作取得了突破性进展。学校网络教学环境大幅改善；优质数字教育资源日益丰富，信息化教学日渐普及；教育资源公共服务平台服务水平日渐提高，资源服务体系已见雏形；实施教师信息技术应用能力提升工程，全国教师和教育行政管理者的信息化意识显著增强、能力不断提高。职业教育信息化也取得丰硕成果，在扩大资源覆盖面、促进教育公平和提高教育教学质量等方面，涌现出一批利用信息技术解决教育改革发展问题的典型。案例教育信息化对教育改革发展的支撑引领作用日益凸显。

当前，加快推进职业院校教育信息化发展的工作还面临很多困难和问题，职业院校信息技术应用程度相对落伍。思想认识尚需深化，一些教育行政部门和学校仍然没有充分认识到信息技术对教育的革命性影响；信息化与教育教学"两张皮"现象仍然存在，推进教育信息化的积极性有待提高，力度有待加大。体制机制尚需创新，广大师生和教育管理者的应用动力有待进一步激发。建设模式尚需完善，只管建设不顾安全、只管硬件忽视软件、只管数据采集不顾数据维护的粗放式管理模式比较普遍。信息化安全意识和防护能力尚需加强，学校网络安全事件时有发生。信息化建设推进进度不平衡，受制于经济社会发展水平等多种因素，信息化区域发展水平仍存在较大差异。

《教育信息化"十三五"规划》制定了明确的发展目标：到2020年，基本建成"人人皆学、处处能学、时时可学"、与国家教育现代化发展目标相适应的教育信息化体系；基本实现教育信息化对学生全面发展的促进作用、对深化教育领域综合改革的支撑作用和对教育创新发展、均衡发展、优质发展的提升作用；基本形成具有国际先进水平、信息技术与教育融合创新发展的中国特色教育信息化发展路子。

职业院校教育信息化未来的发展趋势就是充分利用信息技术，圆满完成"十三五"规划的任务，应用上台阶，治理有水平，安全有保障。

任务分析

采用小组合作学习方式讨论我国职业教育信息化发展的现状与趋势。首先，要结合学生所在学校的实际情况，描述当前学校信息化建设及应用的现状，总结学校信息化建设及应用中出现的典型案例、成功经验、困难和问题。其次，学生再借助微信或者百度等，搜索有关职业教育信息化的资料文献，探讨我国职业教育信息化发展的现状与趋势。最后，每个学生在自己的电子学档中总结学习成果，在小组和班级内分享。

活动一　研讨职业院校教育信息化的发展现状

参考学习材料，学生分组讨论所在职业学校的信息化发展现状及存在的主要问题，描述当前学校信息化建设及应用的现状，总结学校信息化建设及应用中出现的典型案例、成功经验、困难和问题，记录到电子学档中。

知识与技能

我国是一个人口大国，职业教育规模非常庞大。目前，我国从中央到地方各级政府和相关部门均将大力发展职业教育信息化放在了战略性位置，给职业教育信息化带来了前所未有的机遇与挑战。

但是，当前我国职业教育信息化发展还处于起步阶段，与欧盟、美国，甚至与亚洲发达国家比较，还有相当大的差距，这些差距主要表现在以下方面。

(1) 职业教育信息化基础设施条件还比较薄弱。

计算机普及率在偏远地区和经济欠发达地区偏低，没有互联网络环境，信息化设备缺乏，对教育信息化建设投入不足，这是阻碍职业教育信息化发展进程的最主要也是最根本的原因。没有基础设施和软硬件条件的支持，职业教育信息化就很难进一步发展。目前，在我国经济欠发达地区，职业教育信息化发展还处于起步阶段，仅仅集中于各个学校为数不多的多媒体机房当中，这使得信息化手段难以在时间、空间上发挥其优势。而只有当互联网络环境、信息化设备达到普及阶段时，才能够使职业教育信息化得到加速发展。

(2) 资源建设还停留在初级阶段，缺乏更加广泛的资源合作与共享。

目前，很多地区的职业院校都是各自为营，职业教育信息的受众仅限于该学院的受教育者，职业教育资源的来源仅限于本学院的教师，教育资源有限。许多职业院校仅注重眼前效益，各自为政、故步自封，导致职业教育信息化的核心与精髓——职业教育信息化资源的共享难以实施。这种职业教育信息化资源的共享仅仅是单向性的，共享的覆盖范围也远远不够，职业教育信息化所带来的辐射面广、资源量大的优势难以体现。严重缺乏更加广泛的资源合作与共享机制是制约职业教育信息化发展的一大瓶颈。

(3) 职业教育信息化缺乏系统的理论指导。

由于我国的职业教育信息化发展时间不长，基本还处于探索和实验阶段，在信息收集和整理，信息处理技术和网络传输等方面也缺乏系统科学的理论指导。仅仅依靠汲取国外职业教育信息化的经验是远远不够的，也是脱离我国国情与实际情况的，职业教育信息化迫切需要相关研究人员依据我国的国情来进行系统的研究。

(4) 各地的职业教育信息化缺乏统一规划，使用效果不佳，效益低下。

目前，我国信息化教育资源的共享度不高，资源的覆盖面有限。许多院校重视硬件设备的引进，忽视与之配套的应用软件的开发，使设备成为应付上级检查的"道具"，这大大降低了信息化设备的利用率。部分地区职业院校相当数量的教师应用信息技术的能力亟待进一步提高……以上种种因素都会导致职业教育信息化效益低下。

（5）职业教育信息化思想认识不足，建设思路不清楚，重视程度不够，未能及时更新职业教育观念。

一些教育行政部门和学校没有充分认识到信息技术对教育的革命性影响，对信息技术发展带来的教育观念和教育思想、教育内容和教育模式等的巨大变化与深刻变革认识不够、准备不足，没有认识到发展信息化教育对职业教育的重要性，缺乏前瞻眼光。

（6）职业教育信息化应用水平不高。

信息化与教育教学"两张皮"现象仍然存在，推进教育信息化的积极性有待提高，力度有待加大。

（7）职业教育信息化体制机制不健全，广大师生和教育管理者的应用动力有待进一步激发。

（8）职业教育信息化建设模式陈旧。

只管建设不顾应用和安全、只管硬件忽视软件、只管数据采集不顾数据维护。

（9）信息化安全意识和防护能力不足，学校网络安全事件时有发生。

（10）各地的职业教育信息化发展程度失衡。

受制于经济发展水平等多种因素，区域信息化发展水平仍存在较大差异。无论是职业教育信息化的观念，还是开展程度，抑或是硬件设备、外部网络环境等，我国发达地区甚至可以与欧美等国家发达地区比肩，而落后地区却仅仅处在起步阶段，有的地区甚至是空白。这使得我国的职业教育信息化发展处于一种矛盾的两难境地：一方面由于职业教育资源的短缺，经济欠发达地区实际上更需要信息化带来的职业教育优质资源，更需要培养职业技术人才；另一方面"巧妇难为无米之炊"，由于经济落后，这些地区缺乏互联网络环境、信息化设备，从教人员的信息技术掌握程度低，无法利用信息化手段进行职业教育。因此，我国政府在实施职业教育信息化战略时，应对经济欠发达地区采取一定的倾斜政策。

在职业教育这个信息化发展重要领域，我们要积极面对，对其进行研究，发现对策，及时更新观念，调整战略，使得职业教育信息化得以均衡、有效地健康发展。

在职业教育信息化的内在要求上，我国职业教育信息化总体情况与发达国家相比，依然存在很大差距。同时，由于信息技术迅速发展，技术、设备更新不断加快，信息化管理也相对复杂。全球每一个国家、每一个地区，我们每一个个体，都面临不断学习、不断适应的问题，同时也面临不断创新、不断发展的问题。可以说，我国职业教育信息化的发展之路是光明的，但是我们也必须认识到其发展的曲折性，需要不断进行研究和探索、不断进行开拓和创新。

活动二 研讨我国职业教育信息化的发展趋势

学生在教育部网站搜索最新的政策文件，分组讨论未来一段时间内职业教育信息化发展的主要任务及趋势，将主要内容记录到电子学档中。

知识与技能

一、我国职业教育信息化发展的趋势

信息技术已经进入了各行各业，职业教育需要培养新型技术技能型人才。职业教育的技术特点与注重实用性特点使之与信息化联系更为紧密。职业教育信息化是职业教育理论、实践教学与信息化的完美结合，即在良好的网络环境基础上，职业教育的教育者与受教育者应用信息资源与信息技术等来推动教学的改革、教育的发展与进步，从而跟紧时代步伐，满足社会生产力的需求，实现职业教育现代化。职业教育信息化体系的内容有：职业教育信息化相关行业标准、职业教育信息化相关法规和政策、职业教育信息技术应用、职业教育信息资源、职业教育信息网络、职业信息化人才培养等。

随着供给侧改革的深入推进，我国职业教育信息化的发展趋势为：构建网络化、数字化、个性化、终身化的教育体系，实现"人人皆学、处处能学、时时可学"，稳步推进教育信息化各项工作，更好地服务立德树人，更好地支撑教育改革和发展，更好地推动教育思想和理念的转变，更好地服务于师生信息素养的提升，更好地促进学生的全面发展，推动形成基于信息技术的新型教育教学模式与教育服务供给方式，提升教育治理体系和治理能力现代化水平，形成与教育现代化发展目标相适应的教育信息化体系，充分发挥信息技术对教育的革命性影响作用。

1. 深化职业教育供给侧改革，变革职业教育方式

职业教育信息化是现代教育手段在职业教育中的综合应用，它可以有效地发挥各种教育资源的优势，为提高职业教育教学质量提供有力的支持，为各种社会成员的学习提供方便广泛的职业教育服务，为受教育者提供以他们为主体的自主的个性化的学习环境。职业教育以信息化的方式展开教学活动，是一种新型的、开放的教学模式，人们可以在网络环境下，不受时间、空间的限制，完成"随时、随地的交互式"教学活动。通过信息化可以高效整合多所职业院校的优质教学资源，明显提高职业教育的整体质量。

2. 提升职业教育者的信息化综合素质，深度融合信息技术与教育教学

职业教育信息化发展归根到底是职业教育从业者与受教育者的发展，职业教育信息化需要培养出信息化社会所需要的信息技术创新人才。首先教育者自身必须熟练掌

握和应用信息化手段。很多培训机构与单位仅仅是培训通识类信息技术，缺少专业类信息技术培训。这就需要职业院校与行业、产业密切联系，利用"校企合作、产教结合"模式来对广大教育者的信息技术应用能力进行培训，同时在教育教学、教研中培养教育者相关职业中的信息技术素养。

3. 促进个性化学习与发展

职业教育信息化需要满足学习的个性化需求。人们认识到在职业教育教学活动中建立学生主体地位的重要性，于是不断探索教育理论，提出在教学活动中以学生为主体的观念。在传统的教育实践中，由于没有信息技术的支撑，这一观念却无法充分体现。

现在采用信息化教育教学方式，教师角色出现了明显的转换，教师由传统教育中的主导者变为可以利用的教育资源，成了教育资源中的一个组成元素。学生也从被教育的对象变为教育资源的选择者、利用者。信息技术的使用，使得学生的主体地位真正得到体现。学生成为学习的主人，在自主学习时可以不受时间和地点的限制，以更加直观的形式、使用碎片化的内容更有效学习。

职业教育信息化的发展将进一步把学生推到学习活动的主体地位上，实现学习的主动性、个性化和终身化。课程设计将更加个性化，充分考虑学习主体的多元化、多样性、多层次需求。学生可以在任何时间、任何地点获得学习资源，选择适合自己的学习方式进行有效的学习，使个性、潜能得到充分发展。

4. 增强学习主体的互动

信息技术进入职业教育中，很重要的一点是改善了学习的互动。学生与课程之间的互动是职业教育信息化的特色之一。学生可以借助计算机、手机软件或其他交互式多媒体等，真正实现与课程的互动。学生也可以借助互联网、微信、视频点播、云班课等信息技术手段实现与教师的互动，教师可以根据学生不同的需求进行个别化教学。学生之间的互动也可以通过信息技术得以轻松实现。在团队合作中，学生之间也可以随时随地开展互动学习，调动自身学习积极性，培养个体之间的沟通能力。

5. 开发建设高质量的职业教育数字资源

职业教育资源是信息化发展的核心要素之一，也是提高职业教育教学水平、实现教育教学实际效果的首要因素。教育教学资源的建设重点为优质网络课程、学习应用工具、职业教育相关的应用程序、实验实训仿真模拟系统等。采用文字、声音、影像、动画等多媒体表现形式，利用互联网进行信息传播，最终实现师生在计算机、手机等多种终端上不受时间、空间限制地获得教育信息化资源的目标。

6. 加快职业教育国际化

我国想要在世界经济一体化竞争大潮中争取到主动地位，就必须加快职业教育信息化的发展，推进职业教育的国际化进程。各个职业院校更加开放，不同国家、地区的社会制度文化、思想、观点相互交流。职业院校的师生、管理人员，不仅要在这种交流、交汇当中具备鉴别、鉴赏能力，而且应当有信心承担起传播和弘扬优秀民族文化的责任。合作办学不失为一种能促进职业教育信息化、国际化的形式，既可以较快地了解、吸取并实践国际上通行的办学模式、专业课程设置、师资培训形式、质量保障措施等，又有利于学生开阔视野、积极参与各种交流活动。

二、"互联网＋"时代的职业教育

当前我国正处于全产业的转型升级大时代，在"互联网＋"和工业4.0战略的推动下，我国的生产制造车间正发生着巨大的变化，数据化、智能化、连接化、信息化是将来生产制造车间的主流技术。我国的生产制造正在向生产智造迈进，机器人技术、人工智能以及3D打印技术会成为工业生产的主流。"互联网＋"时代对从业人员的技术要求越来越高。未来劳动密集型企业越来越少，取而代之的是精工作业，需要职业院校培养更多具备高等技术的人才。"互联网＋"职业教育需要向智慧教育的方向发展，大数据、云计算、人工智能、虚拟现实等都将使职业教育更加多元化与人性化。

从"教育＋互联网"到"互联网＋教育"，一个简单的顺序变化，却透露出互联网在教育领域地位的转变。影响职业教育质量的核心要素主要有企业、学校、教师、学生和学习资源，进而构成四对关系，分别为：校企关系、校师关系、师生关系和生资关系。互联网极有可能改变原有的职业教育关系架构，这四对关系将随着互联网的渗入发生系统化变革。"互联网＋"带给职业教育的改变体现在校企、校师、师生和生资这四大关系的巨大转变上。这些转变将直接影响未来职业教育的内涵与规模，甚至引发职业教育的系统变革。

1. 学校与企业关系新趋势：从合作与伙伴到共生与互助

校企关系是职业教育宏观层面最关键的一对关系，一般是合作关系或伙伴关系，人力资源供给与需求将二者相对紧密地联系在一起。随着"互联网＋"、大数据、云计算和智能制造的发展，产业结构逐步调整，职业更迭愈加频繁，校企合作重点将向两个方面转移：一是围绕人才培养的共生关系深化，二是基于区域竞争的互助关系拓展。这是由于职业人才动态化调整将增加企业人力资源的培训成本，大中型企业尚可自己培训员工，中小型企业则寄望于职业学校。而"零时差"的培养学校难以独自完成，企业的配合和支持将逐渐转为自身主动行为，企业主动实施的学徒制等培养模式将更加广泛，这使得校企关系将从合作走向共生。与此同时，互联网广阔的信息平台，使得跨国、跨地域的校企合作变为可能，基于全产业职业能力的人才培养有可能成为产业链中的重要一环，员工的培养与培训将逐步走向精益化和系统化，校企关系逐渐从合作走向互助。

2. 学校与教师关系新趋势：从管从与主仆到平台与舞者

从中观层面来看，学校与教师的关系是影响教育实施过程和效果的关键。目前，教师的工作来自并主要服务于学校整体的教学管理，而未来，基于互联网教学平台的跨校在线教学模式将广泛应用，这使得教师有更多机会和精力提供专业教学服务。教师的教学服务将不受时间和空间的局限，跨校、跨区域甚至跨国的教学将成为常态，而学校通过购买资源和教学服务来弥补校内教师的不足也将成为普遍现象。也就是说，教师的教学服务将不再指向单一的学校，教师具有更广阔的专业发展空间，成为尽享其乐的"舞者"。

3. 教师与学生关系新趋势：从直面与传授到多维与陌生

长久以来，教师和学生主要基于面对面的交流学习文本上的知识，体传身授职业技能和素养。从学习形式上来说，师生关系是"直面"性的。从学习内容载体的角度讲，教师是学习内容的传授者，学生是接受者。在互联网时代，学习资源获取渠道多样化，连接师生关系的知识载体会发生本质变化。师生关系更多地向网络转移，并且多数集中于非教学行为，课余时间的互动将成为师生关系建立和维护的纽带，师生关系将从建立在学习基础上的"师徒"情感关系转变为"导师—助手"关系。基于互联网的优质在线学习资源以及在线答疑系统，使得职业院校教师的专业水平面临巨大考验，同时引发师生面对面交流逐渐减少，学生对教师的"陌生"感逐渐显现。

4. 学生与学习资源关系新趋势：从单向与获取到情感与交互

学生和学习资源的关系是职业教育微观层面最核心的一对关系。由于每一种学习资源本身所能承载的内容是固定、有限、静态的，所以学习本身是学生对于知识获取和技能养成等的"单向"行为，这也就构成了学生与学习资源的关系。新业态下，基于互联网的学习资源与学生之间是基于情感和交互行为的，缺少温度和情感体验的单向传递将不受欢迎，满足不了学生多样化需求的学习资源将难以生存。

重视、适应和用好"互联网+"是职业教育的时代命题。拥抱"互联网+"，积极迎合互联网时代带来的新要求，深化职业教育的内涵改革，尤其要在学校的办学理念、管理理念、教师信息技术能力提升和学习资源优化等方面进行系统变革。

（1）转变理念，形成基于学生和教师发展的管理制度。

随着互联网的发展和信息平台的完善，职业学校要逐步由"办学校"向"办平台"过渡，即学校不仅是学生发展的平台，而且是教师专业发展的平台。由此，学校的管理重心要从服务学校的发展转向服务学生和教师的发展，调整管理理念、机构设置、激励机制等。在技术层面，建设管理可视化、智能化、科学化的智慧校园管理体系；构建协同办公平台，动态呈现校园各项数据及工作进展；基于云平台技术开展智能化、人性化的信息推送、数据分析等服务；搭建身份认证、学习进程跟踪、教学进程监控等系统，为管理决策提供依据。

（2）开放办学，探寻基于共生与互助的多样合作。

随着互联网时代校企共生关系的深化和互助关系的拓展，职业学校办学更加开放。

在保持学历教育规模和质量的同时，积极融入行业企业的劳动力培训市场，通过与企业合作举办企业大学、与社区共建社区学院、发展远程教育、建设虚拟学校和网上学校、开发企业网络课程等途径，在学徒培养、员工入职培训、转岗培训、技术升级培训等方面发挥主导作用；同时，建立快速反应机制，及时准确掌握行业发展动态，快速调整专业设置、培养规模、课程内容，实施学制灵活的人才培养模式，降低企业的人力资源引进和培训成本，在协助企业转型发展的过程中扩展职业学校的内涵与外延。从人才培养的角度看，职业学校应从培养学生单一的岗位能力向岗位群能力，甚至向全产业链职业能力拓展，将人才培养、培训和技术服务作为融入产业链的切入点，作为产业链上游的人才供给方参与到整个产业中。

(3)教师培训，提升基于信息技术的教学能力。

对教师进行信息技术培训，是转变师生关系的重要途径。互联网时代，职业学校的教师信息技术培训应侧重两大方面，一是计算机网络应用和网络课件制作，提高对网络教学资源的搜索、改造和使用能力；二是移动学习终端设备与软件的使用，提升教师远程操作计算机和学习终端设备的能力。其中培训形式尤为关键，教师只有亲身体验并实践才能形成上述两种信息技术能力。这就要求职业学校要基于现有的真实的学习内容，通过教师亲身体验和操作完成的形式对教师进行培训。

(4)资源改造，开发基于移动学习的信息化学习资源。

虽然职业学校开发了大量信息化专业教学资源，但是使用效果不尽如人意，其中一个重要的原因是缺乏对学习者需求的考虑。因此，必须及时完成对教学资源向学习资源的改造。一方面，改造要体现可视性和交互性，可将纸质文本转变为图表、动画或视频，在纸质教科书中或者在操作设备旁给出二维码，通过移动终端扫描即可拓展阅读材料或观看视频，从而将传统的"一维"资源改造成"三维"甚至"四维"学习资源；另一方面，构建信息主动推送机制，将原来文本的、整体化的课程信息进行切割，依据教学进度向移动学习终端定时推送，改变学生的学习习惯和行为模式。

任务三　了解职业教育信息化的相关政策

情景描述

近年来，国家针对职业教育信息化发展提出了一系列的政策要求，总体描述了职业教育信息化的现状、未来、发展要求与发展路径，制定了具体的目标和任务，对于职业学校教师提高信息素养、发展专业能力具有直接的引导和指导意义。

任务分析

采用小组合作学习方式，搜索近三年来国家层面、省市层面和学校层面出台的有关信息化建设的政策文件，结合学生所在学校的实际情况，交流政策的具体落实情况，总结学校在落实政策过程中出现的典型经验、困难和问题。每个学生在自己的电子学档中提出落实政策的建议，在小组内和班级内分享。

活动一　收集职业教育信息化的相关政策文件

学生分别在中国政府网、教育部网站、河南省教育厅网站及学校网站搜索近十年来有关职业教育及职业教育信息化建设的政策文件，整理近三年来国家层面、省市层面和学校层面出台的有关信息化建设的政策文件，分析并把握国家层面上推进职业教育信息化政策要求的变化及原因，将主要内容记录到电子学档中。

知识与技能

一、快速发展的中国职业教育信息化

2002年至今，党和国家持续高度重视职业教育信息化工作，出台了一系列推进职业教育信息化发展的相关政策和要求。

1.2002年国务院印发《国务院关于大力推进职业教育改革与发展的决定》

2002年国务院在召开全国职业教育工作会议期间印发了《国务院关于大力推进职业教育改革与发展的决定》。《国务院关于大力推进职业教育改革与发展的决定》首次提出加强职业教育信息化建设，推进现代信息技术在教育教学中的应用；开发职业教育资源库和多媒体教育软件，为职业学校和学生提供优质教育资源。《国务院关于大力推进职业教育改革与发展的决定》首次以国家意志提出职业教育要提高信息化水平，推进职业教育资源跨区域、跨行业共建共享。《国务院关于大力推进职业教育改革与发展的决定》提出的发展职业教育的基本原则是：政府推动，市场引导；加强统筹，分类指导；服务需求，就业导向；产教融合，特色办学；系统培养，多样成才，并指出从五个方面提高人才培养质量：推进人才培养模式创新，推进学历证书和职业资格证书"双证制度"；建立健全课程衔接体系，将职业道德、人文素养教育贯穿全程；建立"双师型"教师队伍，实行5年一周期的教师全员培训制度；提高信息化水平，推进职业教育资源跨区域、跨行业共建共享；加强国际交流与合作，探索规范职业学校到国（境）外办学。

2.2010年国务院印发《国家中长期教育改革和发展规划纲要（2010—2020）年》

国务院于2010年印发《国家中长期教育改革和发展规划纲要（2010—2020）年》（以下简称《纲要》）。《纲要》第十九章为"加快教育信息化进程"专题，高瞻远瞩地提出"信息技术对教育发展具有革命性影响，必须予以高度重视"。《纲要》从以下两个方面详细、具体地部署了信息化建设工作。

(1)加快教育信息基础设施建设。信息技术对教育发展具有革命性影响，必须予以高度重视。把教育信息化纳入国家信息化发展整体战略，超前部署教育信息网络。到2020年，基本建成覆盖城乡各级各类学校的教育信息化体系，促进教育内容、教学手段和方法现代化。充分利用优质资源和先进技术，创新运行机制和管理模式，整合现有资源，构建先进、高效、实用的数字化教育基础设施。加快终端设施普及，推进数字化校园建设，实现多种方式接入互联网。重点加强农村学校信息基础建设，缩小城乡数字化差距。加快中国教育和科研计算机网、中国教育卫星宽带传输网升级换代。制定教育信息化基本标准，促进信息系统互联互通。

(2)加强优质教育资源开发与应用。加强网络教学资源体系建设。引进国际优质数字化教学资源。开发网络学习课程。建立数字图书馆和虚拟实验室。建立开放灵活的教育资源公共服务平台，促进优质教育资源普及共享。创新网络教学模式，开展高质量高水平远程学历教育。继续推进农村中小学远程教育，使农村和边远地区师生能够享受优质教育资源。

(3)加强信息技术应用。提高教师应用信息技术水平，更新教学观念，改进教学方法，提高教学效果。鼓励学生利用信息手段主动学习、自主学习，增强运用信息技术分析解决问题能力。加快全民信息技术普及和应用。

3. 2012年教育部发布《教育信息化十年发展规划(2011—2020年)》

为推进落实《纲要》关于教育信息化的总体部署，教育部于2012年发布了《教育信息化十年发展规划(2011—2020年)》，以对未来十年的教育信息化工作进行整体设计、全面部署。这一规划分序言、总体战略、发展任务、行动计划、保障措施、实施六部分，共20章。它旨在建设覆盖城乡各级各类学校的教育信息化体系，促进优质教育资源普及共享，推进信息技术与教育教学深度融合，实现教育思想、理念、方法和手段全方位创新，对于提高教育质量、促进教育公平、构建学习型社会和人力资源强国具有重大意义。

这一规划描述了教育信息化的总体发展目标为"三基本两显著"，即基本建成人人可享有优质教育资源的信息化学习环境，基本形成学习型社会的信息化支撑服务体系，基本实现所有地区和各级各类学校宽带网络的全面覆盖，教育管理信息化水平显著提高，信息技术与教育融合发展的水平显著提升。教育信息化整体上接近国际先进水平，对教育改革和发展的支撑与引领作用充分显现。这一规划提出了推进教育信息化应该坚持四大工作方针，即坚持面向未来，育人为本；坚持应用驱动，共建共享；坚持统筹规划，分类推进；坚持深度融合，引领创新。

这一规划指出"加快职业教育信息化建设，支撑高素质技能型人才培养"。大力推进职业院校数字校园建设，全面提升教学、实训、科研、管理、服务方面的信息化应用水平。以信息化促进人才培养模式改革，改造传统教育教学，支撑高素质技能型人才培养，发挥信息技术在职业教育巩固规模、提高质量、办出特色、校企合作和服务社会中的支撑作用。具体包括以下几个方面。

(1)加快建设职业教育信息化发展环境。加强职业院校，尤其是农村职业学校数字校园建设，全面提升职业院校信息化水平。建设仿真实训基地等信息化教学设施，建设实习实训等关键业务领域的管理信息系统，建成支撑学生、教师和员工自主学习和科学管理的数字化环境。

(2)有效提高职业教育实践教学水平。充分发挥信息技术优势，优化教育教学过程，提高实习实训、项目教学、案例分析、职业竞赛和技能鉴定的信息化水平。改革人才培养模式，以信息技术支撑产教结合、工学结合、校企合作、顶岗实习。创新教育内容，促进信息技术与专业课程的融合，着力提高教师运用现代信息技术的能力和学生的岗位信息技术职业能力。加强实践教学，创新仿真实训资源应用模式，提高使用效益。

(3)有力支撑高素质技能型人才培养。以关键技术应用为突破口，适应职业教育的多样化需求，以信息技术促进教育与产业、学校与企业、专业与岗位、教材与技术的深度结合。开展人才需求、就业预警和专业调整等方面的信息分析，增强职业教育适应人才市场需要的针对性与支撑产业发展的吻合度。大力发展远程职业教育培训，共享优质数字教育资源，支撑职业教育面向人人、面向社会。

4.2012年教育部公布《国家教育事业发展第十二个五年规划》

教育部于2012年公布了《国家教育事业发展第十二个五年规划》，该规划提出加快实施教育信息化战略，具体内容包括以下几个方面。

(1)超前部署教育信息网络。把教育信息化纳入国家信息化发展战略，全面推进下一代互联网建设与应用，建设先进的教育信息化基础设施。坚持标准先行，建立健全教育信息化标准体系。探索数字校园、智能教室建设，建立沟通学校、家庭、社区的学习网络。

(2)推动优质资源的开发、集成与共享。加快数字教育资源开发，启动建设国家优质教育资源中心。支持、引导、激励各级各类学校和社会机构开发优质教育资源，建立覆盖各级各类教育所有课程的教育资源库和公共服务平台。

(3)提高、发展教师的信息化技能。强化教师教育资源库建设，探索建设"未来教室"，作为教师教育和实践创新的重要平台。开展教师信息技术应用全员培训，组建多种类型的教师网络学习共同体。推动信息化和教育教学改革有机结合，鼓励各地大胆应用信息技术开展教学改革试验。

(4)提高学生的信息化学习与生存能力。加强各级各类学校信息技术教学，使学生学会运用信息技术自主学习。大力营造良好网络环境，强化校园网络的管理与规范。

（5）建设全国教育管理信息系统。建立国家教育基础信息库，开发教育管理应用系统、决策支持系统、监测分析系统和面向社会的教育信息服务系统。

5.2012年印发《教育部关于加快推进职业教育信息化发展的意见》

教育部在2012年印发了《教育部关于加快推进职业教育信息化发展的意见》分为四部分17项工作，旨在切实推进职业教育广泛、深入和有效应用信息技术，不断提升职业教育电子政务能力、数字校园水平和人才信息素养，全面加强信息技术支撑职业教育改革发展的能力，以先进教育技术改造传统教育教学，以信息化促进职业教育现代化。

第一部分是统一思想认识，把信息技术创新应用作为改革和发展职业教育的关键基础和战略支撑。

（1）加快推进我国职业教育信息化，是适应当今世界信息技术创新应用趋势，迎头赶上发达国家教育技术水平，构建国家教育长远竞争优势的战略举措。

（2）信息技术逐步深度融入企业生产、服务和管理的各个环节，产品工艺流程、生产设备设施和业务管理过程等方面的信息技术含量大幅度提高，对在职职工和新生劳动者的信息技术应用能力提出了新的更高要求。加快推进职业教育信息化，大规模培养掌握信息技术的高素质技能型人才，是适应国家信息化与工业化融合发展要求，提高在职职工和在校学生信息素养、岗位信息技术职业能力和就业创业技能的紧迫任务。

（3）加快推进职业教育信息化，是我国教育信息化工作的重要内容，是职业教育基础能力建设的重要任务，是支撑职业教育改革创新的重要基础，是提高人才培养质量的关键环节。

第二部分是坚持科学发展，明确"十二五"时期职业教育信息化发展的基本思路与总体目标。

（1）"十二五"时期职业教育信息化发展的基本思路为：以科学发展观为指导，坚持以人为本，需求导向，创新引领，共建共享，突出特色，加快推进职业教育信息化发展。建立健全政府主导、行业指导、企业参与、专家支持、学校创新的职业教育信息化工作机制。以促进信息技术与职业教育深度融合为着力点，全面提高信息技术在教育、教学、管理和科研等领域的应用水平，支撑职业教育改革创新、强化内涵和提高质量。加快构建数字化、开放性、共享型职业教育网络，促进教育资源的优化重组、统筹管理和综合利用，逐步建成服务决策、服务战线和服务社会的全国职业教育数字化公共信息资源服务体系，缩小城乡之间、区域之间、行业之间和学校之间的教育差距，促进职业教育的现代化、集团化和规模化发展，促进中国特色、世界水准的现代职业教育体系建设，促进职业教育面向人人、面向社会，动态适应社会多样化学习需求，推动全民学习、终身学习的学习型社会建设。

(2)"十二五"时期职业教育信息化发展的总体目标为：到2015年，职业院校配备够用适用的计算机及其配套设备设施；90%的职业院校建成运行流畅、功能齐全的校园网，信息技术能够支撑学校教育、教学、管理、科研等各项应用；85%的职业院校按标准建成数字校园；90%的成人学校及其他职业培训机构实现网络宽带接入；其他学校都能建成卫星数据地面接收站；边远山区和贫困地区职业学校建成数字化资源播放平台。建成国家职业教育数字化信息资源库，不断完善各级职业教育网络学习平台；建成国家职业能力培养虚拟仿真实践教学公共环境，为在校学生、企业职工及社会学习者提供优质实践教学资源。建成全国职业教育综合管理信息系统，实现各级教育行政部门政务管理和职业院校业务管理的信息化、标准化和规范化。形成学生信息技术职业能力认证机制。职业教育信息化能力达到发达国家水平。

第三部分是推进改革创新，突破职业教育信息化发展的关键环节。

(1)努力提升职业教育信息化基础能力。建立和完善中国职业教育信息资源网。地方教育行政部门要以加强省级职业教育网站建设为重点，创新运行机制和管理模式，建设泛在、先进、高效和实用的职业教育信息化基础设施。全面提高职业院校信息技术装备水平。职业院校要以标准化校园网建设为基础，实现多种方式接入互联网，加快信息技术终端设施普及，重点建设仿真实训基地、网络教室、远程教育培训中心、多媒体应用中心等数字化场所和设施。努力建成支持学生学习、学校办公和政府决策的职业教育信息化环境。

(2)加快开发职业教育数字化优质信息资源。开发包括网络课程、虚拟仿真实训平台、工作过程模拟软件、通用主题素材库(包括行业标准库、实训项目库、教学案例库、考核试题库、技能竞赛库等)、名师名课音像以及专业群落网站等多种形式的职业教育数字化信息资源。建成教学资源平台、电子阅览室、数字图书馆等综合资源平台。加快建立健全职业教育资源开发机制、认证体系和共享模式。加快建设国家职业教育数字化信息资源库。建立健全职业院校、行业企业、研究机构之间的资源共建共享机制。

(3)切实增强职业教育电子政务应用能力。教育部统筹规划和指导建设职业教育管理信息系统，重点建设覆盖实习实训、校企合作、工学结合、集团办学和学生资助等体现职业教育特色的关键业务领域的管理信息系统。鼓励国家职业教育试验区以及有条件的地区建立人才预测、就业预警和人才培养管理信息系统等创新性、关键性和前沿性的公共信息服务平台。

(4)加快提高职业院校数字校园建设水平。教育部制定职业教育数字校园建设标准，加快推进标准化数字校园建设。各地和职业院校要建设宽带、泛在、安全的网络基础设施，推广应用多媒体教室、数字化实验室、远程协作教室等职业教育信息化环境，促进常规装备和信息化装备协同融合；普及师生个人学习终端，创新数字化的专业学习工具、协作交流工具和知识建构工具，引导广大师生广泛运用信息化手段，创新人才培养模式，积极推进信息技术进校园、进课堂、进教材，促进信息技术与教育过程、内容、方法和质量评价的深度融合，提高教育教学质量。

（5）提升职业教育工作者的信息素养。继续实施全国职业学校信息技术职业能力提高计划，提高校长、教师和信息技术人员的信息技术应用能力。制订职业院校教师教育技术能力标准；依托职业教育、高等教育教学和培训机构以及有关企业，支持建成信息技术职业能力培训基地，健全培训、考核和认证机制；重点推进全国职业院校信息主管培养，每所学校重点培养一名主管数字校园建设的行政领导、一名正高级信息技术专业教师和一名校园网网络主管。定期举办全国职业院校教师信息化教学竞赛。

（6）大力发展现代远程职业教育。加快推进多层次互补、多模式共存和多样化发展的现代远程职业教育，逐步形成高度开放共享的职业教育培训网络。建成全国职业教育网络学习平台。支持建成农村和城市社区数字化学习中心，为当地科技文化推广、实用技术培训、成人终身学习提供综合信息服务。推动优质信息资源跨区域、跨行业和跨机构远程共享。

（7）加大信息化技能型人才培养工作力度。各级教育行政部门要指导学校加强计算机应用基础等公共必修课教学，积极开设相关选修课，多渠道提高各专业学生的通用信息技术职业能力、数字化学习能力和综合信息素养。定期举办全国职业院校信息技术应用能力竞赛，引导信息技术人才培养模式创新。加大以信息技术改造传统专业的力度，推动信息技术与生产技术的融合，及时更新教学内容，提高学生的信息技术应用知识、职业技能和实践能力。

第四部分是切实加强管理，保障职业教育信息化持续健康发展。

（1）加强职业教育信息化的组织管理。成立教育部职业教育信息化工作专家组，研究制订职业教育信息化发展规划以及相应的技术规范，协助开展职业教育信息化试点工作，参与实施国家职业教育信息化重大工程项目，开展或受委托开展对社会组织的教育信息化服务活动进行资格认证、质量评定和绩效评估。各地教育行政部门要建立相应的组织机构，建设职业教育资源服务机制、专家团队和技术支持体系。各学校要建立由校长牵头的信息化领导机制，设立数字校园管理中心（或教育技术中心、网络中心）等部门，有组织、有计划、有步骤地做好本校的信息化工作。

（2）强化职业教育信息化发展规划落实机制。将信息化工作纳入教育督导和学校办学评估指标体系，并适时开展职业教育信息化专项评估。将数字校园建设作为国家示范性职业院校、职业教育先进地区等国家项目评审、建设和验收的重要考核指标。实施全国职业教育数字校园建设示范学校和职业教育信息化综合试验区项目。

（3）多渠道筹措职业教育信息化建设经费。争取中央财政加大支持职业教育信息化建设。鼓励各地设立职业教育信息化建设专项，加大投入力度。支持职业院校与研究机构、企业等开展信息化应用项目合作，鼓励行业、企业及其他社会组织向职业院校捐助符合标准的优质信息化软件、资源、设备以及相关产品和服务。鼓励企业以多种方式参与和支持职业教育信息化建设。

(4)推动职业教育信息化研究。定期举办中国职业教育信息化创新发展研讨活动，促进地区、行业、单位之间的信息交流、经验推广和项目合作。支持各地、学校、行业、企业和有关社会组织开展多种形式的职业教育信息化研究、交流与合作活动。加速信息技术与职业教育融合的研究，推动最新科研成果转化为优质职业教育资源、数字化软硬件产品和服务。

(5)加强职业教育信息化规范管理。教育部制定教育信息化技术标准和专项管理规范。努力推动职业教育信息化发展的制度化管理、体系化创新、高效率运行和可持续发展。

6.2012年九部门联合发文《教育部等九部门关于加快推进教育信息化当前几项重点工作的通知》

为贯彻落实全国教育信息化工作电视电话会议精神，教育部、国家发展改革委、财政部、工业和信息化部、科技部、人力资源社会保障部、质检总局、广电总局、国防科工局于2012年联合发文《教育部等九部门关于加快推进教育信息化当前几项重点工作的通知》，全面落实教育规划纲要和教育信息化十年发展规划。

(1)总体思路：根据教育信息化十年发展规划的整体安排，围绕教育改革发展的中心任务，坚持信息技术与教育教学实践深度融合的核心理念，坚持应用导向和机制创新，充分调动各方面(尤其是企业)参与教育信息化的积极性，加快落实进度，形成阶段亮点，切实体现国家对教育信息化的高度重视，使广大基层学校与师生实实在在感受到教育信息化的成效。

(2)重点工作：实现教学点数字教育资源全覆盖，开齐课、开好课，结合广电部门实施的直播卫星"户户通"工程，组织配送优质数字教育资源；推进农村中小学宽带接入与网络条件下的教学环境建设；推动优质数字教育资源的普遍应用，推进教育公平化、均等化；推进网络学习空间建设，利用网络学习空间可以形成新的教师研修形式、教学方式和学习方式、师生互动和生生互动方式；建设教育资源公共服务平台，充分依托国有大型电信企业的基础设施，加快国家教育资源公共服务平台与国家数字教育资源中心建设；建设教育管理公共服务平台，实现学生、教师和学校资产等信息入库，并保证数据的及时更新；加大教师应用信息技术能力的培训力度，要把应用信息技术能力作为教师业务能力的基本要求，将利用信息技术改进教学方法，提高教学质量，推进教学改革的理论、方法以及案例作为教师培训的重要内容，加大培训力度。

(3)工作要求：要健全领导体制、管理体制、工作和监督检查机制；要吸引社会团体、企业的支持、参与，形成多元化的教育信息化投入格局，保证学校购买教育信息化服务的经常性支出；要充分整合现有资源，以促进教育公平，提高教育质量为目标，使教育信息化取得实质效果。

7. 2014年国务院颁布《国务院关于加快发展现代职业教育的决定》

2014年6月,国务院印发《国务院关于加快发展现代职业教育的决定》,全面部署加快发展现代职业教育。《国务院关于加快发展现代职业教育的决定》明确了今后一个时期加快发展现代职业教育的指导思想、基本原则、目标任务和政策措施,提出"到2020年,形成适应发展需求、产教深度融合、中职高职衔接、职业教育与普通教育相互沟通,体现终身教育理念,具有中国特色、世界水平的现代职业教育体系"。

《国务院关于加快发展现代职业教育的决定》共28条,简称"职教发展28条"。其中,第18条专项工作为"提高信息化水平",具体内容为:构建利用信息化手段扩大优质教育资源覆盖面的有效机制,推进职业教育资源跨区域、跨行业共建共享,逐步实现所有专业的优质数字教育资源全覆盖。支持与专业课程配套的虚拟仿真实训系统开发与应用。推广教学过程与生产过程实时互动的远程教学。加快信息化管理平台建设,加强现代信息技术应用能力培训,将现代信息技术应用能力作为教师评聘考核的重要依据。

"职教发展28条"再一次在国家层面上为职业教育信息化建设指明方向,将2002年以来的各项相关政策要求落实到教师个人层面,从上到下有力地推进职业教育信息化建设。

8. 2015年教育部印发《职业院校数字校园建设规范》

2015年1月,教育部发布《职业院校数字校园建设规范》,进一步规范和推动职业院校数字校园建设,促进信息技术与职业教育的深度融合。职业院校数字校园建设是一个持续优化和完善的过程,为确保该项工作顺利进行,各地要加强对《职业院校数字校园建设规范》的学习和宣传,制订工作推进方案,完善配套支持政策,积极通过试点带动,示范引领等方式,推动职业院校数字校园建设走上规范化、科学化轨道;要积极总结借鉴国内外先进经验,坚持应用驱动,把技术先进性与学校教学和管理实际需求紧密结合,突出职业教育特色,避免出现建、用"两张皮"的现象;要形成共建共享机制,将数字校园建设作为推动职业教育信息化工作的重要抓手,吸引多方力量参与,加强互联互通,解决好"信息孤岛"问题,有效提升信息使用效率与效益。

《职业院校数字校园建设规范》由教育部职业教育与成人教育司提出并归口管理,分为七个部分:引言、总体要求、师生发展、数字资源、应用服务、基础设施和附录。

第1部分:引言。该部分规定了《职业院校数字校园建设规范》的适用范围、数字校园的内涵以及实施的指导思想。

第2部分:总体要求。该部分规定了职业院校数字校园的意义与作用、目标与原则、内容与组成、组织结构与体系和实施过程。

第3部分:师生发展。该部分规定了数字校园促进学生能力发展的目标,以及数字校园实施过程中对教师能力提出的要求。

第4部分:数字资源。该部分规定了职业教育中使用的三类数字资源的建设要求,包括课堂与实训室数字化教学资源、数字场馆资源和数字图书馆资源。

第5部分：应用服务。该部分规定了数字校园中七类主要应用服务的建设要求，包含数字化教学、数字化科研、数字化管理、数字化文化生活、数字化公共服务、数字化社会服务和数字化决策支持，以及各类应用服务的集成要求。

第6部分：基础设施。该部分规定了数字校园中八类主要基础设施的建设要求，包括校园网络、数据中心、网络信息服务、网络管理与网络安全、多媒体教室建设、仿真实训系统环境、数字广播与网络电视系统和数字安防系统。

第7部分：附录。

9.2016年教育部印发《教育信息化"十三五"规划》

2016年6月教育部印发了《教育信息化"十三五"规划》，对教育信息化提出了八项主要任务。

(1)完成"三通工程"建设，全面提升教育信息化基础支撑能力。

加快推进"宽带网络校校通"，结合国家"宽带中国"建设，采取多种形式，基本实现各级各类学校宽带网络的全面覆盖，具备条件的教学点实现宽带网络接入；有效提升各类学校和教学点出口带宽，城镇学校班均出口带宽不低于10 M，有条件的农村学校班均出口带宽不低于5 M，有条件的教学点接入带宽超过4 M；推进"无线校园"建设，东部和具备条件的城镇各类学校应实现无线网络全覆盖。将学校网络教学环境和备课环境建设纳入义务教育学校建设标准，鼓励具备条件的学校配备师生用教学终端；推动落实《职业院校数字校园建设规范》，确保各级各类学校普遍具备信息化教学环境。全面推进"优质资源班班通"，基本建成数字教育资源公共服务体系，为学习者享有优质数字教育资源提供方便快捷的服务。大力推进"网络学习空间人人通"，网络学习空间应用普及化，基本形成与学习型社会建设需求相适应的信息化支撑服务体系。

(2)实现公共服务平台协同发展，大幅提升信息化服务教育教学与管理的能力。

积极利用云计算、大数据等新技术，创新资源平台、管理平台的建设、应用模式。各地要根据信息化教学的实际需求，做好资源平台建设规划论证，充分利用现有通信基础设施，加快推进区域平台建设和与国家教育资源平台的协同服务。鼓励企业根据国家规定与学校需求建设资源平台，提供优质服务。"十三五"末，要形成覆盖全国、多级分布、互联互通的数字教育资源云服务体系，为学习者享有优质数字教育资源提供方便快捷的服务，提升教育信息化支撑教育教学的水平。制订出台教育数据管理办法，规范数据的采集、存储、处理、使用、共享等全生命周期管理，保证数据的真实、完整、准确、安全及可用，实现教育基础数据的有序开放与共享。在进一步明确业务需求的基础上，基本完成教育管理信息系统建设任务，基本完善教育基础数据库。着力做好已建系统运行与服务，提升管理公共服务平台支撑教育业务管理、决策支持、监测评价和公共服务的水平。逐步实现资源平台、管理平台的互通、衔接与开放，支持各级教育行政部门和各类教育机构、企事业单位利用国家已有系统开发相关应用。

(3) 不断扩大优质教育资源覆盖面，优先提升教育信息化促进教育公平、提高教育质量的能力。

深入推进三个课堂建设，积极推动"专递课堂"建设，巩固深化"教学点数字教育资源全覆盖"项目成果，进一步提高教学点开课率，提高教学点、薄弱校教学质量；推广"一校带多点、一校带多校"的教学和教研组织模式，逐步使依托信息技术的"优质学校带薄弱学校、优秀教师带普通教师"模式制度化。大力推进"名师课堂"建设，充分发挥名师的示范、辐射和指导作用，以"名师工作室"等形式组织特级教师、教学名师与一定数量的教师结成网络研修共同体，提升广大教师的教学能力和水平。积极组织推进多种形式的信息化教学活动，鼓励教师利用信息技术创新教学模式，推动形成"课堂用、经常用、普遍用"的信息化教学新常态。创新推进"名校网络课堂"建设，各地教育行政部门要制订相关规定，鼓励、要求名校利用"名校网络课堂"带动一定数量的周边学校，使名校优质教育资源在更广范围内得到共享，让更多的学生享受到高质量的教育。继续推动高校建设并向社会开放在线课程，促进中央部门高校支援西部高校开展在线开放课程线上线下混合式教学改革；积极支持、推进高等学校继续教育数字化资源开放和在线教育联盟、大学与企业继续教育联盟建设，扩大高校优质教育资源受益面，在提升高等教育、继续教育质量中发挥重要作用。

(4) 加快探索数字教育资源服务供给模式，有效提升数字教育资源服务水平与能力。

继续开展"一师一优课、一课一名师"等信息化教学推广活动，激发广大教师的教育智慧，不断生成和共享优质资源；实施职业教育数字资源试点专项，国家示范性职业学校数字化资源共建共享计划，以先建后补方式继续开展"职业教育专业教学资源库"建设，推动职业院校广泛应用。加快制订数字教育资源相关标准规范，完善多机制、多途径整合优质数字教育资源的制度。加大数字教育资源的知识产权保护力度，加强相关法治培训，增强教育部门、学校使用、应用数字图书、音像制品等资源时，依法保护知识产权的意识和能力，进一步确立通过市场竞争产生优质资源、提供优质资源服务的机制。要通过多种方式大力培育数字教育资源服务市场，积极探索在生均公用经费中列支购买资源服务费用的机制，将数字教育资源的选择权真正交给广大师生。鼓励企业积极提供云端支持、动态更新的适应混合学习、泛在学习等学习方式的新型数字教育资源及服务。各级教育行政部门要保障基础性数字教育资源的供给，并发挥好已有资源的作用，利用以互联网为主的多种手段将资源提供给各类教育机构，尤其是农村、边远、贫困、民族地区的学校免费使用。大力实施面向不同行业、企业的高等学校继续教育e行动计划，办好开放大学、老年大学、就业技能培训等，为全民学习、终身学习提供有力支撑。

(5)创新"网络学习空间人人通"建设与应用模式,从服务课堂学习拓展为支撑网络化的泛在学习。

要积极利用成熟技术和平台,统筹推进实名制网络学习空间的建设与应用。空间要集成网络教学、资源推送、学籍管理、学习生涯记录等功能。要融合网络学习空间创新教学模式、学习模式、教研模式和教育资源的共建共享模式。鼓励教师应用网络学习空间开展备课授课、家校互动、网络研修、指导学生学习等活动;鼓励学生应用网络学习空间进行预习、作业、自测、拓展阅读、网络选修课等学习活动,养成自主管理、自主学习、自主服务的良好习惯;鼓励家长应用网络学习空间与学校、教师便捷沟通、互动,关注学生学习成长过程,有效引导学生科学使用空间。要实现学生学习过程、实践经历记录的网络学习空间呈现;依托网络学习空间逐步实现对学生日常学习情况的大数据采集和分析,优化教学模式,以"人人通"的广泛、深度应用进一步体现"校校通""班班通"的综合效能。

(6)深化信息技术与教育教学的融合发展,从服务教育教学拓展为服务育人全过程。

要依托信息技术营造信息化教学环境,促进教学理念、教学模式和教学内容改革,推进信息技术在日常教学中的深入、广泛应用,适应信息时代对培养高素质人才的需求。有条件的地区要积极探索信息技术在"众创空间"、跨学科学习(STEAM教育)、创客教育等新的教育模式中的应用,着力提升学生的信息素养、创新意识和创新能力,养成数字化学习习惯,促进学生的全面发展,发挥信息化面向未来培养高素质人才的支撑引领作用。面向未来培养高素质人才,教师能力是关键。要建立健全教师信息技术应用能力标准,将信息化教学能力培养纳入师范生培养课程体系,列入高校和中小学办学水平评估、校长考评的指标体系,将教师信息技术应用能力纳入教师培训必修学时(学分),将能力提升与学科教学培训紧密结合,有针对性地开展以深度融合信息技术为特点的课例和教学法的培训,培养教师利用信息技术开展学情分析与个性化教学的能力,增强教师在信息化环境下创新教育教学的能力,使信息化教学真正成为教师教学活动的常态。

(7)深入推进管理信息化,从服务教育管理拓展为全面提升教育治理能力。

建成覆盖各级教育行政部门、全国各级各类学校和相关教育机构的国家教育管理信息化体系,实现教育基础数据的"伴随式收集"和全国互通共享。要推动管理信息化与教育教学创新的深度融合,在提高教育管理效能的基础上,实现决策支持科学化、管理过程精细化、教学分析即时化,充分释放教育信息化的潜能,系统发挥信息化在政府职能转变、教育管理方式重构、教育管理流程再造中的作用,促进政府教育决策、管理和公共服务水平显著提高,推动教育治理能力的现代化。要利用信息化实现政府部门、学校、家长和社会广泛连接与信息快速互通,推动教育评价主体多元化、公共服务人性化,使各级各类学校、相关教育机构和广大人民群众更加及时、准确地获取教育信息,更加便利地享受到教育服务，更加深入地参与教育治理过程，形成一个有效的教育治理体系，让教育发展的成果更多更公平惠及全体人民，从而加快发展各项教育事业。

（8）紧密结合国家战略需求，从服务教育自身拓展为服务国家经济社会发展。

教育信息化要更好地服务国家重大需求，在"一带一路""互联网＋"、大数据、信息惠民、智慧城市、精准扶贫等国家重大战略中发挥作用，提供广覆盖、多层次、高品质的公共服务，优化社会资源配置、创新公共服务供给模式、提升均等化普惠化水平，培育新型业态和新的经济增长点，在促进信息消费、提升基本公共服务水平、加强和创新社会管理、构建和谐社会等方面积极探索。要加强教育信息化的国际交流与合作，扩大国际视野，拓展国际空间，抢占教育信息化的国际制高点，增加国际话语权，服务国家外交话语权的提升。要贯彻落实国家网络安全战略部署和法律法规，加强网络安全相关学科建设、人才培养和技术创新，做好教育系统网络安全工作，服务国家安全战略。

10. 2017年教育部印发《2017年教育信息化工作要点》

2017年1月教育部印发《2017年教育信息化工作要点》，以"构建网络化、数字化、个性化、终身化的教育体系，建设'人人皆学、处处能学、时时可学'的学习型社会，培养大批创新人才"为发展方向，贯彻落实教育信息化"十三五"规划总体部署，按照"服务全局、融合创新、深化应用、完善机制"的原则，大力推动"四个提升"和"四个拓展"，充分发挥教育信息化对教育现代化的支撑和引领作用。

2017年，要坚持力度不减、抓手不软、培训不松，做到强化示范、突出效果、加强宣传，协同各方力量，加快推进各项重点工作，保证以下目标的实现。

（1）基本实现具备条件的学校互联网全覆盖、网络教学环境全覆盖，接入带宽10M以上的中小学比例达到70％，多媒体教室占普通教室比例达到80％，普通教室全部配备多媒体教学设备的学校比例达到60％。

（2）基本形成国家教育资源公共服务体系框架。国家教育资源公共服务平台实现与全部省级平台及一批市县级平台、企业平台互联互通。国家教育资源公共服务体系服务用户超过7000万人，支持全国200万个以上的班级实现"优质资源班班通"。

（3）资源服务供给能力进一步提升，组织开发266学时的农村中小学教学资源，免费播发使用。开展职业教育资源库16个项目立项建设和5个项目升级改进。270万名教师参加"一师一优课、一课一名师"活动"晒课"，征集年度"优课"2万堂。

（4）以"一生一空间、生生有特色"为目标，力争网络学习空间开通数量超过7500万个，实现90％以上教师和60％初中以上的学生开通和应用网络学习空间。完成中小学、职业院校校长和骨干教师"人人通"专项培训1万人。

（5）深入推进信息技术与教育教学深度融合。针对不同信息化教学应用模式，试点组建若干区域、学校联盟。出版教育部第一批教育信息化试点优秀案例集，在基础教育领域培育形成30个区域和60个学校示范案例。

（6）基本完成全国中小学教师信息技术应用能力提升工程1000万名中教师的培训任务。完成教育厅局长教育信息化专题培训800人。

（7）管理信息化水平和教育治理能力显著提升。教育管理公共服务平台进一步完善，基础数据实现有序共享。印发《教育部教育数据管理暂行办法》。

（8）深入贯彻《网络安全法》，全面完成教育行业关键信息基础设施定级备案和测评整改，信息技术安全监测和检查常态化。完成网络安全综合治理行动。完成网络安全专项培训600人。

在职业教育信息化方面，2017年的任务是继续推进职业教育资源建设。继续办好全国职业院校信息化教学大赛。做好职业教育资源库建设，按照"自主建设、省级统筹、择优入库、有序支持、验收监测、持续更新"的方式，组织年度备选项目遴选，立项支持16个项目建设，支持5个资源更新到位、应用效果较好、后续建设规划科学合理的项目升级改进。

二、河南省有关职业教育信息化的政策

自2002年河南省教育厅《关于加强职业教育与成人教育信息化建设的意见》实施以来，特别是在贯彻《教育部关于加快推进职业教育信息化发展的意见》之后，河南省中等职业教育信息化建设工作取得了明显成效，全省中等职业学校校园网建设不断完善、使用效果不断提高，互联网接入率持续增加，数字化教育教学资源日益丰富，教学与管理的信息化应用逐步拓展，对河南省职业教育攻坚工作和中等职业学校的改革发展起到了积极作用。但河南省职业教育的改革发展与教育部的要求和职业教育发达地区的水平相比，还存在较大差距。因此，各级教育行政部门、各中等职业学校要切实增强加快中等职业教育信息化建设工作的紧迫感和责任感，深化对教育信息化重要性的认识，转变思想观念，把信息化建设作为职业教育基础能力建设的重要任务，提升信息化设施建设水平和应用能力，建立健全促进信息化建设的体制机制，形成推动信息化建设的工作环境。

2014年河南省教育厅发布了《关于加快推进中等职业教育信息化建设工作的意见》，制订了总体目标：到2020年底，全省中等职业学校全部建成标准化数字校园，计算机生机比要超过6∶1，90%以上的教学场所具备多媒体互动教学功能；国家改革示范校、省品牌示范校和特色学校（以下简称"示范校"）全部建成千兆主干、百兆到桌面、无线网络全覆盖的高性能校园网；提升师生的信息技术应用能力和信息素养，大力开展信息技术应用和管理能力的培训，创新教学方法和手段，提升教师信息化教学理念和信息技术应用能力，实现教育教学与信息技术的深度融合；完善资源共建共享机制，建立数字化资源建设、发布、共享和管理系统，引导建设数字化文库、音视（频）库、课件库、优秀实训案例、改革创新课、数字化图书馆等教学资源，为学生提供网上学习、移动学习和在线学习等方面的优质资源；在汽车、电子信息、电子商务、装备制造、食品、轻工、建材、能源、化工、现代农业、旅游、交通、现代物流等专业领域建成一批理实一体化的数字化实训场所，50%以上实训场所具有数字化技能实训室、虚拟仿真实训环境。

目前，河南省职业教育信息化的主要任务包括以下六个方面。

1. 加快信息化基础设施建设

全面建设互连互通、相互支撑的教育行政部门、中等职业学校、行业企业和科研机构相互协作的职业教育服务网络；以互联网为依托，建设先进、高效、实用，满足资源共享、仿真实训和多媒体教学需要的中等职业教育信息化硬件基础设施。加快推进"中原职教""河南终身学习在线"网络服务云平台建设，全面推进宽带网络校校通工程，全省中等职业学校宽带接入率达到100%，实现学校门户网站设计的规范化和标准化，逐步开展100所示范性数字化校园评选认定工作。

2. 推进数字化教育教学资源开发与应用

组织建设省级中等职业教育数字化资源中心，建设面向全省中等职业学校教师的教学支持系统和面向学生的学习支持服务系统。以对接职业（岗位）活动、突出专业技能、突出核心岗位能力为特征，建设满足基础知识、基本技能、基本素养、教学需求的职业教育数字化资源库，着重开发网络课程、虚拟仿真实训软件、工作过程模拟软件、通用主题素材库以及名师、名课视频等多种形式的数字化教学资源；有针对性地引进国内外先进的中等职业教育数字资源；引导社会力量参与中等职业教育数字化资源建设，鼓励中等职业学校以校企合作开发、自主研发等方式参与资源建设，推动优质教育教学资源校内共享、校际共享和区域共享。加强多媒体网络教室、数字化技能教室、虚拟仿真实训室和远程协作教室建设，基本形成校企信息互动共享、理实一体、学做合一、仿真与实操结合的信息化教学环境，重点支持300门左右中等职业教育精品共享课程和仿真实训操作软件建设，开展100个中等职业教育示范性数字化技能教室和仿真实训室的创建评选活动。

3. 引导网络学习空间建设

加快推进网络学习空间人人通工程，加强中等职业教育网络学习空间服务平台和信息化应用终端建设，开通中等职业学校教师网络学习空间，开展中等职业学校学生网络学习空间试点工作，通过网络学习空间加强教师、学生、家庭、企业之间的沟通和互动；加强教师信息化办公、学习交流终端、学生信息化学习终端建设，实现处处能工作、随时可学习的目标。

4. 提高中等职业教育信息化管理水平

按照国家教育信息化管理的相关标准，建立、完善全省中等职业教育综合管理系统，加强各级教育行政部门政务管理和中等职业学校业务管理的信息化、标准化和规范化建设，实现与全国中等职业学校学生管理信息系统的对接。做好我省中等职业教育管理信息化工作总体规划，重点做好学生学籍、教师电子信息、学生资助、校企合作、实习实训、工学结合、集团化办学等关键信息的采集、报送和统计工作，确保完整、准确、及时、高效，充分发挥管理系统的作用，以各级各类中等职业教育管理信息系统来整体提升我省中等职业教育管理信息化水平。

5. 提升中等职业学校教师的信息技术应用能力

继续实施中等职业学校教师现代教育技术能力培训，把提高广大中等职业学校教师信息技术能力作为推动信息化建设工作的一项紧迫任务。通过学习、应用、交流、竞赛等多种方式开展信息化教学与研究，更新教学观念、改进教学方法，推广一批优秀信息化教学案例，提高教学质量。创造有利条件提高中等职业学校各类教师的信息技术应用水平和创新能力，帮助其熟练应用信息技术开展教育教学，并逐步实现课堂教学与信息技术的深度融合。积极开展中等职业教育信息化建设、研发、管理人员的培训，增强其规划、统筹、协调和执行能力，建设一支强有力的信息化教育教学资源建设和基础设施管理维护队伍。逐步建立信息化工作规范和评价标准，将教育技术能力纳入中等职业学校教师资格认证和考核体系，将信息化领导力列入中等职业学校校长工作能力的考核内容。

6. 提高中等职业学校学生信息技术应用水平

加强学生现代信息技术应用能力的培养，各中等职业学校要将现代信息技术应用能力课程作为必修课程纳入人才培养方案。研究制定全省中等职业学校学生现代信息技术应用能力标准和课程标准，在河南省对口升学考试方案中增加现代信息技术应用能力的考试内容，逐步在全省中等职业学校学生中实施现代信息技术应用能力水平测试。

活动二　提出落实职业教育信息化相关政策的建议

采用小组合作学习方式。交流职业教育信息化相关政策在自己学校的具体落实情况，总结学校在落实政策过程中出现的典型经验、困难和问题，提出落实职业教育信息化相关政策的建议，从教学一线的工作经验和教学需求思考，积极向学校建言，提出改进方案，将主要内容记录到电子学档中。

知识与技能

在过去十几年的政策引导下，虽然我国职业教育信息化建设取得了长足进步，但是在职业教育信息化政策落实的过程中，依然存在着区域和城乡发展不平衡、职业教育信息化建设进程不协调、教育间的不公平加大、资源整合难度大、信息孤岛现象严重、部分省市及院校缺乏统一应用平台、业务流程不合理导致管理效率低下等问题。

"十三五"期间,我国教育事业发展和教育信息化都要完成《教育信息化"十三五"规划》的各项发展目标。这是一场目标明确的攻坚战,需要有明确的推进思路和坚定的推进措施。对此,专家们提出了以下落实职业教育信息化相关政策的建议。

一、厘清多方职责

教育信息化是教育治理体系现代化的重要抓手,但其推进本身也迫切需要教育治理体系的现代化,需要厘清中央政府、地方政府、学校、企业和社会组织各自的职责,做到多方参与、各司其职,互补而不庇代。具体来说,各方职责建议如下。

中央政府:制定宏观规划,加强政策指导,制定标准规范,提出发展目标与要求。

地方政府:制定地方政策,建立多方合作机制,负责组织、推动、落实、监管,加强区域统筹。

学校:作为最终用户,推动教育教学应用,注重使用绩效。

企业:根据用户需求,遵循政策法规,按照市场机制,提供有偿服务。

社会组织:加强战略研究,提供政策建议、决策支持和咨询评估。

二、完善推进机制

建立健全教育信息化的推进机制仍然是做好"十三五"期间教育信息化工作的关键举措,该强化的机制要强化,该创新的机制要创新,只有良性机制的健全完善,才能确保我国教育信息化的可持续发展。具体来讲,有如下机制需要健全完善。

管理体制机制:建立国家、地方、学校三级教育信息化领导机构和指导委员会,加强顶层设计和统筹安排。加强领导,由单位主要领导负责教育信息化,由有综合协调能力的部门负责组织协调工作,建立信息化部门和业务部门的分工协作机制,统筹规划、归口管理。

市场机制:要充分发挥市场在资源配置中的决定性作用,减少政府及其事业单位在商业运营中的直接活动,通过建立健全教育信息化产品与服务的评估准入机制、知识产权保护机制和利益分配机制,构建良好的政策环境,推动、引导市场机制发挥作用,调动参与各方的积极性。

激励机制:通过建立科学的绩效指标体系和评估评价机制,包括关于各级教育行政部门、各级各类学校和教师的具有针对性的评价标准和激励机制,发挥机制的引导与激励作用,推动教育信息化的科学、快速发展。

研究机制:建立教育信息化研究的常态机制。组建各级教育信息化专家团队和教研部门,切实加强信息化教学研究和实践,深入教学一线,发挥智库和教学引领作用。学校要建立健全信息化教研制度,鼓励教师积极开展信息化相关的教改实践、课程建设,将教师的专项研究工作纳入科研课题立项和教学成果奖评审。

大赛机制:坚持信息化教学大赛常态化、制度化和品牌化。随着改革的深入,常态化的比赛要不断总结、改进、完善、提高,以反映教学实际所急需的信息技术手段和方法，以赛促建，以赛促改，赛以致用，不断推进信息化教学普及，引领整体职业教育战线教学质量提高。

培训机制：信息化师资队伍建设和信息化培训常态化、全员化、网络化。在各个层面均要有一支团队，加强信息化教学的研究、制定工作标准、研发教师信息化职业标准、开展信息化教学培训、承担信息化教学比赛赛事、进行信息化教学评价、推进信息化教学实施。

资源共享机制：建立信息化教学资源和平台共建共享机制。落实"三通两平台"建设，统筹数字化校园建设、数字化教学资源建设和各类专业课程教学平台建设等。建立共享机制，消除信息孤岛，减少重复建设，扩大共享范围，最大限度地发挥信息化教学资源的作用。

三、深化融合应用

推动信息技术与教育教学的全面深度融合，以信息化引领教育理念和教育模式的创新，充分发挥教育信息化在教育改革和发展中的支撑与引领作用。要达成此目标，必须分类指导、深化应用，统筹推动各类教育信息化工作全面协调发展，推动我国教育信息化在"十三五"末期总体上进入融合创新阶段。

职业教育要以校企协作为重点，通过网络学习空间提供校企共享信息服务，创新仿真实训资源应用模式，支持职业院校进行企业引入、设备共享、技术推广、岗位承包、校企共训、顶岗实习、培训移植等活动，推动专业教学紧贴生产实际，支持企业参与职业院校教学诊断和改进工作，支持企业能工巧匠、业务骨干到职业院校兼职，深入推进集团化办学和校企协同育人，创新校企合作人才培养模式，提高校企合作成效。

职业院校成立深化应用专家组织，深入研究职业教育信息化教学的特点和规律，探寻职业教育教师信息化专业发展的途径和对策。通过信息化教学大赛、教育技术培训、教改立项和教学成果评奖等多种途径，培养各学科专业、各门课程的信息化教学带头人，引领广大职业院校教师应用现代信息技术转变职业教育传统教学模式，快速提升教师信息化教学能力，提高职业教育教学质量。

四、加强督导评估

教育信息化是教育现代化的必要条件与重要标志，已被纳入我国教育现代化核心指标，成为我国教育现代化的战略选择。当前，我国以促进信息技术与教育教学融合为核心理念，形成了从顶层设计到重点工作的推进思路。良好的规划只有真正落地实施才能够发挥其作用。因此，必须加强教育督导工作，形成制度化的评估机制，将教育信息化建设与应用情况、网络安全与信息化协调发展情况以及教育信息化体制机制落实情况纳入各级政府部门年度督导工作内容和学校办学评估指标体系，促使各级教育行政部门和学校高度重视教育信息化相关工作，形成教育信息化建设与应用的良好局面。

五、提升教师主动性

职业院校是推进职业教育信息化的主体力量，应在落实国家政策要求、完善信息化环境、制定学校信息化发展的基本目标、提供信息化教学的条件保障、发挥信息化教学的优势与特色等方面进行整体设计、超前部署，协调推进学校信息化硬件建设、软件建设、思想建设。

职业院校教师是实现信息技术与课程教学融合的关键，信息时代更需要教师形成主动发展的意识，唤醒其专业发展的自觉性，使其自觉承担起专业发展的主要责任，变"要我发展"为"我要发展"。

信息技术与教学教育的融合，具有复杂性、长期性和艰巨性，职业院校的管理层和教师要抱有忧患和问题意识，主动邀请专家在理论基础、方法途径等方面进行专业指导，强化校际、区域和国际交流，借鉴成功经验，少走弯路，快速提升。

任务四　解析教师信息化教学能力

情景描述

信息技术飞速发展，翻转课堂、创客空间、可穿戴技术、自适应学习技术、物联网技术等新技术的兴起对教育产生重要影响。信息时代提倡以学生为中心，但并不代表教师的作用被弱化，而是给教师带来了新的挑战。为合理运用新兴信息技术来提高教学效率，教师需要紧跟时代步伐，不断提高自身信息化教学能力。教师对于信息化教学能力体系和内涵的把握，是提升其信息化教学能力的关键。

在职业教育教学中，信息技术不仅是技术工具，而且创建了有别于传统模式的教学环境。教师的信息化教学能力包括教学能力与信息技术应用能力，两者既高度相关，又各有不同。认识两者的区别，在思想上确立双向融合的意识，对提高信息化教学能力、提升信息化教学素养非常重要。这种意识和素养将长期影响信息化教学能力提升的价值观、技术观和教学观，促进可持续发展能力的稳步提升。

任务分析

了解教师的信息化教学能力内涵及分类，理解教师的信息化教学能力标准，通过解读标准，掌握信息化教学能力形成过程。结合具体的信息化教学设计和课堂教学案例，学会分析信息化教学能力的应用情况。

活动　研讨教师的信息化教学能力

阅读学习资料，小组讨论信息化教学能力的内涵、标准及形成过程，描述信息化教学能力的类别，用思维导图画出个人理解的信息化教学能力形成过程，联系自身学习经验进行解释。每个学生将小组讨论的结果记录在自己的电子学档中，在小组内和班级内分享。

知识与技能

一、职业院校教师信息化教学能力的分类

教师是教育信息化发展的关键因素，教师的信息化教学能力影响教育信息化的全面提升和深度融合。信息化教学能力既包括教师将信息技术与学科教学进行整合的能力，又包括教师利用信息技术辅助教学管理的能力。职业院校教师信息化教学能力以教学能力为基础，同时要融合信息技术应用能力。信息化教学能力是一种综合能力，由若干子能力构成，以信息技术应用为特征、以信息资源为支撑、以促进教学活动开展为本质。教师信息化教学的最终目的是促进学生的发展，学生是教师信息化教学能力的直接受益者。

1. 信息化教学能力不同于教育技术能力

信息化教学能力与教育技术能力的内涵并不相同，他们之间有着本质的差异，也有着不可忽视的关联性。信息化教学能力是指在信息化教学过程中，利用信息技术对教学过程进行处理的能力，偏重于技术方面，其研究对象主要是教学过程，研究范畴是对信息的获取、存储、分析、加工、交换、传输与评价的能力。而教育技术能力则偏重于教育，其研究对象主要是合适技术支持的教学过程与教学资源，研究范畴是合适技术支持的教学过程和教学资源的设计、开发、利用、管理与评价等方面的能力。这里所说的合适技术，包括现代技术、传统技术、有形的物化技术和无形的智能技术，当然在很多情况下是指信息技术。

信息化教学能力和教育技术能力又有一定的关联性。在很大程度上，信息化教学能力的发展，还要依靠教育技术能力的辅助和支持，只有掌握了一定的教育技术能力，才能提高和发展信息化教学能力。但是如果只掌握教育技术能力，就很难将所学的知识运用到实际的教学中去。所以，不应该只注重一方面能力的发展和提高，必须将二者很好地联系起来，共同提高，达到最优化的教学效果。

2. 教学能力是信息化教学能力的基础

信息化教学活动中，教学能力直接决定了教师的地位与作用。职业院校的教师应该具备以下教学能力。

(1)教学分析准备能力。教师在教学前应对学生的知识、技能、态度等方面有所了解，进行学习需求分析，深入了解学生的认知结构和认知策略，为以学生为中心的教学做准备。因此，教师应该具有对学生的学习心理进行认真研究并正确引导学生学习的能力。

(2)课程设计开发能力。职业教育课程的设计既要有利于完整顺利地实现教育目标，又要与职业资格标准要求衔接，同时还要满足学生共性与个性的同步发展。教师应具有良好的课程设计开发能力，能够根据职业能力的要求对原教材进行有效整合。

(3)专业教学法应用和创新能力。选择教学方法时应考虑不同的信息接受方式对学习带来的不同影响。职业院校教师应熟练掌握专业教学法的应用，应根据教学内容、教学环境的不同和教学目标的变化，在教学中创造出更多、更好地符合本职业教学需要的新的专业教学方法，以适应综合职业能力型人才培养的需求。

(4)情境化教学环境构建能力。教师要在教学目标分析的基础上，选出当前所学知识的基本概念、原理、方法和过程作为主题，再围绕这个主题进行意义建构。职业教育教学环境要体现职业的真实情境，情境化教学环境要围绕职业能力的目标和要求，满足学生主动建构知识、掌握技能以及课余训练的需要。教师布置的所有学习任务都是为了帮助学生更有效地适应职业学习，在课堂教学中模拟真实的任务和日常活动，给予学生解决问题的自主权。

(5)实践示范教学能力。培养学生的职业能力是职业教育教学的任务之一，职业院校教师要具备相应的职业经验，具有与教学内容相一致的职业活动经历。实践教学是对学生的操作技能、技术应用能力和综合职业能力进行训练的重要环节。因此，教师要具备较强的指导实践教学的能力。

(6)多元教学评价及反思能力。对职业教学活动进行评价，必须全面综合地考虑和检查教学活动的过程、成果、作品、讨论、合作、笔记、创意、信息技术应用能力、动手能力、对社会产生成效的程度、学生个体差异等因素。评价要对教学活动起到积极的导向作用。因此，要求教师具有多元综合评价的能力。

(7)职业教育研究与创新能力。职业教育研究强调的是教师能够运用现代化手段处理信息资料、分析研究职业教育教学新情况。教师要自觉地、有规划地把教学工作作为职业素养来研修，开展职业生涯设计，树立积极主动的学习意识、应用现代职业教学手段的意识、成长意识和研究意识。

3. 信息化教学能力以信息技术应用为基本特征

职业院校教师的信息化教学能力是在信息化环境下，教师教学能力发展的新阶段、新要求，是一种新技术支撑的综合能力，由若干子能力构成。在本质上具有目的性、实践性和多维性。教师信息化教学的最终目的是促进学生的发展，学生是教师信息化教学能力的直接受益者；教师信息化教学能力以信息技术应用为特征、以信息资源为支撑、以促进教学活动开展为本质。

4. 职业院校教师信息化能力

借鉴大量学者关于信息时代教师能力结构的研究，结合职业院校教师特征与职业教学活动内容，将教育信息化进程中的职业院校教师信息化能力分为信息理念、信息化教学、信息化科研、数字化学习、信息化合作五种，如图1-2所示。这五种能力构成两大能力体系：信息化教学能力体系与信息化职业能力体系。其中，信息理念决定了职业院校教师信息化专业能力发展的价值取向，影响其他四种能力的发展。数字化学习与信息化合作为职业院校教师能力的发展提供了内部知识基础与外部支援，信息化教学和信息化科研则是两大能力体系下教师所应具备的核心能力。

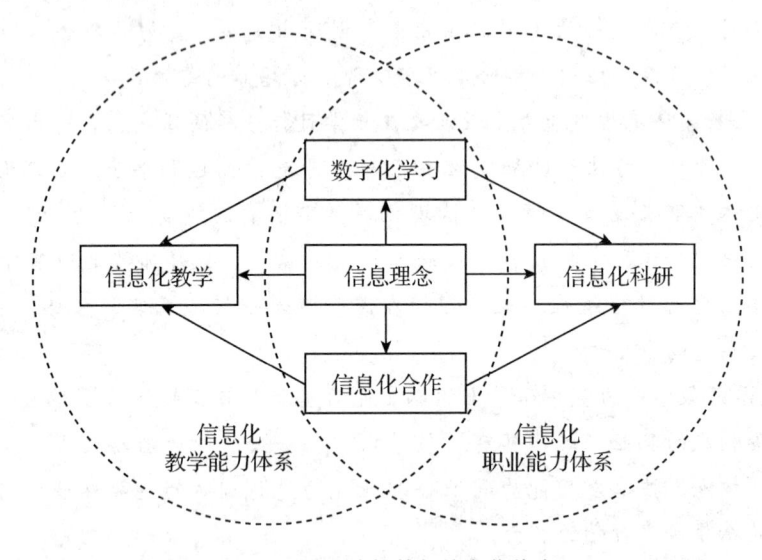

图 1-2　职业院校教师信息化能力

职业院校教师信息化能力由信息化教学能力与信息化职业能力两大核心能力构成。这两种能力并非孤立存在的，可互为补充、相互促进。信息化教学能力具体可包括信息化教学设计能力、信息化职业实训教学能力、信息化教学评价能力、信息化教学发展能力、信息化团队交往能力。信息化职业能力具体包括信息化职业发展能力、信息化科研能力、信息化校企合作能力。

5. 职业院校教师信息化教学能力模型

在对职业院校教师信息化教学能力现状调查研究的基础上，结合国内外已经颁布试行的相关标准和职业教师的特征、实际教学需求以及教学过程，建构了一个五个维度的职业院校教师信息化教学能力模型，如表1-2所示。五个维度分别是：意识与责任、基础与技能、应用与实践、设计与开发、研究与创新。每一个维度又包含多个要素及若干基本要求。其中，信息化教学的意识与责任、基础与技能、应用与实践为基本性要求，设计与开发、研究与创新为发展性要求。

（1）意识与责任。信息化教学成为教师感知和思索的对象，教师对信息化教学的基本规律及其重要性有清晰、正确的认识，并具有在教学和科研实验中学习、探索与应用信息技术的意识，能够做到遵守相关的法律法规，为学生做好良好的示范作用。

(2)基础与技能。掌握有关信息化教学的基本理论知识和技能，并能利用信息技术解决基本的教学问题，这不仅包括熟练地操作与应用各种常用软件、网络工具以及常用教学设备，而且包括教师对于信息化教学一般模式与典型模式的熟练应用。

(3)应用与实践。将信息技术合理、有效地运用于日常的教学过程和教学实践，即教学准备、教学实施、教学评价、教学反思等各个环节的具体能力。强调教师将信息技术应用于理论教学与实习实训中的能力。

(4)设计与开发。以教学设计理论为基础，利用信息技术独立或者与专业技术人员合作，设计和开发课程、教学单元、课堂活动和教学资源等的能力。

(5)研究与创新。探索信息技术与职业教育教学融合的创新型模式、方法的能力，以及利用信息技术从事教学研究的能力。

表1-2 职业院校教师信息化教学能力

能力维度	能力要素
意识与责任	对重要性的认识
	应用意识
	评价与反思
	终身学习
	社会责任
基础与技能	基本知识
	基本操作
	资源与管理
	媒体资源的选择
	评价与反思
应用与实践	教学准备
	教学实施
	教学评估
	协作交流
设计与开发	教学设计
	课程设计与开发
	管理与评价
研究与创新	教学研究
	教学创新

二、职业院校教师信息化教学能力解读

对信息化教学能力进行解析,特别是对信息技术应用能力进行诠释,国际通行的方法是确立国家层面的教师信息技术应用能力标准。

1. 应用能力标准

教育部于 2014 年印发了《中小学教师信息技术应用能力标准(试行)》,如表 1-3 所示。

表 1-3　中小学教师信息技术应用能力标准（试行）

维度	应用信息技术优化课堂教学	应用信息技术转变学习方式
技术素养	1. 理解信息技术对改进课堂教学的作用,具有主动运用信息技术优化课堂教学的意识。	1. 了解信息时代对人才培养的新要求,具有主动探索和运用信息技术变革学生学习方式的意识。
	2. 了解多媒体教学环境的类型与功能,熟练操作常用设备。	2. 掌握互联网、移动设备及其他新技术的常用操作,了解其对教育教学的支持作用。
	3. 了解与教学相关的通用软件及学科软件的功能及特点,并能熟练应用。	3. 探索使用支持学生自主、合作、探究学习的网络教学平台等技术资源。
	4. 通过多种途径获取数字教育资源,掌握加工、制作和管理数字教育资源的工具与方法。	4. 利用技术手段整合多方资源,实现学校、家庭、社会相连接,拓展学生的学习空间。
	5. 具备信息道德与信息安全意识,能够以身示范。	5. 帮助学生树立信息道德与信息安全意识,培养学生良好行为习惯。
计划与准备	6. 依据课程标准、学习目标、学生特征和技术条件,选择适当的教学方法,找准运用信息技术解决教学问题的契合点。	6. 依据课程标准、学习目标、学生特征和技术条件,选择适当的教学方法,确定运用信息技术培养学生综合能力的契合点。
	7. 设计有效实现学习目标的信息化教学过程。	7. 设计有助于学生进行自主、合作、探究学习的信息化教学过程与学习活动。
	8. 根据教学需要,合理选择与使用技术资源。	8. 合理选择与使用技术资源,为学生提供丰富的学习机会和个性化的学习体验。
	9. 加工制作有效支持课堂教学的数字教育资源。	9. 设计学习指导策略与方法,促进学生的合作、交流、探索、反思与创造。
	10. 确保相关设备与技术资源在课堂教学环境中正常使用。	10. 确保学生便捷、安全地访问网络和利用资源。
	11. 预见信息技术应用过程中可能出现的问题,制订应对方案。	11. 预见学生在信息化环境中进行自主、合作、探究学习可能遇到的问题,制订应对方案。

续表

维度	应用信息技术优化课堂教学	应用信息技术转变学习方式
组织与管理	12. 利用技术支持，改进教学方式，有效实施课堂教学。	12. 利用技术支持，转变学习方式，有效开展学生自主、合作、探究学习。
	13. 让每个学生平等地接触技术资源，激发学生学习兴趣，保持学生学习注意力。	13. 让学生在集体、小组和个别学习中平等获得技术资源和参与学习活动的机会。
	14. 在信息化教学过程中，观察和收集学生的课堂反馈，对教学行为进行有效调整。	14. 有效使用技术工具收集学生学习反馈，对学习活动进行及时指导和适当干预。
	15. 灵活处置课堂教学中因技术故障引发的意外状况。	15. 灵活处置学生在信息化环境中开展学习活动发生的意外状况。
	16. 鼓励学生参与教学过程，引导学生提升技术素养并发挥其技术优势。	16. 支持学生积极探索使用新的技术资源，创造性地开展学习活动。
评估与诊断	17. 根据学习目标科学设计并实施信息化教学评价方案。	17. 根据学习目标科学设计并实施信息化教学评价方案，并合理选取或加工利用评价工具。
	18. 尝试利用技术工具收集学生学习过程信息，并能整理与分析，发现教学问题，提出针对性的改进措施。	18. 综合利用技术手段进行学情分析，为促进学生的个性化学习提供依据。
	19. 尝试利用技术工具开展测验、练习等工作，提高评价工作效率。	19. 引导学生利用评价工具开展自评与互评，做好过程性和终结性评价。
	20. 尝试建立学生学习电子档案，为学生综合素质评价提供支持。	20. 利用技术手段持续收集学生学习过程及结果的关键信息，建立学生学习电子档案，为学生综合素质评价提供支持。
学习与发展	21. 理解信息技术对教师专业发展的作用，具备主动运用信息技术促进自我反思与发展的意识。	
	22. 利用教师网络研修社区，积极参与技术支持的专业发展活动，养成网络学习的习惯，不断提升教育教学能力。	
	23. 利用信息技术与专家和同行建立并保持业务联系，依托学习共同体，促进自身专业成长。	
	24. 掌握专业发展所需的技术手段和方法，提升信息技术环境下的自主学习能力。	
	25. 有效参与信息技术支持下的校本研修，实现学用结合。	

2. 标准解读

　　表1-3的标准根据教师教育教学工作与专业发展主线，将信息技术应用能力划分为技术素养、计划与准备、组织与管理、评估与诊断、学习与发展五个维度。这一基于信息技术应用的能力分类维度，基本适用于职业院校。

这一标准对教师信息技术应用能力内涵的解析侧重于技术的应用，对教师在教育教学和专业发展中应用信息技术提出了基本要求和发展性要求。基本要求主要是指教师利用信息技术进行讲解、启发、示范、指导、评价等教学活动应具备的能力；发展性要求主要是指在学生具备网络学习环境或相应设备的条件下，教师利用信息技术支持学生开展自主、合作、探究等学习活动所应具有的能力。

但是标准中的五个维度并没有充分反映职业教育教学的特质，尤其对专业课教师而言，如何充分发挥信息技术的优势，体现"做中学"、工学结合的职业教育专业教学特色是非常重要的。

三、职业院校教师信息化教学能力形成过程

1. 信息化教学能力发展的四个阶段

信息技术在教学中的应用需要一个过程，即从不会应用到会应用、从低水平应用到高水平应用、从简单应用到综合应用。教师信息化教学能力发展具有明显的阶段性，在不同阶段教师具有不同的需求。有些能力是先导能力，有些能力是后续发展的能力，教师的信息化教学能力形成过程是一个有层次的、循序渐进的过程。教师利用信息技术进行教学的能力水平大概会经历了解、应用、整合、创新四个阶段。无论是哪个阶段，都可以通过教师系统性学习、专家驻校指导、校本培训和校本研究等方式来培养。"培训—测评—应用"是提升教师信息化教学能力的必经之路。

（1）了解阶段。教师开始掌握信息技术知识，但心里仍未做好准备，教学法仍未得到扩展，课堂教学仍由教师主导，技术没有对常规教学产生影响。

（2）应用阶段。经过应用、反思和学习，教师开始改进教学方法，出现新的课堂形式。在职业发展方面，教师开始使用信息手技术手段了解行业发展新方向、新动态，对前沿技术也有所掌握。

（3）整合阶段。在信息技术的作用下教学开始发生变化，教师开始调整角色，将信息技术应用到不同类型的教学中。在职业发展方面，信息技术已经成为促进教师发展的常规手段。

（4）创新阶段。教师对技术应付自如，能够利用信息技术手段传授实践性知识和技能。教师在这一阶段能够根据自己的教学目的与改革需要创造性地应用信息技术，设计技术整合的教学活动和学习环境，其教学活动不再受常规限制。

2. 信息化教学能力发展的关键领域

（1）应用意识的发展。在应用意识上，教师要逐步实现三个方面的转变：一是从注重技术向注重教法、学法转变；二是从注重工具向注重资源转变；三是从信息技术向信息与通信技术转变。教师只有充分认识到信息技术的功能和作用，以及给职业教育带来的实质性变革，才会乐于应用信息技术。

（2）应用责任的发展。应用责任是指教师在日常教学中应用信息技术的岗位职责、

社会义务、教学责任。教师只有把信息技术在教学中的应用当成职业教育发展和社会进步中的一种职责，当成日常教学中的一种义务和习惯，当成教学改革发展的一种趋势，才会有效使用信息技术和合理分配各种资源。这就要求教师正确使用学习资源，营造良好的学习气氛，使应用信息技术成为一种必然选择。

(3)应用技能的发展。应用技能是指职业院校教师在日常教学活动中使用信息技术的专业水平。在日常教学中，能够进行教学应用设计、教学应用实施、教学应用评价、教学沟通、教学反思等。在软件的学习上，要求通过某些软件的学习达到触类旁通的效果，掌握学习软件的一般方法，做到遇到新软件也能自己摸索使用。在教学应用技能的培训上，要通过一些经典案例，如全国职业院校信息化教学大赛优秀作品，进行参与式诊断分析，快速提高应用技能。

(4)应用创新能力的发展。应用创新是指教师在职业教育教学改革中，充分发挥现代信息技术优势，逐步实现教学内容呈现方式、学生学习方式、教师教学方式和师生互动方式的各种变革，注重信息技术与教育教学过程的全面深度融合。在借鉴前人研究的基础上，提出适应未来职业院校教育教学改革的新举措、新思路。

3. 教师信息化教学能力的发展方式

教师信息化教学能力的形成是一个有层次的、循序又渐进的过程。教师信息化教学知识与技能的发展，既可以通过职前教师的学历教育获得，又可以通过在职教育教师的培训获得；既可以通过教学实践和协作交流获得，又可以通过自主学习为主的方式获得。

(1)参与短期或者在线培训。通过进行短期培训，可以在短时间内大幅度提高教师的信息技术能力，使其信息化教学能力和认识得到提高，特别是在操作技能方面收效明显。

(2)听专家讲座。聘请教育技术专家到校举办专题讲座，使全体教师了解有关教育信息化的理论和发展趋势，使其接受新的教育观念，自觉树立信息化教育的意识，自觉投入到信息化教育改革中去。

(3)参观和观摩教学。教师参观和观摩教学，可以开阔眼界，树立开展信息技术教学的信心。学校要经常组织教师走出去，去了解其他学校的成功实例，观摩、学习优秀教师的示范教学，这样能够鼓励并带动更多的教师自觉投入到信息技术教学实践中去。

(4)参加信息化教学比赛。全国职业院校信息化教学大赛是推进职业教育信息化的一项关键举措，它为全国职业院校教师提供了学习、研究和实践的绝好机遇。参与比赛，围绕一个具体的教学项目进行研究、开发、整合、实施，能够全面快速提升参与者的信息技术应用能力、信息化教学设计水平和信息素养。

(5)开展课题研究。围绕信息化教学开展相关课题研究，可以提高教师的教育理论水平和信息技术素养。职业院校教师基于学校、专业开展创造性的教学研究和实践，特别是通过小组或个人形式开展教学课题研究，探索信息化教学规律，不仅可以提高教师的现代教育理论水平，而且可以大大提高教师的信息技术能力。这样既取得了教学研究的成果，又达到了提高自身信息技术素养的目的。

(6) 培养学生的信息技术能力。信息化环境下的学习对学生提出了前所未有的要求，学生的信息能力不同，学习效果也不同。因此，教师要想全面提升自身的信息化教学能力，就要培养提高学生的信息技术能力，培养学生收集、处理和应用信息的能力。引导学生学会获取、加工和整合信息，给学生创造有利于信息化学习的环境是教师教学工作的主要任务。运用信息技术与信息资源，构建信息化学习模式，包括基于小组展示的模式、个性化学习模式、协同学习模式、研究性学习模式等。

任务五　理解职业院校四类人员的信息化能力

情景描述

职业教育信息化不仅仅是信息化技术系统的建设，更重要的是职业院校信息化组织结构与体系的构建。组织结构与体系是职业教育信息化的有机组成部分，是职业教育信息化顺利实施、平稳运行和持续发展的保障，包括信息化领导力、信息化组织机构、信息化政策与规范、信息化人力资源、信息化建设与应用机制、运维管理体系和安全保障体系七个方面。

在职业教育信息化体系中，人员能力水平直接关系到信息技术的应用效果，人员队伍建设是职业教育信息化建设的核心环节之一。职业教育信息化水平在一定程度上取决于校长、教学管理人员、教师和技术人员的信息化能力水平。职业院校人员能力的发展是职业教育信息化发展的关键制约因素。职业院校人员的能力主要包括校长信息化领导力、教学管理人员信息化能力、教师信息化专业能力、技术人员信息化能力四个不同类型。职业院校校长信息化领导力包括认知能力、规划能力、应用能力、建设能力、调控能力和评估能力。教师信息化专业能力包括信息化教学能力与信息化职业能力。

只有全面提升职业院校校长、教学管理人员、教师和技术人员的信息化能力，人人掌握必备的信息技术技能，才能高效推进职业教育信息化，真正将信息技术广泛应用到日常的教学、管理和服务中。

任务分析

学习职业院校校长、教学管理人员、教师和技术人员信息化能力的内涵，理解这四类人员信息化能力之间的关系，掌握提升这四类人员信息化能力的有效方法。

活动　研讨职业院校四类人员的信息化能力

阅读学习资料，结合学生自身学校信息化实际情况，分组讨论校长、教学管理人员、教师和技术人员信息化能力的内涵及现状，讨论这四类人员信息化能力之间的关系，探讨如何提高这四类人员的信息化能力。每个学生将小组讨论的结果记录在自己的电子学档中，在小组内和班级内分享。

知识与技能

一、职业院校四类人员的信息化能力内涵

人员能力水平是职业教育信息化推进的关键因素，职业教育信息化水平在一定程度上取决于职业院校校长、教学管理人员、教师和技术人员的信息化水平。职业院校人员必须掌握一定的信息技术技能，才能将信息技术应用到日常的教学、管理和服务中。

1. 校长的信息化能力是指信息化领导力

校长的信息化领导力是指校长认可信息技术在学校中有效应用的必要性、重要性和迫切性，同时能够通过一系列的规划、政策、策略以及日常的相关行为，使全校师生认识到信息技术的重要性并共同努力，最终实现学校信息化的能力。这一能力主要针对职业院校校长或者负责信息化工作的副校长等。

在职业教育领域，人们普遍认识到校长信息化领导力在职业院校信息化建设与运行过程中的重要性。校长是学校信息化工作的带头人，要引领发展，要认识到信息技术对教育发展具有革命性影响的重要意义，理解国家教育信息化的方针政策与战略部署，把握信息技术带来的历史性机遇，引领教育理念变革，促进教学模式创新，推进管理方式转变，不断加快学校教育现代化步伐。校长是学校信息化工作的组织者，要深入了解信息化工作的系统性、复杂性，努力调动多方面的因素，整合多方面的资源，推进学校信息化发展。要加强与学校广大师生员工的沟通，达成加快信息化步伐的共识。要积极与科研机构、高等学校、高新企业等合作，寻求多方资源支持，推进学校信息化快速、可持续发展。校长是学校信息化工作的践行者，要遵守国家相关信息技术应用法律法规，规范信息技术应用行为。具备基本的信息素养，能够利用互联网进行自主学习、终身学习。关注信息发展趋势，推进信息技术与教育教学的深度融合，

不断提高教育教学质量。

校长的信息化领导力在很大程度上影响和决定一所职业院校信息化建设的进程和水平。校长通过对信息化工作施加影响，使信息化建设满足本校需求，促进信息化要素充分发挥作用，支持学校的教学创新和管理改革。

职业院校校长信息化领导力主要体现在以下六个方面。

(1) 认知能力。认识到信息技术对教育发展具有革命性的影响，明确信息化对学校发展的重要意义，理解国家教育信息化的方针政策与战略部署，理解信息技术系统和组织体系的价值及其相互作用关系。

(2) 规划能力。依据相关规划要求，结合学校实际情况，组织编制信息化发展规划，并将其视作学校整体规划的重要组成部分。规划能力主要涉及两个方面，一是确立一个可供分享的信息技术在学校教育中的应用愿景，并让全体教职工都明晰这一愿景；二是制定明确的学校短、中、长期信息化发展目标与计划。

(3) 管理能力。在学校信息化实施过程中能够依据建设目标和规划、综合协调学校各个部门、统筹规划、统一步调，有条不紊地推进信息化建设工作。依据有关政策组织制订学校信息化规章制度，建立人事、财务、资产管理等信息化工作保障机制，促进学校有关信息化基础设施、教学资源的有效应用。

(4) 实施能力。作为信息化领导力的核心能力，实施能力主要包括以下五个方面：一是主动承担责任和风险；二是为教师专业发展提供平台和支持；三是能够利用数据挖掘关注不同层次学习者的全面发展；四是注重信息化人才引进与培养；五是加强学校信息化文化建设。

(5) 应用能力。在工作中，校长要积极使用信息技术，起到示范作用，在教学中应学习并践行信息技术与课程整合。推动教师运用信息技术开展启发式、探究式、讨论式、参与式教学，研发多种主题形式的校本课程，创新教学模式，提升教育教学质量。组织教师参加培训，更新教育理念，提高信息素养和信息技术应用水平，推动教师运用网络自主学习，有效使用网上优质教育资源，利用网络研修社区，依托学习共同体，积极参加相关专题学习活动，促进自身专业成长。尊重教育规律和学生身心发展规律，不断优化信息技术学习环境，鼓励学生健康上网，满足学生的个性化发展需求，提升学生信息化环境下的自主学习能力，增强学生运用信息技术发现问题、分析问题和解决问题的能力。

(6) 评估能力。评估能力是信息化领导力必不可少的一部分。评估能力是指校长能够在信息化实施过程的每个阶段，审定效果评估意见，做出下一步工作方向的决策。评估教师的信息技术应用能力、信息技术与教育教学融合的程度等，依据结果调整教师的专业发展策略。评估学生的信息素养以及利用信息技术进行学习的能力，不断提高学生的协作与创新水平。评估学校信息化环境建设状况及终端设备、工具平台、软件资源等使用绩效，促进软、硬件资源的有效配置和利用。评估学校信息化相关政策制度、专项经费、队伍建设的合理性、有效性，并制定相应的整改措施。

2. 教学管理人员的信息化能力是指信息化管理能力

教学管理人员是指职业院校负责教学管理工作的领导以及具体工作人员，包括教务处长、副处长以及具体工作人员等。教学管理人员的信息化管理能力是指职业院校教学管理人员能够认识到信息化的重要性、必要性以及迫切性，能够利用信息技术提升学校信息化教学管理水平，能够制定相关政策积极推动教师和学生提升信息技术应用能力、推进信息技术在课堂教学中的有效应用。教学管理人员的信息化管理能力具体内容如下。

（1）教学信息化规划能力。主要是指对学校或者学院内的教学信息化应用等方面进行规划的能力，即能够制定相应的教学信息化应用与管理的政策和制度，有效推进教学信息化发展。

（2）教学信息化管理能力。主要是指能够针对教学管理中的问题进行信息化处理，围绕日常教学管理工作进行信息化通知和统计等。

（3）教学信息化评估能力。主要是指能够对教师应用信息技术进行有效评估和评价的能力。

3. 教师的信息化能力是指信息化教学能力

教师的信息化能力详见项目一中的任务四。

4. 信息化技术人员的信息化能力是指信息化实施能力

信息化技术人员主要包括信息中心或者现代教育技术中心等机构人员。信息化技术人员的信息化能力是指职业院校信息化规划的实施能力，包括数字校园建设、运行维护、用户服务与培训，以及数字资源建设、现代教育技术培训等。具体内容如下。

（1）学校信息化规划的制定与实施能力。主要是指能够对学校信息化规划和基础设施建设进行需求调研，提出相应的解决方案，能够完成学校信息化规划的制定与实施。

（2）信息化管理与服务系统的运行与维护能力。主要是指具有相应的技术能力，能够保障学校信息化管理与服务系统的正常运转。

（3）数字化教学资源开发与服务能力。主要是指能够根据教师以及教学实际需求，相应地开发数字化教学资源，如网络课程、微课程等。

（4）教育技术培训能力。主要是指能够向教师和其他人员开展教育技术培训，规划设计培训方案，组织、实施培训等。

二、四类人员信息化能力之间的关系

职业院校人员信息化能力包括校长、教学管理人员、教师和技术人员这四种类型人员的能力，对每种类型人员的能力要求不同，他们各自发挥着各自的作用。只有全面提升这四种类型人员的信息化能力，人人掌握必备的信息技术技能，才能高效推进职业教育信息化发展，真正将信息技术广泛应用到日常的教学、管理和服务中去。

职业院校校长信息化领导力是四种类型人员能力发展的领导基础，只有校长信息化领导力得到发展，才能够规划和管理后面三种人员能力的发展，特别是职业院校教师专业能力的发展。而教学管理人员和信息化技术人员的能力则是服务与支撑，它们共同贯彻校长信息化领导力所领导制定的规划和发展愿景，是执行机构和服务机构。职业院校教师信息化能力是四种能力中最为重要的。信息化建设与运行的最终目标是应用，是有实际效果。如果没有教师信息化能力的发展，就不会有应用效果的提升。

项目二 技术素养

人类进入信息时代之后，信息技术在各行各业的应用如日中天、势不可挡。信息技术为人类的生产生活带来了极大的便利，在帮助人们提高效率的同时，也在改变着人们的生产与生活方式。

随着沟通方式、购买习惯、信息检索方法等方面的变化，信息技术也在不断改变着人类的教学方式。很多教师不自觉地使用各种信息技术进行课堂教学与学生管理。例如，教师通过微信与学生进行沟通、为学生答疑解惑；或者通过手机制作微课，来改变课堂教学方式。应用信息技术已经成为课堂中不可缺少的环节。

与此同时，利用信息技术与学生进行交流也成为职业院校教师必备的手段。学生在进入职业院校之前，已经能够熟练地使用计算机和手机等信息技术设备。用信息手段与学生进行沟通要优于面对面谈话等传统沟通方式。

因此，信息技术的基本素养对每一个职业院校的教师来说，信息技术的基本素养都显得至关重要。面对扑面而来、日新月异的海量信息技术，如何做到有选择地学习，并且把学习到的信息技术高效率转化为信息化教学实施能力，成为每一位教师必须要面对的问题。

项目学习要点：

・建立信息道德与信息安全意识，并且能够以身示范，帮助学生树立信息道德与信息安全意识，培养学生良好的行为习惯。

・理解信息技术对改进课堂教学的作用，树立主动运用信息技术优化课堂教学的意识。

・了解多媒体教学环境的类型与功能，熟练操作常用设备，掌握互联网、移动设备及其他新技术的常用操作，了解其对教育教学的支持作用。

・了解与教学相关的软件的功能及特点，并能熟练应用与自身学习结合紧密的软件。

・探索使用支持学生自主、合作、探究学习的网络教学平台。

・掌握加工、制作和管理数字教学资源的工具与方法。

·用技术手段整合多方资源，实现学校、家庭、社会相连接，拓展学生空间，促进学生成长。

任务一　研讨信息化教学中的责任因素

教师平时参加的信息化教学培训，多以技术培训为主。但在职业教育一线工作的教师，直接面对的是高中阶段职业学校的学生，这些学生思想活跃又理解不深，喜欢模仿又容易对立。教师是学生行为模仿的对象，会对学生产生潜移默化的影响。因此，在进行技术学习之前，首先应该讨论一下信息化教学中的责任因素。

任何一项技术都是双刃剑，信息技术发展日新月异，能够给教学工作带来各种便利。但是，不能只看到信息技术在教学中的优势，还要看到信息技术被应用于教学之后可能带来的负面影响，并且要提前进行思考，防患于未然。

情景描述

在传统教学中，教师只需要带着课本在黑板上进行板书，就可以开展教学工作。学生在学习时也是使用课本、笔记本，用纸笔来进行记录，基本上不会用到电子设备。而在信息化教学课堂中，教师需要用到台式电脑或者笔记本电脑，学生可能会使用电脑和手机等终端设备。使用了这么多信息化设备以后，可能就会在设备安全、人身安全、信息安全、管理安全等方面出现问题。

任务分析

设置同样的教学目标，对传统教学和信息化教学因教学方式不同产生的次生影响进行对比，结合对比结果，尽量减少信息化教学可能产生的负面影响。

活动一　探究传统教学与信息化教学中的责任因素

要求对传统教学与信息化教学中的责任因素进行对比，对比包括教学建筑环境、教室内部环境、教师设备情况、学生设备情况、教学内容情况、信息传播发酵等方面。讨论完成后形成表格式总结，如表1-1所示。结合课堂教学实践，进行传统教学与信息化教学各方面对比，主要考虑相关方面的利弊，如果有相关的实践案例也可以结合案例进行探讨。

知识与技能

这里列举出常见的几个方面作为探讨的基础,在实际活动中可以进行适当扩展。

一、教学建筑环境

传统的教学建筑环境,就是一般的楼房,具有楼梯或者电梯,或者就是平房。在建筑环境的内外部,只有一些绿化和电线。

信息化时代的建筑环境就有了非常大的变化,出现了灯光、信号塔以及各种电子设备、监控设施、无线信号,参与教学活动的师生时刻都处在信息化环境之中。在这种环境下进行教学和学习,就必须通过一定的手段来控制师生的信息化操作,否则仅仅依靠学生的自律不可能形成一个良好的学习环境。比如,部分学校的教室基本实现了4G信号全覆盖,上课时如果教师不控制学生的手机,那么它必然成为影响学生上课状态的重要因素;还有的学校已经实现了WiFi全覆盖,情况可能就会更加复杂;而且有的学校在进行信息化升级的过程中,还会用手机结合WiFi来进行教学管理和学生管理。因此,在课堂中必须对学生的上网行为进行有效的控制。

二、教室内部环境

传统的教室内部环境基本上就是课桌、板凳、讲桌、黑板,电气设备只包含电灯和电扇,只要有自然光,教师基本上就可以顺利地完成一堂课的教学工作。

信息化时代的教室内部环境则发生了很大的变化。首先,教室内部增加了网络,包括无线网络、有线网络、监控网络;其次,增加了各种大屏幕展示设备,如投影机或者超短焦投影机、电子白板、背投电视、电动幕布;再次,为了和视频展示设备配套,还增加了各种音频设备,有功放、调音台和音箱;最后,为了与各种网络配套,还增加了交换机、无线路由器、电源适配器等设备。这些设备应用产生的变化给教师的课堂教学工作带来了很大的挑战,如果设备故障或教师的信息化教学应用能力较低,必然影响教学内容的顺利实施。

三、教师设备情况

信息化时代教师使用的设备也发生了翻天覆地的变化,从简单的粉笔和三角板变成了笔记本电脑。同时,很多教师还需要随身携带一些个人应用设备,如控制PPT播放的激光笔、将手机信号转化为视频信号的转换器、随身为自己的笔记本或电脑提供WiFi信号的无线小路由器等。这些设备的使用可以为教师的教学带来很大的方便。这些设备可能由学校统一配发,也可能由教师自己配备。

四、学生设备情况

传统教学中,学生只有课本和纸笔,信息化时代的教学中,学生所使用的设备也发生了相当大的变化。目前,很多高校在学生入学时,就给他们直接配发了学校可以控制的手机电话卡，于是学生自己的手机就自然成了教师可以利用的教学工具。如果教师比较了解学生使用手机的习惯和爱好，同时对各种手机的软件和应用比较熟悉，那么教师在课堂上利用学生的手机来进行教学工作就是一个非常便利和有效的方法。

学校也为学生配备了各种信息化设备，如在机房为学生配备了高端电脑，在教室覆盖了无线信号，在实验室还可能为学生配备了iPad（平板电脑）以及各种专业实训设备。

五、教学内容情况

传统教学中，教学内容是完全以课本为准的，教师如果想扩展，必须要结合现实生活，寻找适合教学的内容，这时的扩展内容全部是以知识为主的。

信息化时代的教学内容有了翻天覆地的变化。信息化设备使教师和学生可以随时随地进行知识的扩展。有时老教师的技术还没有学生熟练，所以在教学内容上就对教师提出了极大的挑战。如果教师平时没有多方面的知识储备和技能储备，就容易在课堂上出现各种不好应对的意外情况。

六、信息传播发酵

传统教学中，教师给学生传授知识，总是希望学生能够将知识扩散出去，并且扩散的范围越大越好。

而到了信息化时代，学生扩散信息的方式已经不再是口口相传，而是转换成了信息爆炸式的传播，最常见的就是QQ、微博和微信。但是，由于学生理解能力和表达能力的局限性，就有可能对教师所讲授的知识发生曲解，并且在传播过程中发生"基因突变"，从而进一步发酵，还有可能造成很坏的影响。

因此，信息化时代教师在课堂上讲话和在网络上发表言论时，一定要注意语言准确、描述清晰，不能让学生看到信息后产生疑问，从而造成各种责任因素负面影响。

传统教学与信息化教学的责任因素对比如表2-1所示。

表2-1 传统教学与信息化教学的责任因素对比表

对比内容	传统教学	信息化教学
教学建筑环境	水 电灯 电扇	无线信号 基站塔 监控设施 小区WiFi
教室内部环境	黑板 讲桌	投影 电子白板 音响 有线网络、无线网络 监控

续表

对比内容	传统教学	信息化教学
教师设备情况	黑板 粉笔 临时工具	笔记本电脑 手机 转换器 激光笔 随身 WiFi
学生设备情况	纸 笔	移动终端 电脑 电器实验设备
教学内容情况	课本内容	随时扩展
信息传播发酵	口口相传	爆炸式传播

活动二　探讨引发信息化教学事故的因素

小组在上一个活动的基础上进行讨论，讨论如何在教学备课阶段、教学上课阶段、教学课后阶段预防信息化事故的发生，处理好负面因素。

讨论完成后形成相关的预案。

信息化教学环境与传统教学环境有许多不同之处，在传统教学环境中可以随意处理的环节，放在信息化教学环境中，就有可能酿成教学事故。因此，在进行信息化教学之前，必须要从人员、硬件、软件、传播途径、可能造成的负面影响等多个方面做好充分准备，并且在教学的实际过程中随时把握，使整个教学过程充满正能量，确保不产生教学事故、不传播负面因素。

知识与技能

本活动从以下几个相关方面进行负面因素的分析。

一、人身方面

任何时候都要把人身安全放在第一位。信息化教学设备在教学中占用了大量的时间和空间资源。设备的机架、机柜、电线、光线、噪音、电力等各个方面都可能对教师和学生造成人身伤害。尤其是中等职业学校的学生，年轻好动、不考虑后果的特点又导致他们比较容易受到上述方面的伤害。

教室中普遍放置的角铁支架、机柜、控制柜等都是金属材质的，这些物体本身都没有做好倒角的防护，很容易造成危险。曾有一个学生在教室的墙角摆放劳动工具时，被头顶电视机的支架撞破头，到医院缝了针，学校还被家长索赔，这给学校和学生都产生了很不好的影响。因此，在教室进行信息化施工时，一定要注意高度和摆放位置，不能为了操作方便留下安全隐患。同时，教师在教学中一定要提醒学生，在教室狭小的空间活动时，要动作慢一些，注意和危险物体的距离。

用电安全也是人身安全不可忽视的一个重要方面。学生年纪小，用电设备多，缺乏电力知识，他们很容易购买劣质的插座和充电器等，将其与信息化教学设备的电源进行连接。教师在上课时一定要注意这些设备的连接，既要保证不影响学生的学习情绪，又要保证设备和用电的安全。

二、硬件方面

信息化教学的硬件设备都有比较高的价值，如果硬件出现了故障，或者造成损害，不仅会给学校造成比较大的经济损失，也会引发教学事故，并且影响时间很长。

信息化教学的硬件设备一般都有比较高的使用要求，如投影机在关机后要过五分钟以上，待自然冷却后才能拔掉电源；打开音响设备时要先把音量调到低位，再打开电源开关。

无论是教师还是学生，都应该掌握使用信息化教学设备的基本技能。一旦使用不当或者出现操作失误，就可能使硬件设备出现比较大的损失。曾有一个电子专业的学生进行焊接实习时，在显示器没有断电的情况下直接焊接，造成了显示器烧毁，学生也被电弧闪伤了眼睛。

三、软件方面

在信息化教学中会应用到各种各样的软件，由此也可能在多种情况下引发教学事故。

学校在信息化教学的建设过程中，可能会购买一些正版软件，正版软件的加密狗或者加密序号，都是非常重要的教学资源，这些东西虽然比较小，但是对教学的正常进行意义重大。因此，教师和教学管理者一定要把这些资源保管好，以免造成教学事故。

教师在下载和安装软件时，一定要注意软件的兼容性和安全性。无论从哪个渠道获得的软件，教师在进行教学使用之前，都要对软件进行兼容性测试和安全性杀毒。如果兼容性不好，上机使用时，就可能造成教学工作的中断；如果安全性有问题，就可能对学校的计算机操作系统造成致命的破坏，使整个教学工作陷于瘫痪。

还有一些软件具有一定的敏感性，如VPN(Virtual Private Network，虚拟专用网络)软件、反汇编软件、破解软件等。教师在教学生使用这些软件时，一定要讲清楚使用软件的道德素质，否则一旦学生使用这些软件做了违法的事情就无法弥补了。

四、传播途径

在信息化时代，一定要注意控制信息的传播途径。传统教学形式下，教师需要一个个找学生通知事情。而在信息化时代，沟通和传播有了多种途径，传播信息不仅可以通过电话，还可以通过短信、微信群、QQ群等多种方式。这些方式传播效率非常高，但是一旦出现不正常的信息，就有可能会造成非常大的负面影响。曾有一个教师在学校门口捡到一个学生扔的拖把，结果被另一个学生用手机拍照后传到贴吧，说教师在校门口拿着棍子打学生。

因此，为了避免出现传播过程中的教学事故，教师一定要注意把控传播的途径，一开学就要掌握班上信息的主要传播途径。当前职业院校学生使用的主要沟通方式有贴吧、QQ群和微信群。建议教师进入自己班级的这些沟通空间，在空间里树立自己的主要地位和主导地位，避免在传播途径中出现误解和负面消息。

五、可能造成的负面影响

由于信息化时代信息传播的各种特性，在教学过程中教师一定要考虑其所发布的信息可能会造成的各种负面影响。

当前的网络语言，大多以制造噱头来吸引人的眼球，但是作为教师，在课堂上不能仅仅为了吸引学生的注意力，就模仿网络的标题党，或者是采用夸大其词的方式教学，因为一旦被学生传播出去就可能造成很大的负面影响。网上曾有一则九旬院士大会堂站着做报告，台下学生睡成一片的新闻，这就是使用部分区域的照片，以偏概全、制造噱头、吸引眼球的一种方式。如果教师在课堂上也使用这种夸大其词的方式来进行语言表达，就有可能被学生放大传播出去，形成不可挽回的损失。

现在是一个自媒体时代，很多教师愿意把自己工作中的各种情况通过微信朋友圈等宣传出去。但在发布信息的时候要注意保护自己和学生的隐私以及各种教学机密。个别教师在发朋友圈时喜欢配上有学生的图片，团体照还不会太引起注意，如果配上学生的个人头像，就容易把学生的个人隐私泄露出去，从而有可能对学生造成不确定的损害。因此，教师在发布公开的信息时，一定要注意多考虑一些。

任务二　学习操作信息化教学设备

信息化教学设备的发展日新月异，除了有投影机、笔记本，还有各类展示设备、录播设备等，现在还有网络直播教室、微课录制教室等信息化的专用教室。

本任务按照教室、实训室、随身装备等分类，主要学习操作使用常见的信息化教学设备。

情景描述

信息化教学设备无处不在，如果使用得当，可以使其很好地为教学工作提供服务，但如果使用不当或者出现问题时不能及时应对，就会对教学造成影响。

任务分析

虽然各个学校信息化设备的装备有不同之处，也有不同的使用方法，但是大同小异、触类旁通。本任务主要学习通用信息化装备的使用方法，如果在实训室有比较特别的装备，大家可以另行学习掌握。

活动一　认识和掌握教室常用信息化教学设备

信息化时代的教室中配备了各种各样的教学设备，主要有投影机、电动幕布、展示台、音响、电子白板、多功能教学平台等。本活动要求通过练习，熟练掌握教室中投影机、展示台等设备的使用，以便应用于信息化教学中的应用。

知识与技能

一、投影机和电动幕布的连接使用

投影机是信息化教学中最常见的教学设备。目前，常见的投影机安装方式主要是悬挂在教室天花板上，也有超短焦投影机安装在黑板上方。无论哪种投影机，都提供视频输入和音频输入接口，有的还提供视频输出接口，但一般仅使用视频输入接口。因为投影机的输出音量不可能太大，所以教学中的音频信号一般是使用专门的音响设备来处理，很少用到投影机的音频接口。

投影机的投影方式分为悬挂式和桌面式，每种投影方式又分为正投和背投两种模式，这些在安装投影机时基本上都已经固定，如果需要临时调整，可以在投影机的设置菜单中找到相关的设置选项。

投影机的连接很简单，只要把视频线的一端连接在投影机背面的接口处，另外一端连接在计算机上即可。目前，常用的视频线有视频图形阵列（Video Graphics Array，VGA）线和高清晰多媒体接口（High Definition Multimedia Interface，HDMI）线两种。两种视频线都有防插反设计，只要在插接的时候找到相应的接口，对好方向，轻插轻拔即可。注意投影机的 VGA 接口一般使用 COMPUTER1，这个接口是信号检测的首选接口。有的笔记本电脑上不配备 VGA 接口，这时可以使用 HDMI 线或者通用串行总线（Universal Serial Bus，USB）向 VGA 的转换线，不过有时需要在笔记本上安装转换线的驱动程序。

如果一节课只开关一次投影机，则没什么要注意的事项。但如果中间要进行多次开关转换，或者是有停电等现象的出现，就要特别注意，开关间隔要达到 5 分钟以上，或者以观察投影机上的指示灯转换颜色为准。

投影机的镜头后方有两个螺旋，一个是调整投影大小的，另一个是调整投影清晰度的，可以在确定好投影机的位置后进行调整，直到大小正合适、字体最清晰为止。

当前还有一种无线连接的投影机，体积小巧、方便移动，可以与大部分移动设备相连接，称为智能微投。移动设备与智能微投进行无线连接主要有两种方式。一种方

式是将移动设备和投影机接入同一个无线网络，通过厂商或者第三方的互动软件与投影机进行无线连接，对投影机进行操作。具体操作请见拓展学习知识链接。另一种方式是使用外接的无线屏幕推送器来进行连接。无线推送器插入投影机的 HDMI 接口，通过无线与笔记本或者手机等移动设备连接，就可以将移动设备的屏幕推送到投影机上，很好地展示移动设备上的视频信息。这种方式特别适用于移动设备进行直播或者临时连接时使用。

二、展示台和音响的连接使用

展示台又称实物展台，把它连接在投影机上，就可以将资料、实物等清晰地展示出来。普通的视频展示台包括摄像头、光源和台面三部分。通过视频线将展示台与投影机连接以后，可以随时将实物、试卷、课本等内容信息传递到投影机上或者白板上进行讲解和批注，及时对课堂教学进行评价，提高学生的学习效率和成绩。

展示台可以清晰地展示实物细节，并进行放大、对比等操作，有的还可以进行照片底片的展示，这是除幻灯机外其他设备所不具备的。

教室内的音响连接比较简单，一般是一条音频线，一端连在计算机或者手机上，另一端连在功放上或者调音台上。连在功放端的基本上都是由设备管理人员事先连接好的，教师在上课的时候直接把音频线的源端插入笔记本或者手机的耳机插孔即可。在插入音频线之前，请先将功放或者电脑、手机的音量调小，以免由于插入线的瞬间音量太大，造成现场混乱。

三、有线网络和无线网络的连接使用

教室内的有线网络要么是从交换机直接连接一条线，要么是在墙上预留了网络模块，从模块引出一条网线，它们都是将网络的另外一端直接连在电脑上后即可进行设置。设置时要先从管理员处得到指定的 IP 地址信息，然后在计算机的网络设置中进行 IP 地址、网关、子网掩码、域名系统（Domain Name System，DNS）等具体参数的设置。

一般 Windows 操作系统进行设置的方式有三种，一是从桌面右键单击网上邻居，选择属性进行设置；二是右键单击桌面右下角的网络符号，打开网络设置进行设置；三是从左下角开始进入控制面板，再选择网络与共享中心，进入网络设置。当前 IPV4 时代下，在进入网络设置后，要双击 IPV4 协议，进入设置页面，再输入相关的信息。

与有线网络相比，无线网络的设置相对简单。无线网络一般是自动获得地址的，所以只要知道无线局域网络的名称和密码，直接使用手机或笔记本电脑进行连接就可以了，也就是平时进行的 WiFi 连接。

四、电子白板和多功能教学平台的使用

电子白板是比较新型的电子教学设备，它具有无尘、无害、高清、可随意板书的优点，所以现在很多学校在装备教室时，都选择电子白板。

电子白板的优点显而易见，但也有怕划、怕磁、怕油等缺点，特别是在没电时无法使用，这也是它无法完全代替黑板的根本原因。为了体现电子白板的优点，同时兼顾传统黑板可以手写、演算、随意擦除等优点，在进行电子白板安装时，多在电子白板外加上一块移动黑板，这样平时可以利用黑板对电子白板进行保护，上课时只要拉开黑板，就可以使用电子白板进行投影、交互等操作。

电子白板的主要控制区一般在屏幕的边沿，有几个比较重要的图标，如开机、关机、切换、放大、手写等，中间区域是信息显示区，供显示信息使用。一般这些地方都设置有明显的标志，只是不同的品牌略有不同，只要稍加注意，就可以找到相关的位置。

教师使用电子白板与传统黑板的感觉不同，对其上课也会有不同的影响。教师不能熟练使用电子白板可能会影响其上课的情绪和思路。因此，教师需要平时多进行练习，多注意思考在什么环节使用电子白板的什么功能，提前做好功课。虽然电子白板有很多种类，有的需要使用专用笔，有的可以直接用手触屏，但是根据不同的型号，只要多多练习，都可以熟练操作。

关于电子白板的使用教程可以参考【知识链接】。

活动二　认识和掌握实训室常用信息化教学设备

实训室有各种专业设备，最常见的就是触摸电脑电视一体机和代理服务器。本活动要求通过学习，掌握如何使用触屏类设备，了解代理服务器的概念及作用。

知识与技能

触摸电脑电视一体机是现代化信息产品中的佼佼者，它的优点是占用面积小，可以在墙面悬挂；可以连接电脑，播放优盘中存储的多种文件；可以连接网络，播放电视……从而适应实训室中多类型教学的需要。

触摸电脑电视一体机功能多，使用起来也就相对复杂一些。首选是触屏的几种手势，单手单击、单手连击、双手拉伸、单手拖动等不同手势会带来不同效果，在使用之前要多进行练习。一个简单的思路就是使用触摸电脑电视一体机时人手就相当于鼠标，这样操作起来可以顺畅许多。使用触摸电脑电视一体机之前，要先了解机身的开关和接口，如开关位置、音量按钮、USB 接口、HDMI 接口等，以及使用的是哪个 WiFi，这样才能在上课时做到心中有数。触摸电脑电视一体机有的使用 Windows 系统，有的使用 Android（安卓）系统，所以在教学前要先进行试用，除了熟悉使用方法外，还要将课件或者文件在电视上进行播放，看看是否存在兼容性问题。

代理服务器也是实训室常用的设备之一，一般是一台高性能计算机，在实训室中充当整个局域网的管理机器。代理服务器都安装有相应的软件，使用并不复杂，一般也会事先进行设置，所以在上课过程中只需要简单地使用基础功能就可以。

代理服务器上一般都安装好教学软件，综合起来可以进行以下常见管理。

(1)网络的断开。全班不用网络时，可以将网络与外网断开。

(2)教师的演示。可以向全班传送教师机(代理服务器)的画面，使全班共同学习。

(3)文件的发送。可以向学生机发送文件，让每个学生机的相同文件夹中都收到教师发送的文件。

(4)学生机的转播。可以向全体学生转播一台学生机的画面，让全班共同观看。

(5)学生机的关机。可以对不听话的学生进行强制重启或关机，以示惩戒。

(6)全班的关机。可以对整个实训室的机器进行关机，提高管理效率。

不同的软件，界面也不同，但这些功能在使用上都很简单，有相应的操作界面，只要在上课前认真学习一下，就可以在课堂中熟练应用。

活动三　认识和掌握随身常用信息化教学设备

在信息化教学活动中，可能随时会用到一些小的设备，如进行 PPT 演讲的翻页笔、手机连接投影机的转接线等，教室里不一定会全部配齐这些小设备，所以经常需要教师随身携带，以便在需要时随时使用，从而保证教学效果。

通过本活动的练习，要求熟练掌握翻页笔的使用，掌握手机连接投影机的转换器、随身 WiFi 的使用，了解投屏手机。

知识与技能

一、翻页笔的使用

翻页笔是在讲课时经常需要用到的小设备，可以很方便地进行 PPT 的翻页、指示、回翻、黑屏等操作，如图 2-1、图 2-2 所示。

翻页笔操作简单，只要将无线接收端插入电脑的 USB 接口，操作系统会自动进行驱动的安装，安装后可以直接进行操作。

使用翻页笔有以下注意事项。

(1)黑屏不是关闭投影机，只是电脑向投影机输出黑色的信号，以能够迅速回到投影状态，所以黑屏状态下不能直接断开电脑与投影机的连接或者切断投影机电源。

(2)上课前要检查翻页笔的状态，如果激光点打不出来，就是翻页笔没电了，要进行充电或者更换电池。

(3)翻页笔不是直接对着屏幕按，应该直接对着电脑的方向按，因为无线信号接收器是插在电脑的 USB 接口上的。

(4)不要将翻页笔的激光束对着人群发射，特别是眼睛。

图 2-1　翻页笔正面示意图　　　　图 2-2　翻页笔侧面示意图

二、手机-投影机信号转换连接器的使用

现在教学中越来越多地使用移动设备上的信息。因此，需要经常将手机等移动设备上的信息投影在屏幕上，但教室里基本不配备手机连接投影机的转换设备，所以教师需要自备相应的信号转换连接装置。

现在的手机大多支持移动终端高清影音标准接口（Mobile High-Definition Link，MHL）协议，此类手机可以方便地使用小巧的转换器，先将 MHL 信号转换成 HDMI 信号，再将 HDMI 信号转换成 VGA 信号，直接连接投影机的 VGA 视频线，如图 2-3 所示。

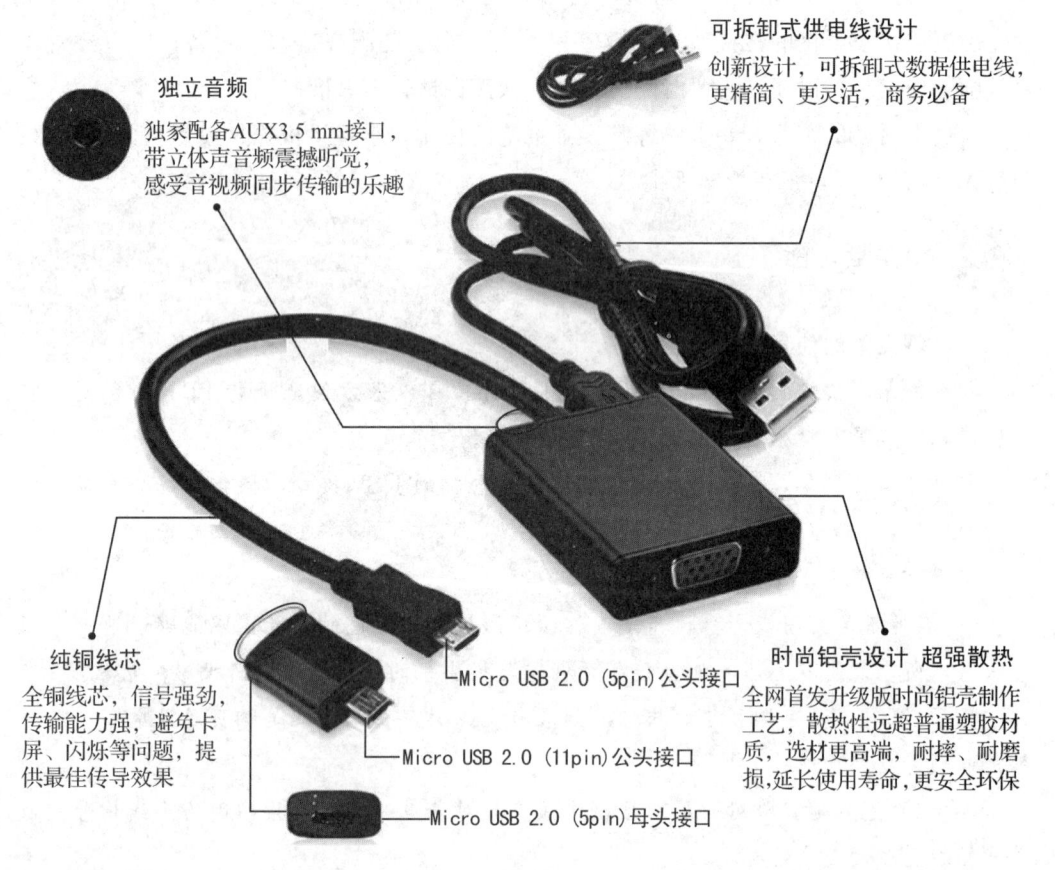

独立音频
独家配备AUX3.5 mm接口，带立体声音频震撼听觉，感受音视频同步传输的乐趣

可拆卸式供电线设计
创新设计，可拆卸式数据供电线，更精简、更灵活，商务必备

纯铜线芯
全铜线芯，信号强劲，传输能力强，避免卡屏、闪烁等问题，提供最佳传导效果

Micro USB 2.0 (5pin)公头接口
Micro USB 2.0 (11pin)公头接口
Micro USB 2.0 (5pin)母头接口

时尚铝壳设计　超强散热
全网首发升级版时尚铝壳制作工艺，散热性远超普通塑胶材质，选材更高端，耐摔、耐磨损，延长使用寿命，更安全环保

图 2-3　手机信号转换连接器示意图

将手机与信号转换连接器连接之后，再将 USB 充电器插入转换连接器的电源口，就能直接将手机屏幕投放在投影屏幕上，操作手机向学生展示相关内容即可。

1. 使用将 MHL 信号转换成 HDMI 信号的转换器

有的教室使用活动投影机，这些投影机大部分配备了 HDMI 接口；另外，现在很多实训室都配备了大屏幕液晶电视或者背投，这些设备也提供了 HDMI 接口。因此，可以考虑直接将手机的屏幕信号转换成 HDMI 信号连接到设备上进行投影，这样清晰度会更高，反应速度也更快，如图 2-4 所示。

2. 使用无线转换器

当手机的使用现场有 WiFi 信号时，也可以使用无线转换器将手机的信号转换成 HDMI 信号，再连接到投影机或者是背投电视上。

图 2-4　手机连接 HDMI 信号线示意图

使用无线连接的方法可以使教师在教室的任何地方进行展示，充分体现移动设备移动教学的特点。

无线连接的方法不仅适用于手机，而且适用于平板电脑和笔记本电脑。前提是设备的使用现场要有 WiFi 信号，将无线转换器的两端都连接在同一个 WiFi 下。无线转换器一端连接移动设备，另一端连接投影设备，就可以流畅地播放移动设备上的视频信号，甚至还可以同时播放音频信号。使用无线连接要先确定移动设备是不是支持数字生活网络联盟（Digital Living Network Alliance，DLNA）协议，支持协议的情况下才能进行无线应用，如图 2-5 所示。

图 2-5　无线屏幕推送连接示意图

使用手机连接投影机的转换器的时候要注意以下几点。

（1）确认手机是否支持相关协议。例如，对于 MHL 协议，可以通过百度"手机型号+

MHL"进行搜索,如"三星 Note4+MHL",如果手机不支持,就不能使用此种协议的转换器,需要再寻找其他协议的转换器。

(2) 即使是支持该协议的手机,进行过刷机后也不一定能支持转换器的连接,这是因为刷机时使用的程序可能把相关的驱动删除了,只要重新刷回原厂的系统就可以使用。

(3) 将手机投影到屏幕前,要注意手机上的信息内容,对于不适合在课堂上展示的内容要提前删除。

(4) 注意一定要带上充电宝,因为转换器需要外接电源提供能量才能驱动转换输出信号。

(5) 不同的手机对于转换设备的要求不一样,所以要在上课前进行测试。

三、投影手机、蓝牙音箱

随着信息技术的高速发展,各类技术的复合产品也如雨后春笋般进入了市场,投影手机就是其中一个比较有前途的应用。

顾名思义,投影手机就是把投影机和手机结合在一起,手机本身集成了高亮度的镜头,可以把手机上的视频直接投放在投影屏幕上,如图2-6所示。

图 2-6 投影手机

设想一下,如果教师在课堂上给学生辅导作业时使用了投影手机,就可以通过打开手机上的照相功能,随时把每一个同学的作业进行拍照,投放在投影屏幕上或者是教室的墙上,这样可以解放教师,他可以随时移动到每一个学生身边,通过自己的肢体语言感染全班的每一个学生,如此就可以大大提高教师进行辅导的效率。

因为是推向市场不久的产品,当前投影手机在技术上还不太成熟,也有一定的不足之处。比如,亮度不是太高,只有200~400流明,必须要周围的环境稍微暗一些,才能够有清晰的展示效果。另外,投影手机本身的分辨率也不够高,在图形图像处理相关的课程中,达不到所要求的分辨率。当然,随着投影手机的发展,亮度和分辨率达到一定要求时,投影手机将给教学带来极大的便利。

项目二 技术素养

蓝牙音箱是可以和投影手机结合使用的产品，如图 2-7 所示。现在手机都具有蓝牙传送的功能，蓝牙传送效率高、速度快，多台机器同时使用不会产生干扰。因此，如果在教室中将蓝牙音箱和投影手机配套使用，可以更好地解放教师，教师不再被限制在教师机的前面，可以随时走动，可以更好地调动课堂的教学气氛。

蓝牙音箱使用起来很方便，只需要在手机上打开蓝牙连接，和音箱进行配对，就可以把手机播放的音效输出到蓝牙音箱上。

图 2-7 蓝牙音箱

需要提醒的是，和教室中所使用的其他音响设备一样，在刚开始打开蓝牙音箱时，应该把音量调到最小，在播放过程中再逐渐把音量扩大，以保证整个教学区的音响环境。

【课堂训练】

1. 练习在小组成员之间使用蓝牙进行手机连接，为以后使用蓝牙进行其他设备连接做准备。

2. 在网上寻找适合自己使用的随身信息化设备，进行价格评估，并为信息化设备的组合做出一定的设想。

3. 讨论更多能促进信息化教学的小型装备。

【知识链接】

1. 投影机的使用方法。请上网探索相关投影机的使用方法进行学习，参考脚本之家《投影仪总纲？投影仪开并和调试教程》。

2. 电子白板使用方法视频。请上网探索 icourse 受课程官网参与学习相关电子白板视频教学课程。

任务三　掌握常用的教学软件及网络教学平台

情景描述

随着网络与信息化教学的发展，各种各样的教学软件层出不穷。这些软件有的运行在局域网环境下，有的运行在广域网环境下，还有的运行在各种移动平台上。

本任务分别学习在局域网、广域网和手机上的各类教学软件。本任务所介绍的教学软件是指用于教学视频和音频的传播，并对教学班级进行管理的软件。

任务分析

教师组织学生分组，结合人员的专业情况完成以下四个活动：学习使用教学软件，使用教学与学习平台，制作与管理数字教学资源，建立自己的微信公众号并用于教学。

活动一　学习使用局域网内的常用教学软件

在所有的网络拓扑中，局域网的运行效率是最高的。目前所有的局域网交换机运行速度都在 100 M 以上，可以满足各类音频和视频的传输需求。因此，在局域网中也安装运行了很多教学软件。

运行在局域网中的教学软件，被人们通俗地称为多媒体教学软件，是在局域网环境下由教师机、学生机和软件组成的多媒体教学系统。该系统可以方便地完成教师机屏幕向外的广播、学生屏幕的转播、向学生机分发文件、学生向教师提交作业、教师机对学生机的控制管理等功能。目前，常见的局域网教学软件有凌波教学软件、红蜘蛛软件、极域电子教室等。

本活动要求通过学习，熟练掌握极域电子教室的安装和使用。

知识与技能

极域电子教室是常见的一款多媒体教学软件，它有多种功能，运行稳定，市场占有率高，被广泛应用于各个层次的多媒体计算机房。

一、极域电子教室的主要功能

（1）屏幕广播。教师直接调用各类多媒体教学资源，同步广播给学生，丰富课堂教学内容。

（2）学生演示。教师随时指定某个学生，将其答题或演示过程同步广播给其他学生，开展示范教学。

（3）共享白板。教师与全体或指定的学生共同完成一项学习任务，如解题、绘画等，学生可以手写，也可以书面答题后拍照提交。

（4）分组教学。教师快速将学生分成若干小组，并针对不同主题推送教学资料，小组成员之间可以通过文字、图片、语音等方式讨论并完成学习任务。

（5）抢答竞赛。文字、图片、音频、视频等均可作为抢答问题的素材，学生通过点击即可完成举手和抢答过程，真正调动课堂气氛。

（6）随堂小考。不用在黑板书写，教师实时了解所有学生的解答结果，并立即生成统计结果。

（7）答题卡考试。直接调用任何格式的文档、图片作为考试内容，只需简单编辑答题卡即可进行小测验。

（8）班级管理。通过创建班级模型，准确记录学生座位排布，下次上课时，可直接导入班级模型，节省上课点名时间。使用多频道教学功能，教师可给不同机房的学生上课。

（9）课堂管理。教学过程中，教师可有效限制学生行为，包括光盘使用、U盘使用、网页浏览、程序应用、打印以及举手发言等，维持课堂秩序。

（10）远程监控。通过远程监控功能，教师可以随时掌握学生的实时学习情况。配合远程辅导、黑屏警告、远程关闭学生端程序等实用功能，实现对学习过程的掌控。

（11）远程设置。统一管理学生端电脑，包括统一设置屏幕分辨率、桌面主题、桌面背景、电源使用方案、录音和回放音量、卸载密码和热键等，有效节省管理时间。

极域电子教室的界面如图2-8所示。

图2-8 极域电子教室的界面图

二、使用极域电子教室的注意事项

（1）在上课之前，教师要把自己所要广播的内容使用电子教室进行测试，因为不是所有软件都能够通过电子教室对全体学生进行广播。

（2）上课过程中，教师不要在教师机上打开过多的软件，以免耗费过多的机器资源，导致教师机死机或者不能向外进行广播。

（3）教师要在确认所有学生都打开机器后再进行广播，否则个别开机比较晚的学生有可能会掉线。

（4）在进行广播教学的过程中，教师要随时释放学生，让他们进行练习。

（5）教师可以多练习掌握一些软件的使用技巧，如查看学生屏幕，对学生进行电子警告等，以便更好地利用软件掌控课堂教学秩序。

活动二　使用网上学习平台

随着互联网的普及，各类网上学习平台也在日常教学中被广泛应用。本活动安排在网络机房进行，由任课教师组织学生注册使用常见的网上学习平台。

知识与技能

一、腾讯课堂

腾讯课堂是由腾讯公司推出的专业在线教育平台，聚合了优秀教育机构和教师的海量课程资源，为教师上课与自学提供了很多课程。

作为开放式的平台，腾讯课堂凭借QQ客户端的海量客户优势，能够实现在线即时互动教学；QQ积累了多年的音视频能力，可以提供流畅、高音质的课程直播效果；腾讯课堂可以同时支持PPT演示、屏幕分享等多样化的授课模式，还能为教师提供白板、提问等功能。

腾讯课堂提供免费课堂和收费课堂两种课程模式，教师和学生都可以通过免费课堂模式进行试听试讲，通过收费课堂模式进行更高质量的学习和推广。

腾讯课堂集中了大量课程，并且对其进行了分类，无论是教师还是学生都可以选择适合自己的分类入驻。当前腾讯课堂的主要分类是"IT·互联网""设计·创作""语言·留学""职业·考证""升学·考研""兴趣·生活"六大类，每一个大类下面又分出了许多小类，几乎包含了目前可以看到的所有课程。职业教育的课程被分散在各个类别中，可以通过搜索进行查找。腾讯课堂的首页如图2-9所示（引用时间2018-01-11）。

使用者在腾讯课堂上有两种身份，一种是教师，可以自己开班进行授课；另一种是学生，可以方便地用QQ号或者微信号登录，直接寻找课程进行学习。

下面介绍作为教师身份的使用方法。点击"我要讲课"—"个人老师开课"，使用QQ

扫码进行登录(目前微信登录不支持教师入驻),登录后出现"我要成为老师"的宣传页面;事先准备好自己的身份证、手持身份证的照片、下载协议书、打印签名、教师资格证的照片等相关资料,点出"我要成为老师",进入注册页面进行注册;根据自己的实际情况,填写注册信息,就可以等待审核,审核通过后就可以成为教师进行授课了。

图 2-9 腾讯课堂首页

二、蓝墨云班课

蓝墨云班课是由蓝墨科技推出的一款移动教学助手 App,它是在当前移动网络环境下,利用移动智能设备开展课堂内外即时反馈互动教学的云服务平台。它以教师在云端创建的班群和班课空间为基础,为学生提供移动设备上的课程订阅、消息推送、作业、课件、视频和资料服务。

蓝墨云班课提供数字教材的教学互动支持。教师在数字教材中标注阅读要求和学习重点,学生在利用数字教材学习时可以查看教师的批注,也可以在同学间分享笔记。教师可以查看学生的学习进度和学习记录,学期末还可以得到每个学生的学习评估报告。

在蓝墨云班课的界面里,教师可以像创建 QQ 群一样来创建一个或多个学科班课,每个班课都有一个邀请码,教师在课堂上或者通过 QQ、微信等方式将邀请码公布,学生使用邀请码加入班课,这样教师就可以通过云班课来管理班里的每一个学生。如果将云班课和移动交互式数字教材配套使用,教师还可以实现对每个学生进行学习进度跟踪和学习成效评价,学期末还可以得到每个学生的学习评估报告。

蓝墨云班课具有以下几个优点。

(1)教师可以在任何移动设备上轻松管理自己的班课,包括管理学生、发送通知、分享资源、布置批改作业、组织讨论答疑、开展教学互动。

(2)任何普通教室的课堂现场或课外,都可以随时开展投票问卷、头脑风暴、作品分享、计时答题等互动教学活动。

(3)所有课程信息、学习要求、课件、微视频等学习资源都可以即时传送到学生的移动设备上，从而将学生的移动设备变成学习工具，激发学生学习兴趣。

(4)配套的蓝墨数字教材，可以实现对每个学生进行学习进度跟踪和学习成效评价，学期末可以得到每个学生的学习评估报告。

(5)采用移动云技术，对学生和教师全免费。

(6)具有丰富的教学资源，有一个大型的资源库。

蓝墨云班课可以在电脑上和移动终端上同时使用，它提供了简洁明快的首页界面，同时也提供了丰富的帮助视频，如图 2-10、图 2-11 所示。蓝墨云班课首页上端提供了客户端手机下载的二维码，通过扫描二维码，下载手机 App，并进行注册和登录，然后就可以在手机上进行使用。向下滚动页面，可以看到蓝墨云班课提供了各种各样的帮助，首先是蓝墨云班课的特性介绍，下面是蓝墨云班课的如何使用。在如何使用界面，有多个可以播放的视频，通过点击打开视频，就可以按照视频的提示一步一步来进行操作。在蓝墨云班课页面的下端，还提供了多个二维码，用来连接蓝墨云班课的多个沟通平台。

图 2-10　蓝墨云班课 PC 端首页

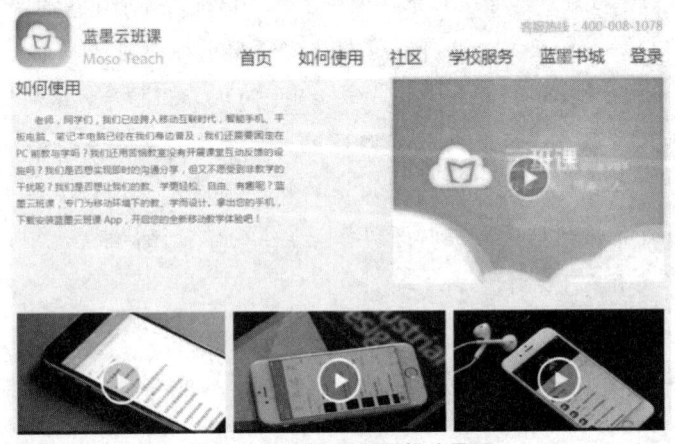

图 2-11　蓝墨云班课帮助界面

【课堂训练】

1. 准备好自己的相关资质材料，给自己注册一个腾讯课堂的教师账号，并尝试在腾讯课堂的教师账号下开课。

2. 注册蓝墨云班课的教师账号和学生账号，开设一个班级，并上传一些课程资料。

任务四　学习制作和管理数字教育资源

情景描述

现在的数字教育资源种类非常丰富，包括文本、图形、图像、音频、视频等各种表现形式。随着技术的进步与网络的进一步普及，各类数字教育资源的表现形式也更加丰富多彩起来。

过去教师经常使用 PPT 来进行教学，PPT 和文本文档是最主要的数字资源表现形式。当前各类微课制作软件使数字资源的制作变得非常轻松。比如，教师使用大嘴动画软件可以比较轻松地制作简单动画，为学生创造模拟现实生活的简单动画环境；教师使用 Camtasia Studio、录屏大师等软件，可以在自己进行操作的同时把整个操作过程变成视频，成为一段微课。即使是最常见的 PPT，也可以进行各种产品的展示，设置各种动画特技，甚至可以输出成视频。

当前数字资源的制作已经从技术时代变成了创意时代。只要有创意，所有的技术都不是问题。大量工作在一线的教师会产生各种各样非常奇妙并且有用的想法，现在的技术正好可以把大家的想法变成现实。

在全国已经开展的培训中，电脑端的软件和视频制作已经非常普及，本任务主要完成移动端数字资源的学习制作。

活动一　练习制作手机微课

微课简单来说就是几分钟的小视频，智能手机可以很方便地获得视频和照片，同时有大量进行编辑的 App，再加上网络的普及，让手机制作微课变得异常轻松。

本活动学习使用常用的微课制作 App，分别用于静态图片制作微课、动态录像制作微课。

知识与技能

一、用 MAKA 静态图片制作微课

用于制作图片的 App 有很多，MAKA 是用得比较多的一个，学生们可以以此为

例，使用MAKA的免费模板，制作自己的静态微课。

首先准备自己的图片，图片可以自己拍摄，也可以在网上下载，保存在手机中即可。通过安卓市场等手机平台，下载MAKA，安装后进行注册。打开MAKA软件，找到免费模板。本例中选择"中秋"免费模板，点击打开，开始使用，如图2-12、图2-13所示。

图2-12　选择MAKA免费模板　　　　图2-13　打开MAKA免费模板

模板编辑页面下方有"页面""背景""添加""音乐"四个菜单，通过这四个菜单进行微课的编辑操作。点击"页面"菜单，将显示本模板的所有页面，可以根据自己的需要进行编排，把不需要的页面删除，如图2-14所示。通过"背景"菜单，可以选择背景的透明度、移除背景图片、更换背景图片、对背景图片进行剪裁，如图2-15所示。通过"添加"菜单，可以添加微课的文字、图片和按钮，如图2-16所示。通过"音乐"菜单，可以选择背景音乐，既可以选择软件自带的不同风格的音乐，也可以在电脑端登录后上传自己的音乐，然后在手机上使用，如图2-17所示。下面介绍一下MAKA的使用方法。

图 2-14　MAKA 封面页面

图 2-15　MAKA 背景页面

图 2-16　MAKA 添加页面

图 2-17　上传音乐页面

（1）在"页面"菜单中，选中不需要的页面，点击删除。

（2）回到主菜单，点击"中秋"两个艺术字，出现一个选择框，点击下面的"删除"按钮，将这两个艺术字删除；再点击屏幕上的彩色图案，选中后删除；继续点击"MAKA"图标，选中后删除；再点击下方的文字，选中后删除；只留下一片祥云的图案，点击选中后移动到屏幕的左上角。

（3）点击"背景"菜单，进入背景编辑状态，点击更换背景，如图2-18所示。此时可以在图库和手机图片中选择合适的图片作为背景，本例中选择"图库"。在"图库"中选择一个符合自己风格的主题，进入该主题进行选择。本例中选择"风景"，选中合适的图片，左右拖动图片，让选择框包含合适的内容，点击"确定"。

（4）单击"添加"菜单，添加图片和文字，并设定合适的颜色和字体，如图2-19所示。

至此，完成了第一个页面的制作。

图2-18　MAKA背景更换　　　　图2-19　添加文字内容

（5）同样的方法，在后续的页面中添加合适的内容，并进行编辑，选择合适的背景音乐，直至完成所有内容的制作，如图2-20、图2-21所示。

（6）制作完成后，选择保存，并选择发布，可以通过QQ、微信等各种方式发布出去，让学生在手机和电脑上随时进行学习。

图 2-20　添加图片内容　　　　　图 2-21　完成首页页面

二、用小影软件制作视频微课

能够进行视频录制和编辑的软件非常多，下面以小影软件为例进行介绍。小影能够进行视频的录制、导入、编辑，并且在编辑之后通过 QQ 和微信等平台进行发布，使网络上每个用户都可以观看和学习。小影能够方便地进行小视频的各类操作，非常适合进行微课的制作和编辑。本例中介绍视频录制、简单编辑、添加音乐、后期发布等操作，其他的功能如滤镜、录制特色、加速减速、自拍等，各位学员可以在后期实践中逐渐采用，以提高微课本身的趣味性和实用性。

软件的初始界面很简单，只有三排比较明显的按钮，如图 2-22 所示。最下面一排第一个按钮是"关注"按钮，在这个按钮中可以选择自己关注的各类视频或者作者，每次打开软件之后，点击"关注"按钮，就可以看到自己所关注类别中的视频。第二个是"视频"按钮，点击这个按钮可以打开网友上传的点击率比较高的视频。第三个按钮是复位键，按下复位键，将回到页面的初始方式。第四个按钮是"消息"按钮，如果使用者发布的视频被其他网友关注或者收到点评，就会在这里返回消息。点击第五个"我"按钮之后，将出现使用者的个人信息，可以在这里对个人信息进行设置，如图 2-23 所示。继续向下拉屏幕，可以看到推送的视频和使用教程。

图 2-22　小影软件首页　　　　图 2-23　点击"我"按钮

本例中重点要使用的是"视频"和"编辑"两个按钮，如图 2-24、图 2-25 所示。

图 2-24　小影教程界面　　　　图 2-25　录制按钮界面

按下"录制"按钮进入小影的录制主页面。在屏幕最上方，可以进行画面的标准和宽屏选择。屏幕中间的方格线分隔了整个录像的区域，在录像画面下方有四个按钮，分别是"拍摄滤镜""拍摄速度""前后镜头"和"拍摄参数"。在"拍摄滤镜"选项中可以选择无滤镜、幽梦、时光、回忆、小文艺等多种滤镜效果，只要划动选项图片，点击相应的选项即可应用于拍摄当中，如图 2-26 所示。在"拍摄速度"选项中可以选择从 1/4 速度到 4 倍速度的任一速度进行拍摄。改变拍摄速度可以在播放的时候产生各种播放效果，如将机器的运行速度变慢，或者将人的动作动漫化等，如图 2-27 所示。

图 2-26 "拍摄滤镜"选项　　　　图 2-27 "拍摄速度"选项

在"拍摄参数"选项中还有四个子项，如图 2-28 所示。第一个是选择灯光开关的按钮，当在光线比较阴暗的环境下进行拍摄时，可以点击这个按钮，打开手机本身自带的闪光灯，使闪光灯持续亮起，为拍摄进行光线调整。第二个是显示网格线的按钮，当选中这个按钮时就可以通过横竖各两条直线将屏幕进行九等分，便于在拍摄时进行选景和定位。第三个是倒计时按钮，通过连续点击这个按钮，可以选择在拍摄前三秒、五秒和十秒的倒计时。第四个是曝光锁定按钮，点击这个按钮可以在曝光的锁定和关闭之间进行选择。

在"拍摄参数"页面的左下方，还有一个"拍摄镜头"的选择按钮，点击这个按钮，可以在各种拍摄镜头之间进行选择，这也是在拍摄一些需要特效的微课时，常用的一个按钮，如图 2-29 所示。

拍摄完成之后，就可以通过点击"编辑"按钮来进行视频的编辑了。小影提供了简单快捷的编辑操作，每个人都可以轻松地使用这些功能来对视频进行编辑和发布。

图 2-28 "拍摄参数"选项　　　　图 2-29 "拍摄镜头"选项

点击"编辑"按钮进入小影的编辑模式，可以看到近期所录制的所有视频，如图 2-30 所示。上下滑动屏幕，选择所要编辑的视频。点击所要编辑的视频之后，进入编辑界面，如图 2-31 所示。

图 2-30 进入编辑界面　　　　图 2-31 选择视频的片段

在编辑界面的中部有左右两个拖动滑块,下方有"旋转"按钮和"剪切"按钮。通过拖动左右滑块,选择合适的视频片段;通过"旋转"按钮,对视频进行方向的旋转;通过"剪切"按钮,就可以把一段视频剪切进入编辑库;然后通过右下方的"添加"按钮,就可以继续添加另一段视频进行编辑。在视频片段剪辑合成之后,进入主题和配乐阶段。在主题选择界面,可选择简约、不负春光、活泼等各种风格的主题,只需要通过滑动屏幕下方的选择项,找到合适的界面,点击选择即可,如图2-32所示。选择了合适的主题之后,进入配乐界面,可以选择各种风格的乐曲为主题进行配乐,当然也可以选择将自己的音乐上传以后再添加到微课中,如图2-33所示。

图2-32 为微课选择主题　　　　　图2-33 为微课制作字幕和特效

初步完成了微课的编辑之后,还可以进行后期处理,如图2-34所示。以下是几个典型处理。

镜头剪辑:对视频进行修剪、分割、复制、调节速度、调节静音、倒放和动态效果处理。

字幕:对视频添加字幕,包括字体、字号、颜色、阴影等各种效果。

特效:选择一定时长的视频,对视频添加特效。

配音:为选定的一段视频进行配音处理。

完成后期剪辑之后,进入发布界面,可以对微课进行说明,选择发布的渠道,可以在 QQ 空间、微信朋友圈、微博等发布，如图 2-35 所示。发布之后，会有视频导出界面的提示和发布信息的提示，表示微课发布成功。

图 2-34　小影的剪辑界面　　　　图 2-35　小影的发布界面

活动二　学习使用教学资源库

教学资源库是信息化时代资源共享的主要形式之一，通过资源库可以达到资源的交流、共享，也可以进行资源的再开发和再利用。网络上的资源库有很多，面对海量资源，教师要掌握查找和组合的技能，更好地服务于自己的教学。

在本活动中，组织学生利用掌握的信息检索技术，访问教学资源库平台，查找和自己教学相关的专业教学资源，并在组内进行分享。

知识与技能

随着信息技术的进步和社会对职业教育的重视，目前用于职业教育的各类教学资源库种类繁多。本活动要求各位学生能够认识并比较熟练地使用各类教学资源库。

教学资源库大致可以分为五大类：第一大类是国家和政府机关建设的相关资源库，第二大类是创业建设的资源库，第三大类是门户网站建设的学习教学资源库，第四大类是学校在各类项目中建设的相关资源库,第五大类是网友在各类平台上自行建设的资源库。

一、国家和政府机关建设的教学资源库

由国家和政府机关所建设的教学资源库是最权威的一类资源库,这一类资源库往往挂在国家和政府机关的相关网站。例如,中国职业技术教育网就是由教育部主管、中国职业技术教育学会主办的网站。这一类网站中资源库的资源可能是国家的相关项目,也可能是国家级的比赛作品,资源具有比较高的权威性和相当高的技术含量,如图 2-36、图 2-37 所示。更重要的一点,由国家所建设的资源库,相关资源基本上都是免费使用的。这一点对于广大职业院校的教师来说是非常重要的。

图 2-36　中国职业技术教育网

图 2-37　全国职业院校微课大赛资源库

二、企业建设的资源库

有很多企业出于公益性或者是扩大企业影响的目的，又或者是为了更好地服务于自己的用户，建设了各类资源库，这些资源库也大多是免费使用的。

1. 出版社建设的资源库

出版社出版了大量的书籍，为了提升书籍的附加值，出版社会为这些书籍制作配套的视频或者课件，这一类资源对教师是免费开放使用的。出版社邀请作者进行书籍的编写时，也往往会要求作者为这些书制作配套的课件。一本书的原作者制作配套的课件，更加适合相关教材在课堂上的应用。

对于较为重点的教材或者比较注重实验操作的教材，出版社还可能会制作配套的实验教程或者视频教程，这一类资源往往被制作成数据压缩包，对特定的账号免费开放。

职业教育的教师可以在出版社网站进行注册，在注册的同时说明自己所从事的专业，教学的年级以及自己所需求的相关资源内容，在通过出版社的审核之后，就可以在出版社网站上进行资源下载，如图2-38所示。

请各位学生练习在某一个出版社的资源库中进行注册，获得教师账号并下载相关资源。

图2-38 高等教育出版社资源库

2. 行业企业提供的资源库

很多行业中的领先企业，都会把服务社会作为自己的企业文化。这一类企业往往会提供相应的行业资源库。下面是科大讯飞股份有限公司提供的相关资源库和思科公司提供的网络专业资源库截图，如图2-39和图2-40所示。

图 2-39 科大讯飞资源库

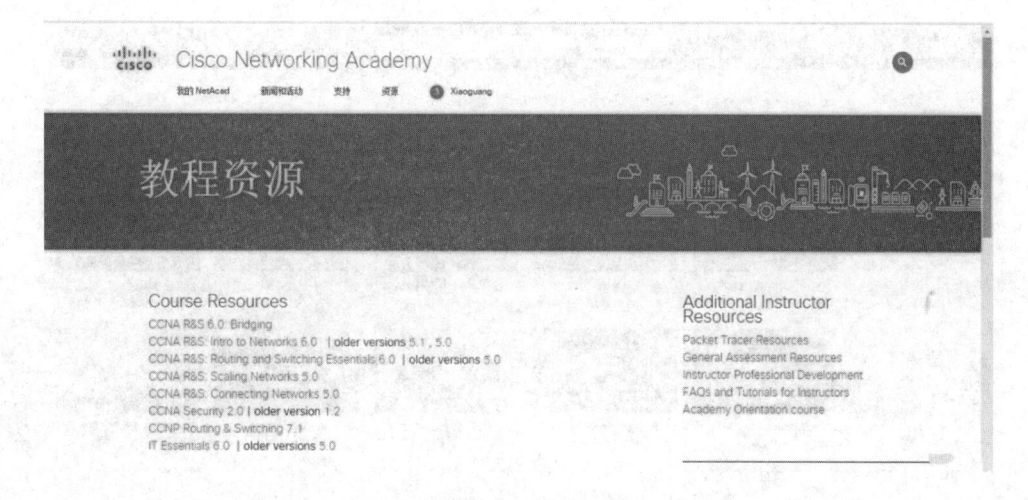

图 2-40 思科网络专业资源库

三、门户网站建设的资源库

有不少门户网站建设有不同的专业资源库，有的偏重于信息技术，有的偏重于教学方法，还有的偏重于论文论著。根据不同专业网站的不同建设理念，这些资源库有的是向广大用户免费开放的，有的是收费进行检索和下载的。职业院校的教师可以根据自己的情况，在教学中使用或者学习这些资源库的相关内容。如图 2-41 是万方提供的资源库，图 2-42 是腾讯提供的资源库。

图 2-41　万方数据资源库

图 2-42　腾讯教育资源库

四、学校建设项目资源库

有很多学校承担了各种各样的国家项目，如国家级和省级中等职业教育示范学校项目、信息化教学改革项目、精品课程建设项目、品牌专业建设项目等。学校在完成这些国家项目的时候，利用国家专项资金建设了大量的资源库。这一类资源库由相关建设学校在网站上免费公开发布，职业教育战线的各位教师可以从这些学校的网站上免费获取相关资源，如图 2-43 所示。

需要注意的是，每个学校自行建设的资源库针对性不一样，有的针对自己特有的专业，有的有相关地域性的限制，所以教师在使用时要根据自己的实际情况进行调整。

图 2-43　深圳职业技术学院共享课程资源库

五、网友个人提供的资源库

有很多网友把自己制作的相关课程教学资源通过各种网络平台进行共享，有的是免费的，有的是收费的。网友共享的这些资源不仅展现了自己的才华和劳动成果，也为其他相关人员提供了交流和互相学习的机会。

网友主要是通过百度文库、网盘、视频平台、直播平台等进行教学资源的共享，如图 2-44、图 2-45 和图 2-46 所示。

网络是一个开放的平台。对于网友在网络上所提供的各类资源库，使用的时候要有所注意。

网友所共享的资源是个人开发的，可能会在各种各样的平台上进行分享。因此，在寻找这类资源的时候需要登录各类论坛、贴吧，或者是通过网友的个人空间、微信、朋友圈等进行查找，甚至需要直接向比较知名的朋友进行咨询。

图 2-44　百度文库资源库

图 2-45 视频平台资源库

图 2-46 百度网盘分享资源库

网友个人的爱好不同,技能方向也不同,他们所开发的各类资源库具有不同的特征和功能。因此,教师在使用之前要进行筛选,要把每一个环节都事先看到,以避免在教学过程中出现意外,或者对自己的数字资源造成泄露和损害。

活动三 学习使用微信公众号进行教学

微信公众号是现在常用的交流平台,可以每天进行一次信息的推送,每次可以包含1~5条信息。将微信公众号应用于职业教育教学,可以方便地将视频、音频、图像、文字、链接等内容在手机上进行展示,便于学生学习和教师教学,非常符合互联网时代碎片化学习的特征,容易被学生接受,并传收到好的教学效果。

本活动组织学生注册个人的微信公众号,并尝试在微信公众号上发布自己前面各任务所完成的成果。微信公众号分为订阅号、服务号和企业号三种,个人只能注册订阅号。本活动要求学生用自己的身份信息和手机号码注册一个订阅号,即个人公众号。

由于微信公众号平台现在还处于试运行阶段，调整的内容比较多。因此，建议学生在网上进行实时搜索，并根据信息的搜索结果来学习使用微信公众号平台。

【课堂训练】

1. 寻找一个静态的图片处理 APP，制作一个自己的静态微课。

2. 寻找一个能够处理视频的 APP，制作一个自己的视频微课。

3. 建立自己的微信公众号，尝试在公众号中发布自己的一篇教学文章。

4. 通过个人的微信公众号，发布自己制作的微课，并在小组中进行展示共享和投票评比。

【知识链接】

1. 钉钉。

钉钉(DingTalk)是阿里巴巴集团专为中国企业打造的免费沟通和协同的多端平台，提供电脑(PC)版、网页(Web)版和手机版，支持手机和电脑间文件互传。钉钉因中国企业而生，帮助中国企业通过系统化的解决方案(微应用)，全方位提升中国企业的沟通和协同效率。

钉钉可以进行各类沟通，无论是否安装该软件，都可以收到信息，并且发送方可以看到阅读结果。钉钉还带有冒泡和日志功能，大大增强了沟通的有效性。

2. 千聊。

在微信公众平台高速发展的同时，腾讯公司在微信公众号的基础上又推出了千聊培训平台。当前这个平台的应用还不是非常的广泛，下面作为拓展学习内容做简单介绍。

千聊由腾讯众创空间孵化而来，创始团队的核心成员由来自阿里巴巴、腾讯、优酷等互联网公司的精英组成，获得各类资本与技术支持，目前是业内唯一拥有自主产权的知识分享平台。千聊的口号是让每一位知识输出者都获得相应的价值，让再小的个体也有自己的讲台，是业内支持了最多知名品牌企业与机构的在线培训、直播平台。它可以为每一位注册人员提供各种培训模式，包括免费公众教学、一对一教学、收费教学、发放优惠券教学等。千聊揠供两种培训形式。讲座形式适用于图片较少的直播，图片与文字并行，直播流程显得更加清晰；PPT 形式适用于图片较多的直播，更像一堂专业课程，课程大纲、主要内容等课件都可以 PPT 悬浮窗口的形式出现在直播过程中，听众一边听课一边看课件做笔记，十分方便。用户可以在应用宝等平台下载千聊，下载安装之后就可以免费注册使用，还可以在微信公众号中搜索相关公众号进行学习交流。

任务五　探讨提高信息道德与安全意识问题

组织学生进行分组，讨论在互联网时代下信息道德的现状，如何做好信息道德的教学。建立信息安全意识，讨论如何保证个人和公众的信息安全。

情景描述

随着网络与自媒体的日渐普及，出现了越来越多关于信息道德的案例。很多网民，特别是青年学生不明白网络背后的各种政治斗争和利益角逐，在看到一些造谣生事的网络信息之后，以讹传讹、推波助澜、被人利用，以至于触犯了道德底线和法律法规。甚至有些青年学生利用自己手中所掌握的信息技术，借助一些图片和视频，歪曲事实，严重影响了其他人对于事件的客观判断，对社会造成了严重的负面影响。

活动一　认知和保持信息道德

本活动共分为三个小活动，通过完成这三个小活动，可以进行标题党的追查、判断信息的可信度，并且掌握网络信息道德的相关文件。

知识与技能

一、追查标题党

标题党为博取受众眼球，大肆制作耸人听闻、题文不符的新闻标题。特别是微信公众平台的推出，为自媒体提供了宣传和推广的平台，使微信具有了媒体性质，微信中的标题党也应运而生，而且微信中的标题党现象比普通网络更加突出。

标题党的主要手法有套用网络热词、使用耸人听闻的灵异词汇、使用情色庸俗词汇、利用道德亲情绑架词汇等，抓住人们猎奇、求刺激的心理，制作一些耸人听闻的标题。例如，"一个饥饿的男大学生，敲开一位性感美女的门后，竟然发生了……"然而，这篇文章讲的是一个穷学生得到了别人的帮助之后如何感恩的故事，并且在文章末尾还有几句心灵鸡汤式的表述。

标题党脱离真实、误导受众，使虚假新闻盛行，污染网络传播环境，对网络受众特别是青少年造成了极其恶劣的影响。

学生两人一组进行分组，在网络新闻和微信平台上进行搜索，查找一些有负面作用的标题。找到相关标题之后，对其进行分析，指出这些标题的危害。

二、查找歪曲事实的案例

2017年4月1日清晨，在四川省泸州市泸县太伏镇太伏中学宿舍楼外面的小路上发现了一具男性尸体，确认是该校的一名学生。

由于官方信息的滞后，以及处理上的一些不妥当措施，此事在网络上迅速发酵，各类真实信息、编造信息、谣言信息在微博、微信、QQ、贴吧等多个社交平台，密集传播，造成了极大的社会影响。

截至2017年4月6日上午，此事件已经引得新华社、人民日报等相关媒体的微信公众号发文质问。但是当地官方除了公安微博以外，没有更多的官方信息。这给了网络虚假消息更多的发酵空间。此时，在网络上已经可以看到经过编辑拼接的视频、不明真实身份的微信群、大量网友言辞激烈的追问和留言。

结合本案例的客观实际情况，请各位学生两人一组，通过搜索公众号、微博、贴吧、论坛等各种形式，搜索关于此事件的相关信息，并进行分析判断。

下面是人民日报微信公众号发文链接，如图2-47所示。

图 2-47

三、网络信息道德内容

为了净化网络环境，保证互联网健康发展，国家先后颁布了多个关于互联网的法律法规文件，包括《互联网管理条例》《互联网信息服务管理办法》《互联网新闻信息服务管理规定》《互联网视听节目服务管理规定》等。

职业院校的学生年龄小、血气方刚、好奇心比较强、判断力又比较弱。在这个人人都是信息发布者的时代，学生更容易随意发布信息、违背道德内容、形成网络暴力，甚至造成违法犯罪。作为直接面对学生的一线教师，在课堂上和网络上与学生进行交流时，需要对学生进行引导，结合中华民族的传统美德和社会法律法规，帮助学生树立网络信息道德理念。使学生认识到，虽然互联网是一个开放的虚拟世界，但与真实社会息息相关、紧密相连，仍然受到各种法律法规和道德观念的制约。学生在网络上发表个人言论和发布各种信息时，需要遵守法律法规、服从道德观念；要尊重客观事实，认真负责地在网络上发布各种信息。

互联网道德的主要内容包括：尊重和保护知识产权、维护信息与网络安全、保证电子商务及网络应有的信誉、网络技术和产品的消费者以及社会承担相应的责任等。

根据当前我国互联网信息道德建设方面的实际情况，学生们通过分组，完成以下工作。

(1) 查找互联网信息道德事件。

(2) 重点讨论如何教导青年学生维护信息道德、承担网络责任。

(3) 形成互联网信息道德方面的文字表述。

活动二 掌握保证信息安全的方法

从互联网诞生之日起，网络信息安全问题就一直伴随互联网的发展，信息安全方面的案例比比皆是。而且随着互联网的迅速普及，信息安全已经从防范黑客攻击逐渐延伸到了防止数据泄露、保证个人信息安全、堵塞系统漏洞等各个方面。特别要注意的是，随着移动信息化服务的迅速推广，个人位置、信息记录、联系方式等个人隐私也成为网络安全的一个重要方面。

具体到职业院校的学生，信息安全的重点内容包括操作系统安全、密码安全、数据安全、个人信息安全、公共信息安全等几个方面。

通过本活动，要掌握如何对操作系统进行升级和打补丁、如何设置强密码、如何进行加密传输。

知识与技能

操作系统安全是最基本的网络安全要求，也最容易被青年学生忽视。任何一个操作系统都有自身的漏洞，特别是目前移动应用非常多的安卓开放系统，逐渐被发现了越来越多的相关漏洞。其实，保证操作系统安全的方法非常简单，就是对操作系统进行升级和打补丁，并安装安全软件。

一、查找并解决台式计算机操作系统安全漏洞

寻找相关的安全软件，在台式计算机上进行安装，扫描安全漏洞，并安装漏洞补丁。

二、查看自己的手机操作系统版本并进行升级

在网络上查找自己手机操作系统版本的查看方法，对比最新的操作系统版本，将数据、通讯录、照片等信息进行备份，尝试对自己的手机操作系统进行升级。

三、设置强密码

人人都在网络上设置过密码，但是很多人喜欢用自己的生日或者电话号码来作为密码，这极易被尝试破解。根据密码的破译难度，密码被分为弱密码和强密码。强密码要求有一定的长度，并且包括数字、大写字母、小写字母、特殊符号等多种组合。形成强密码之后，破解的难度极大，可以有效地保证相关登录信息的安全。但由于强密码不便于记忆，所以很多人仍然在使用弱密码。

保证密码安全主要注意以下几个方面：一是将自己的密码进行分类，重要的密码一定要使用强密码。二是编制密码千万不要使用自己的手机号、生日，或者身份证号作为密码。三是将不便于记忆的密码使用提示性语言进行存档，如我弟弟的电话号码。另外，编制长度在八位到十六位中的强密码，至少要使用数字、小写字母、大写字母、特殊符号中的三种，互相交流自己编制强密码的技巧和方法。

四、注意个人信息安全与公共信息安全

个人信息安全已经成为网络信息安全的重要方面。当前，有很多应用软件都要求提供用户的电话信息、身份信息、位置信息等，一旦这些信息与具体的人结合起来，在不断打标签的过程中，就会逐渐清晰个人身份，被网络后台加以利用。

个人信息安全是一个很矛盾的话题。比如，个人姓名是公开的信息，联系电话是半公开的信息，而个人位置是隐私的信息，一旦这些信息被结合在一起，就形成了一个完整的数据块，即某人何时在何地，而这些信息可能还是个人主动泄露的，如使用导航软件或者是微信位置共享等。因此，要根据每个人的不同需求来保证个人的信息安全。比如，随时关闭手机的 GPS 系统、使用完软件之后随手关闭，或者在重要的场合将手机关机并进行集中保管。

公共信息安全是很容易被信息管理忽视的一个方面，曾经出现过一个办事处的工作人员将辖区人员的户口信息公开放在网上的案例。职业院校的教师都会接触到学生的个人信息，这些信息整合在一起就是公共信息，包括学生的个人电话、家庭情况、父母联系方式、学习成绩等。教师在工作中一定要注意保证学生公共信息的安全。

人们在工作中逐渐总结出保证公共信息安全的口诀：重要文件单独放，随时备份不能忘，每次更新要同步，不在网上做共享。

【知识链接】

1. 通过网络查找互联网信息安全的相关管理规定，制订一个学校相关部门的网络安全手册。

2. 2017 年 5 月，发生了著名的"勒索病毒"大爆发事件，尝试在网络上查找该病毒的原理、造成的危害以及防范方法。

项目三　计划与准备

作为一名职业学校的教师，在每个学期开始前，或在上个学期末，都会接到即将开始的新学期教学任务，具体就是将要给某个专业的某个班级讲授某门课程。

众所周知，所谓课程是指学校教师对学生所应学习的学科总和及其教学进程的系统安排，是由一系列的课组成的。对于职业学校而言，课程包括文化基础课程（含德育课、体育课），专业理论课程，实践技能课程，工学一体化（或理实一体化）课程等。

作为任课教师，要想圆满完成一门课程的全部教学任务，就要对所要讲授的课程进行充分的计划和准备，必须以职业岗位需求为切入点，对整门课程进行完整的课程设计。而要上好每一堂课，就要进行完整的课堂教学设计。在教学设计过程中，要以学生为中心，充分了解学生的实际情况，对学习内容进行深度分析、精准把握，确定合适的学习目标，设计恰当的教学策略，选择适宜的教学媒体和学习资源，精心做好整个课堂所有教学环节的系统化教学设计。

项目学习要点：

- 学会深入分析教学任务，制订完整的授课计划。
- 通过学习研讨，理解课程设计的相关知识，学会如何编写课程设计。
- 深入学习并掌握如何编写授导型课堂教学设计和探究型课堂教学设计。
- 通过学习研讨，了解最新的混合型课堂教学设计模式。
- 学会如何编写课堂导学案。
- 通过学习研讨，了解如何编写理实一体化课程的教学设计。
- 通过研讨，解析信息化教学设计经典案例，分析信息化教学设计与传统教学设计的区别，学会如何进行信息化教学设计。
- 分析预见信息化教学过程中可能出现的问题，学会制定应对方案。

任务一　分析教学任务，制订授课计划

情景描述

新学期开始，任课教师都会接到本学期的教学任务书，其主要内容就是要给哪些专业哪些班级上哪门课程，以及课程的周学时数和总学时数。

任务分析

作为一名合格的职业学校教师，必须对所接受的教学任务进行认真仔细深入的分析，对课程的每一部分内容或者说每个教学项目，都要做出详细的授课计划。总之，就是根据教学任务的分析结果，制订出适合本学期教学的可行性授课计划。

活动一　研讨教学任务内容

教师布置活动内容，学员根据活动内容在小组内进行研讨，将研讨的结果进行汇总，并将汇总结果在学员班内共享，最后上传至电子学档。

在该活动中，每个学员根据教师布置的任务，结合自己新学期所接受的教学任务，在小组内部进行研讨，分享自己是如何对教学任务进行分析的，其分析结果主要包括哪些。

提示一：教学任务分析包括课程教材的分析；课程总课时的多少，教学的总目标是什么；每个项目的课时数是多少，具体是理论教学还是实训教学，抑或是理实一体化教学；哪些项目是重点，哪些项目是难点；作业如何布置；教学评价如何开展，是过程性评价还是总结性评价，抑或是形成性评价等，分析的依据是什么。

提示二：学员可以利用网络，结合自己掌握的信息检索方法，进行信息检索。检索内容是教育部或河南省教育厅颁布的中等职业学校专业教学标准。完成检索后，对检索到的相关专业教学标准中的具体课程标准进行研读，并将该标准作为分析教学任务的依据。

知识与技能

一、中等职业学校的教学活动必须规范化

中等职业学校在开展教育教学活动时，要按照国家和地方制定的相关专业教学标准进行课程的开设和教学，使职业教育的教学有标准可依据、课程有标准可执行、学

生有标准可考核。

在开展教学活动时要规范教学计划，优先选用国家规划教材，杜绝出现课程开设随意性大、使用低水平自编教材等现象。同时要适应生源变化、学制变化、人才培养模式改革等新情况，不断完善专业人才培养方案。

专业教学标准对每一门课程都有全面的教学过程要求。任课教师在进行具体的专业课程教学时，不能随意增添或删减教学内容，要依据具体的课程标准进行备课，制订切实可行的授课计划，做好理论教学和实习实训教学，进行教学考核等。从而使学生通过该课程的学习和实践，掌握相应的技能，达到实际工作岗位的要求。

二、教育部或河南省中等职业学校专业教学标准

我国职业教育的课程标准从民国初期到现在已经有一百多年的历史，目前相关的教学标准有教育部制定颁布的，也有各个省市地方教育部门制定颁布的。河南省在教育部相关专业教学标准的基础上，于2012年、2014年和2016年共颁布和修订了32个主要中等职业学校专业教学标准，具体见《河南省教育厅关于印发河南省中等职业学校现代农艺技术等22个专业教学标准的通知》（教职成〔2012〕51号）、河南省教育厅关于印发《河南省中等职业学校电子电器应用与维修等10个专业教学标准》的通知（教职成〔2014〕751号）、《河南省教育厅关于组织修订河南省中等职业学校'现代农艺技术'等22个专业教学标准的通知》（教职成〔2016〕316号）。

河南省中等职业学校专业教学标准的制订，为河南省中等职业学校教育教学工作奠定了坚实的基础，其制订原则、制订框架和具体要求如下。

1. 制订原则

(1)坚持德育为先、能力为重。把社会主义核心价值体系融入教育教学全过程，着力培养学生的职业道德、职业技能和就业创业能力。

(2)坚持产教融合、校企合作。实现专业设置与职业岗位、专业课程内容与职业标准、教学过程与生产过程的深度对接。以职业资格标准为制订专业教学标准的重要依据，努力满足行业科技进步、劳动组织优化、经营管理方式转变和产业文化创新对技能型人才的新要求。

(3)坚持工学结合、教学做合一的人才培养模式。注重"做中学、做中教"，重视理论实践一体化教学，强调实训和实习等教学环节，突出职教特色。

(4)坚持整体规划、系统培养，促进学生的终身学习和全面发展。正确处理公共基础课程与专业技能课程之间的关系，合理确定学时比例，严格教学评价，注重中高职课程衔接。

(5)坚持先进性和可行性，遵循专业建设规律。注重吸收职业教育专业建设、课程教学改革的优秀成果，借鉴国外先进经验，兼顾行业发展实际和职业教育现状。

2. 制订框架

依据《教育部办公厅关于制订中等职业学校专业教学标准的意见》(教职成[2012]5号)的要求，并参考《教育部办公厅关于公布首批〈中等职业学校专业教学标准(试行)〉目录的通知》(教职成厅函[2014]11号)进行确定。

3. 具体要求

专业教学标准是开展专业教学的基本文件。2010 年，河南省依据教育部有关文件要求，结合本省中等职业学校教学实际，制定了首批《河南省中等职业学校现代农艺技术等 22 个专业教学标准》，并在全省中等职业学校印发实施。专业教学标准的实施，对于加强中等职业学校专业建设、实施专业教学、规范教学管理和开展专业评估等工作起到了重要的规范和指导作用。各地、各学校要高度重视此次修订工作，按照职业教育"五个对接"的要求，完善中等职业学校专业教学标准体系。进一步调整课程结构，优化课程设置，更新课程内容。要把中华优秀传统文化教育系统融入课程体系。大力推进专业技能课程的综合化、模块化和项目化，促进专业技能课程与职业资格标准的紧密对接。切实增强职业教育专业教学的科学化、标准化、规范化。

活动二　制订学期授课计划

教师布置活动内容，学员根据活动任务在分组内进行研讨，将研讨结果在学员班内共享，最后将结果上传至电子学档。

在该活动中，学员分组研讨各个学校对授课计划的要求、标准和格式，并将不同学校的授课计划要求进行对比分析，分析出优缺点，并将其进行合并，形成各组的研讨结果。最后，所有学员按照研讨结果，制订出自己新学期的授课计划。

提示：在活动一中，学员已经对教学任务进行了详细的分析，得出了详尽的分析结果。之后，学员根据分析结果制订出适合学期教学的可行性授课计划。之所以在组内进行研讨，是因为各个学校都有自己对授课计划的要求、标准和格式，研讨的目的就是统一得出全面的相对完善的授课计划要求，以便于将来用到自己学校的教学活动中去。

知识与技能

一、专业教学计划与授课计划的区别

专业教学计划与授课计划代表的是两个不同层次的教学计划。

前者明确了一个专业全部课程的性质、课时、学期顺序等，往往是由学校的专业教学管理部门及人员，根据教育部和所在省颁布的专业教学标准，结合学校所处地域某专业对应的行业发展情况对该专业的要求，以及相关工作岗位对学生技能的实际需求，并结合学校自身情况而制订出的实施性专业教学计划。它是学校教学管理部门控制专业教学活动开展的整体性战略计划，其制订和出台往往是"专家智慧＋集体论证"的结果。

后者是针对一门具体课程的教学过程而言，通常是由具体的任课教师根据实际情况，对该门课程进行详细的分析，包括对课程所用教材的分析；课程课时的分析；教学目标的分析；每个教学项目所需教学课时的分析，具体是理论教学还是实训教学，还是理实一体化教学；教学重点和难点的分析；作业如何布置；教学评价如何开展，是过程性评价还是总结性评价，还是形成性评价等。分析的依据是专业教学计划和课程标准。授课计划往往是由任课教师独自编制，要在学期之初上交学校教务管理部门，作为教务检查教学过程的依据之一。相对前者是整体性战略计划而言，后者自然就是局部性战术计划。

作为一名合格的职业学校教师，要制订出完美的授课计划，就必须要考虑到其是否切实可行。是否符合教学规律，教学实施过程是否遵照授课计划进行，教学效果是否达到预期目标，学生是否真正通过该门课程的学习获得和实际工作岗位相匹配的知识和技能。

任课教师制订授课计划要从教材实际和学生实际出发，充分研究教学工作过去和现在的情况，把握教学中的主要问题，紧抓目标明确、重点突出、措施具体、讲究实效等基本要求，制订出既具有探索性，又实实在在、便于工作和操作的计划，从而有力地指导教学工作。

二、授课计划的制订要领

1. 详细了解学生准备状态，努力寻找新旧知识连接点

授课计划虽然是"单兵作战"（一教师一课）计划，但需要考虑的因素却是错综复杂的。根据前人的教学经验，编制授课计划的第一步骤就是了解学生的准备状态。首先同一门课程，往往同时在多个授课班级开展，授课计划能否采用同一版本的问题，答案往往是否定的。通常所描述的"平行班级"在各个中等职业学校并不平行，因为中等职业学校的学生有正式中招录取和学生直接报到的区别，还有三年制中专和"3＋2"学制的区别。学生的生源不同、学制不同、基础不同，两者的授课计划当然不能一视同仁。而且同一门课程在不同的专业开设，其教学目标也有相应的差异。例如，同样是计算机应用基础课，财会专业对电子表格（Excel）部分的要求明显要高，而文秘专业对文本（Word）部分的要求明显要高。明确生源背景是了解学生准备状态的首要步骤，它决定了授课计划是统一版本还是分版本。

了解学生准备状态的第二个步骤，应该是查阅专业教学计划。前面提到了专业

教学计划是教务部门安排课务的准则，更是任课教师制订授课计划的前提和基础。专业教学计划是专业课程的横向（同一学期）和纵向（前后学期）联络图，查阅专业教学计划有利于任课教师明确本课程在专业教学中的顺序、性质、教学权重等，以免犯"盲人摸象"类的错误。了解学生前期所学课程的另外一个好处，就是能够发现新旧知识的连接点，寻找新课程突破口。通过新旧知识的衔接，能够帮助学生更好地实现知识迁移，同时加深对原来课程的认识。详细了解学生的准备状态，是一个事半功倍的好方法。

了解学生准备状态的第三个步骤，是任课教师提前接触班主任和学生，了解班级的整体学风状态，有意识地给下学期课程造势，激发学生对课程学习的兴趣，还可以给学生布置假期思考题。尽管书面授课计划难以反映这些环节，但这种做法比较符合心理学家奥苏贝尔的"先行组织者"教学策略，理应成为授课计划的重要补充。事实证明，学生上课前有意识地强化感性认识，上课过程中往往会产生"心有灵犀一点通"的效果。

2. 吃透优选教材，根据专业发展动态适度增减教学内容

除了了解学生准备状态，授课计划制订的另一个重要前提就是教材问题，授课计划总是针对特定教材而言的。要知道，学校所使用教材的选定由教师本人选择的余地不大，但中等职业学校是以培养技术应用人才为目标的，应用技术日新月异，优选教材已经成为教学管理部门的一项重要任务。所谓优选就是好中选好，职业教育首先要选择那些突出技术应用，具有较强职业针对性的教材。目前，项目教学教材、理实一体化教材、案例教学教材等比较适合中等职业学校的教学需求。

每一位教师都希望在放假之前能够拿到下学期的教材，这样可以充分利用假期进行备课。备课分为课前备课和假期备课。课前备课就是教师在日常上课之前对所要讲述的内容快速浏览和组织，它是临阵磨枪的战术准备；而假期备课则是总体备课，它包括吃透教材和编写授课计划两大任务，它是从容不迫的战略准备。教师劳动的特殊性之一是时空的灵活性，教师劳动不仅体现在课堂教学上，更体现在课后和假期备课上。假期备课有利于教师对教材的重点、难点，以及课程知识的内在联系等进行全面浏览和深度领悟，从而编制出切实可行的授课计划。

当前中等职业教育的教材相对于技术的发展是明显滞后的，备课绝不仅仅是吃透教材那么简单。中等职业学校教师面临的一个重要而复杂的任务就是修订教材，就是在已有教材的基础上增补辅助性讲义。修订教材的目的和好处就在于能够充分把握专业技术的发展动态，以实现教育与工作岗位的无缝对接，这就需要中等职业学校的教师牺牲节假日和课余休息时间，深入专业技术领域，去了解最新的技术规范等。

3. 总结教学反思，完善授课计划的细节安排

了解学生准备状态，吃透教材，主要为授课计划中相关教学内容的取舍与课时分

配提供了依据。中等职业学校的培养目标是技术应用性人才,相对传统的知识为本教育,职业教育强调的是能力为本,因此在制订授课计划时,应该大幅度减少烦琐的理论课时,相应增加技能课时和实践课时。授课计划最忌讳的就是照搬教材内容而面面俱到,必须首先解决"讲什么"的问题,其次才是"怎样讲"的问题,前者是方向性的,后者是过程性的。如果教学过程中很有艺术性地向学生传授"学无所用"的内容,其本质无疑是对教师与学生时间的双重浪费。

授课计划首先回答了课程"讲什么"的问题,如什么时间、讲什么项目内容等;其次也为"怎样讲"埋下了伏笔。一个切实可行的授课计划,不仅要符合校历和课程表等外部因素的要求,更应该完善其自身的教学细节安排。

完善的教学细节安排,既得益于同仁的经验交流,更得益于自我教学反思的沉淀。即便是已经讲授过的课程,授课计划也不应该呈现出"一幅老面孔"。从某种意义上讲,任课教师并不存在旧课程,尽管课程名称没有变,但是学生的准备状态发生了变化,现代教学手段和专业技术也在日新月异地发展。教师在制订授课计划之前,必须认真回顾与总结以往的教学反思,力求完善教学的所有细节安排。"备课、上课、反思"三个环节分别是"计划、实施、反馈调节"的过程,其中反馈调节不仅要体现在本学期的授课过程里,更应该体现在新学期的授课计划中。

综上所述,授课计划的形成是一个"复杂的、艰难的、全面的孕育过程",它表明教师在授课之前就已经对课程的重难点、专业的发展动态,以及学生所要形成的知识、技能、素质等目标胸有成竹。相对于专业教学计划而言,授课计划是战术性的,但相对于本课程的教学过程而言,授课计划则是战略性的。凡事预则立,不预则废,授课计划的重要性是不言而喻的。授课计划就是一门课程教学过程的实施纲领,即便在教学过程中难免出现一些变动,但这些变动就好比"在已构筑好的墙体上进行墙面修饰",决不能发生"推倒墙体重来"的事故。

教学是双边性质的,"教"与"学"任何一方变化,授课计划就应该有所区别,理解了"同一课程不同班级"的授课计划分版本的问题,也应该理解"同一课程不同教师"的授课计划允许存在个性差异的问题,授课计划之所以由任课教师编制,其原因也就在于此。学校不可能像工厂要求车间主任制订生产计划那样,要求教师制订效果能够被精确度量的授课计划,作为教务检查依据只是授课计划的辅助性功能,教师对其教学过程实施自我管理、自我控制才是授课计划的本质功能。

三、利用 Word 中的分屏方式进行授课计划的对比研讨

大家都知道,不同学校对授课计划的要求不同,因而授课计划的撰写格式也不同。在对比分析时,可以利用 Word 中的分屏方式对不同学校的授课计划进行对比研讨,如图 3-1 所示。

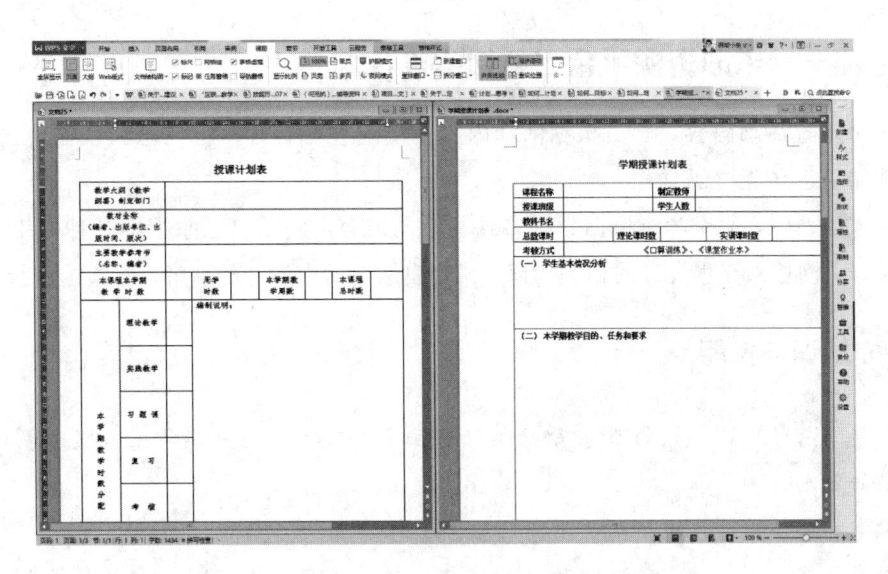

图 3-1 并排比较效果图

任务二 学习理解课程设计

情景描述

教学系统设计（Instructional System Design，ISD），也称作系统化教学设计，即系统性课程设计与开发，国内简称"课程开发""课程设计""教学设计"等。

传统的教学过程，往往是指教的过程，包括教师、学生和教材等要素。要学的内容在教材中，教师的责任就是向学生"教"这些内容，灌输到学生的脑子里，采用灌输的方式是为了使学生在考试时能够从头脑中检索出这些信息。

而在现代教育技术的理念下，教学是一个系统化的过程，其中每个部分（如教师、学生、教材、学习环境和学习资源等）对于成功的学习都很关键。也就是说现代教育技术理念下的教学提倡采用系统化方法设计教学。

任务分析

任课教师要想上好每一堂课，顺利完成学期教学任务，就必须深入理解课程设计的相关知识以及流程、方法、技巧，尤其是掌握每一堂课的教学设计方法，设计好每一堂课并实施教学。

活动一 借助资源平台了解课程设计

教师布置活动内容，学员根据活动内容在组内进行研讨，将汇总结果在班内共享，最后将结果上传至电子学档。

在该活动中，每个学员根据教师布置的活动内容，利用自己掌握的各种网络信息检索方法，上网检索课程设计的相关知识，结合自己对课程设计的理解，在组内进行分享。

知识与技能

在传统教学中，学校的教学管理部门往往要求教师撰写教案，而教案和教学设计有明显的区别。

教案和教学设计体现了两种不同的教学理念：

教案是体现了一种比较传统的教学思想，教学过程则重视对知识的传授和技能的训练教学方法是以讲授式为主，强调的是教师的主导地位，忽视了学生的学习方法；

教学设计体现的是一种以学生发展为本的新的教学理念，教师不但要研究怎么教，还要研究学生怎么学，教学设计是要换位思考，强调学生学习方式的转变，注重的是学生能力的提高。

一、概念的范畴不同

教案是教育科学领域的一个基本概念，又叫课时计划，是以课时为单元设计的具体教学方案，是教学中的重要环节。教案的基本组成部分是教学进程，内含教学纲要和教学活动安排，教学方法的具体应用和各种组成部分的时间分配等。

课程设计也称为教学设计、教学系统设计，是教育技术学科的重要分支，形成发展于20世纪60年代。它主要是运用系统分析方法，解决教学问题，以优化教学效果为目的，以传播理论、学习理论和教学理论为基础，具有很强的理论性、科学性、再现性和操作性。

二、对应的层次不同

教学设计是把学习者作为它的研究对象，所以教学设计的范围可以大到一个学科、一门课程，也可小到一堂课、一个问题的解决。目前的教学组织是以课堂教学为主，所以课堂教学设计是教学设计中运用最多的一个层次。

教案就教学的内容文本，是指导老师自己上课用的，也是考察教师备课的一个依据。从研究范围上讲教案只是教学设计的一个重要内容，因此教学设计与教案的层次关系是不完全对等的。

三、设计的出发点不同

教案是教材意图和教师意图的体现，它的核心目的就是以教师对教学内容的理解为依据的一种纯粹的"教"案。它强调教师的主导地位，却常常忽视了学生的主体地位。

教学设计是"一切多学生出发"，以学生对知识的理解能力、掌握程度为依据，教师在设计中既要设计教，更要设计学，怎样使学得更好，达到更好的教学效果教学设计的指导思想。

四、包含的内容不同

教案一般包括教学目的、教学方法、重难点分析、教学进程、教具的使用、剂型、教法的具体运用、时间分配等因素，从而体现了课堂教学的计划和安排。

教学设计从理论上来讲，有学习目标分析、学习者分析、学习环境分析、教学策略的制定、教学媒体或资源的分析使用、教学过程设计及学习效果评价七个元素。

教案与教学设计的内容对比如下。

1. 目的与目标

教案中称之为教学目的，多来源于教学大纲的要求，比较抽象，可操作性差，使课程重视了整体性，统一性，忽视了学生个性的发展，淡漠了学生的情感和价值观的培养。

教学设计的教学目标可由教师依据新课程标准和学生的觉悟分析制订，教学目标体现了素质教育的要求，强调三个学习目标维度（知识与技能、过程与方法、情感态度与价值观）的设计，更加具有可操作性。

2. 重难点分析与教学内容分析

教案中的重难点分析主要由教学大纲指出，是教师上课讲解的主要内容和教案的重要组成部分。

教学设计中的教学内容结合学习者进行分析，有一定的系统性的连续性，分析得到的重点和难点常常是教学过程设计时所要解决的问题。

3. 教学进程与教学过程设计

教案的教学过程就是教师怎样讲好教学内容的过程。它重视对学生进行封闭式的知识传授和技能训练，强调教师的主导地位。

教学设计分为准备阶段、实施阶段和评价阶段三个阶段。不同的课型的教学过程的设计流程不一样。但是一定要体现学生既是教学活动的对象，又是教学活动的主体，教学过程的设计要充分考虑这一主要特点。

4. 教学方法和教学用具

教案中的教具使用比较简单，多为模型、挂图等公开发行的教具，缺乏针对性和创新性。

教学设计非常重视媒体的选用和使用，而且注意使用时的最佳作用和最佳时机，有较理想的教学效果。

5. 教学评价

教案：在编写的过程中评价评价得不明显。

教学设计：依据教学目标对学生掌握知识、形成能力的状况做出准确而及时的评价，是教学设计中的重要环节。

活动二　借助资源平台了解课程设计的分类

教师布置活动内容，学员根据活动内容在组内进行研讨，将汇总结果在班内共享，最后将结果上传至电子学档。

在该活动中，每个学员根据教师布置的活动内容，利用自己掌握的各种网络信息检索方法，上网检索课程设计分类的相关知识。同时，结合自己对课程设计的理解，对课程设计进行分类，并将结果在组内进行分享。

知识与技能

可以从内容范围上对课程设计进行划分，如果说，设计一堂课是微观教学设计（一般直接称作教学设计），那么设计一门课可视为中观教学设计（一般直接称作课程设计），而设计某个专业的多门课程及以上，就是宏观教学设计。对某个专业所有的课程进行教学设计，并制订出相应的标准，也就是前面所讲的专业教学标准中的课程教学标准。当然，学校实施的专业教学标准或者说教学计划，要根据教育部或各省颁布的专业教学标准，结合本地区相关行业发展的需求以及学校的实际情况进行整体设计。

这里所要学习的课程设计，主要是指中观教学设计，即对一门课的课程设计，以及微观教学设计，即对一堂课的教学设计。

任务三　编写课程设计

情景描述

作为职业院校的一名专业教师，在了解了什么是教学设计之后，就应该掌握在现代教育技术理念下如何具体设计每一堂课。

如果你不仅仅是一位普通教师，还是一位资深教师，甚至专业教学负责人，那么你要设计的也许就不仅仅是一堂课，而是一门课了。

任务分析

在该任务中，学员要根据前面任务所编写好的授课计划，结合自己拥有的课程设计相关知识进行研讨交流学习，从而提高自己对课程设计的认知，学习如何设计一门课程，为整个学期的教学做好整体准备。即便学员是一位普通教师，也要学习如何设计一门课程，为以后走上专业教学管理岗位打下基础。

活动一　研讨课程设计的依据、理念与思路

教师布置活动内容，学员根据活动内容在组内进行研讨，研讨结果在班内共享，并上传到电子学档。

在该活动中，学员要根据教师布置的活动内容，利用自己掌握的网络检索知识，去查找课程设计的依据、理念与思路等知识。学员首先将检索到的内容进行自我消化吸收，然后将内化后的内容在组内进行研讨，并将研讨的结果进行总结，形成结论，继而在班内共享。

知识与技能

一、课程设计的依据

对任何一门课程进行课程设计，都必须根据学习到的教学标准进行。要知道，任何专业教学标准的出台，都是教育行政主管部门（如教育部或各省教育厅）组织该专业教学专家以及行业专家，经过长期大量的调查研究，对行业的发展需求进行分析，对该专业对应的企业工作岗位的实际需求进行分析，对该专业学生应当具备的工作能力进行分析，对不同工作能力对应的课程进行分析，最终出台的专业教学标准。专业教学标准中每一门课程的课程标准都具备相当的科学性和可操作性，该课程标准就是教师对该课程进行教学设计的依据。

二、课程设计的理念

(1)突出职业教育专业课程的职业性、实践性和开放性。注重与职业岗位需求结合，按照"职业岗位—岗位需求能力—确立教学项目"的项目引领式的运行机制来组织教学。

(2)学以致用，以"用"促学，边"用"边学，突出"教、学、做"一体化的教育理念。

(3)学生是学习主体，鼓励学生职业能力发展，加强创新能力和创新意识培养。在课程设计中，既要考虑学生职业技能的训练，又要关注综合职业素质的养成，为学生的可持续发展奠定良好的基础。

101

三、课程设计的思路

以职业岗位需求为切入点，以培养职业能力为核心，以项目教学为主要手段，积极探索教学方法与成绩评价方法的创新，保证课程目标的实现。

（1）以职业岗位需求为切入点的课程设计。通过邀请行业企业专家来校指导、从企业实际岗位需求了解工作任务与工作流程、毕业生反馈交流等形式，进行岗位职业分析与课程内容选取；通过行业企业专家来校举办讲座或行业企业骨干直接参与课程教学设计、教师服务企业、学生顶岗实习等形式，深度合作进行课程设计，以充分体现课程的职业性、实践性和开放性。

（2）以职业能力培养为核心的课程设计。在重视学生专业能力培养的同时，重视其方法能力与社会能力的培养。由课堂学习发展到网络学习，使课程学习具有开放性。通过合作学习以及对职业岗位真实案例的讨论提升学生的团队合作能力与创新能力。

（3）以项目教学为中心的课程设计。一是教学组织项目化，把课程内容设计为具体的实践项目，教学要求具体并可操作；二是在教学方法的运用上强调启发引导法、探究学习法、合作学习法、真实体验法、循序渐进法等多种方法的灵活运用；三是考核体系是由教师、学生、企业共同参与的多元考核、鼓励学生不断追求完善的动态考核、重视平时学习过程的过程考核构成。

（4）以企业真实的工作过程开展教学设计，即工作过程系统化的教学设计。在进行教学设计之前要对企业真实的工作过程进行调研，教师的教学过程和学生的学习过程要和企业岗位真实的工作过程保持一致，从而通过教学设计的具体教学实施，使学生的实际动手能力得到提高，并能够直接应用到实际的工作岗位上去。

活动二 研讨课程设计的流程和方法

教师布置活动内容，学员根据活动内容在组内进行研讨，将研讨结果在班内共享，并上传至电子学档。

在该活动中，学员要根据教师布置的活动内容，利用自己掌握的网络检索知识，去查找课程设计的流程和方法等知识。学员将检索到的内容首先进行自我消化吸收，然后将内化后的内容在组内进行研讨，将研讨的结果进行总结，形成结论，继而在班内共享。

知识与技能

课程设计的流程和方法

如果把一门课程完整的教学过程比作一列火车，那么每堂课就是火车的一节节车厢。既然是一列火车，那么，每一节车厢的作用就不完全一样了。比如，火车有车头、车尾，有座位车厢和卧铺车厢，还有餐车、行李车等。在一门课程中，每堂课的作用也不是完全一样的。比如，一门课开头的那几节绪论、总论，为整门课程确定总体的目标、内容和框架；结尾的课往往是整门课程的总结、评价；中间的各堂课也各有各的作用。课与课之间的空隙与连接就是课外的学习活动阶段，它们把上一堂课与下一堂课互相连接起来，构成一个有机的整体。课程的支持、服务、组织和管理体系，则对保证课程的顺利进行发挥重要的作用。

因此，设计一门课程重点要考虑的问题，与后面要学习掌握的一堂课的设计既有相似之处，也有不同之处。总的来说，前者考虑的问题要更大一些、更多一些、更复杂一些。

一、课程设计的考虑因素

(1)课程目标。课程总体目标决定了课程"列车"行进的方向。课程目标相对课堂目标来说，要更宏观一些、更概括一些，设计者所占的位置要更高一些、视野要更开阔一些。不仅要考虑本学科的知识结构，还要考虑与其他学科之间的关联与衔接，需要对一门学科或多门学科有较深入的了解才能做到。

(2)学生情况。相对后面要讲的一堂课的教学设计来说，课程设计者对学生的了解要更加宏观一些，主要关注大多数学生的总体情况，包括年龄、性别、年级、班级，以及学习动机、认知水平、专业基础(同一门课程如果在不同专业开设，则专业基础不同)等情况。其中，必修课与选修课学生的动机是不同的，想学点东西与只想获得学分的学生愿意付出的努力也是不同的，不了解学生的动机就不能制订出恰当的目标与策略。认知水平主要跟年龄有关，不同年龄的学生认知水平有较大的不同。另外，认知水平还与学生的智力和经验有关。

(3)教学资源。它包括教材、参考书、数字资源、人力资源等。

(4)教学条件。它包括教室、实验室、实习场所、图书馆、设备、教学经费等的情况。

(5)课程评价。评价体系的设计在课程教学设计中要比在课堂教学设计中重要得多。因为不是每堂课都需要立即评价，但每门课程必须有完整的评价体系。它像一个指挥棒，既影响着教师的教，也影响着学生的学。评价体系要围绕着课程目标来设计，尽可能既全面、科学，又简便易行，可操作性强。评价不仅是为了检验教学的效果，还是为了鼓励学生继续学习。

二、课程设计的具体内容

(1)课程目标设计。它包含知识、技能、情感、思维等。

(2)课程体系设计。它包含教学内容、教学顺序、课时总数、进度安排等。

(3)教学资源设计。它包含教材、参考书、教学课件、数字资源、人力资源等。

(4)教学方法设计。它包含授课方式、活动方式、讨论方式、协作方式、探究方式等。

(5)教学流程设计。按照时间的先后顺序，整合各种教学活动、学习活动，以保证课程能有条不紊地进行。

（6）评价体系设计。它包含诊断性评价、形成性评价、总结性评价等。

（7）教学管理设计。它包含与教学过程相关的各项规章制度、步骤程序等，这需要结合具体课程来讨论。

任务四　编写一堂课的教学设计

情景描述

作为职业院校的一线教师，在进行教学设计之前，首先要深入分析在现代教育技术的支撑下，一堂课完整的教学过程都包括哪些环节，哪些环节能够利用信息技术。然后将自己所掌握的信息技术融入教学过程中，从而设计出一堂课的适合现代教育技术理念的教学设计方案。

任务分析

掌握并完成一堂具体课程的教学设计方案。

在该任务中，要求每个学员利用在本任务的各个活动中学到的知识，掌握具体课堂教学的教学设计步骤和方法。并结合自己在学校所教课程，完成一堂具体课程的教学设计方案。

提示：学员可参考结合后面的所有教学案例，进行信息化的教学设计。至于是采用授导型教学设计模式，抑或是采用探究型教学设计模式，还是采用混合型教学设计模式，请学员根据自己所教课程的性质以及不同模式的优缺点分析进行选择。但是不管选用哪种教学设计模式，都要合理恰当地选择信息化教学手段，通过信息化的方式为课堂教学增姿添彩。

活动一　研讨课堂教学设计

教师布置活动内容，学员根据活动内容在组内进行研讨，并将研讨的结果在班内共享，最后上传到电子学档。

在该活动中，学员要根据教师布置的活动内容，回顾分析自己的实际课堂教学，一堂课较为完整的教学设计主要包括哪些环节，每个环节应该如何去设计完成，如何做好教学设计。学员将分析的结果在组内进行研讨，并将研讨的结果进行总结，形成结论，继而在班内共享。

知识与技能

一、一堂课的教学设计环节

一堂课完整的教学设计过程一般包括前期分析（学习需求分析、学习内容分析、学习者分析和学习环境分析）、确定目标、制订策略、选择媒体或资源、试行方案、评价和修改等。通常来说，教学设计人员一般都是由教师直接担任的。但实际上，教学设计人员既可以是教师，也可以是专业的教学设计师。教师主要是思考如何确保他的每个学生能发挥其最大的能力，学到尽可能多的专业知识；而教学设计者则常常考虑如何确保提供给学生的特定课程尽可能相似，尽管这些课程是在不同的时间，由不同的教师提供给不同地点的学生的，他关注更多的是教学的标准化问题。对于教学设计者而言，他需要系统考虑教学过程中的各个环节。教学设计几个主要环节的任务包括以下几点。

1. 学习需求分析

根据国家制定的各个专业的课程教学标准，以及具体的工作岗位需求对各个专业学习者的要求，分析学习者的现有专业水平与所应当达到的目标工作岗位需求水平之间的差距，从而为确定学习目标等提供依据。

2. 学习内容分析

分析不同专业的学生每一门课、每一堂课该学习什么以及怎样学习。通常可以根据学习内容中各知识点、技能点的关系，分别采用归类分析、层级分析、图示分析等分析方法；也可以从学生的认知过程出发，采用信息加工分析方法，将学生在完成教学目标时对信息进行加工的所有心理操作过程揭示出来。

需要特别强调的是这里指的是学习内容分析，而不是教学内容分析。教学设计者要从传统的教师"教"的角度，转换成从学生"学"的角度进行分析，将传统的教学内容分析转化为学习内容分析，从而为后面学习目标的确定、教学策略的设计、教学过程的设计打下良好的基础。

3. 学习者分析

建构主义学习观认为，学习者学习的过程是根据自己的经验背景，通过新旧知识以及经验间反复的、双向的相互作用过程，对外部信息进行主动地选择、加工和处理，从而建构自己理解的过程。任何一个学习者都会把自己原有的知识、经验、态度、能力等带到新的学习过程中去。因此，教学设计者必须分析学习者原有的知识、经验、态度、能力，即进行学习初始能力分析。

初始能力是指学习者在学习特定的学科内容或专业内容之前，已经具备的知识技能基础、已有的行为能力、对特定学习内容的认知态度等。它包括学习能力分析、目标能力分析和学习动机分析等。

学习能力分析指的是对学习者所具备的先决知识和技能的分析，即了解学习者是否具备进行新的知识学习所必须掌握的知识与技能。教学设计者分析了学习者的起点水平后，可以根据分析结果采取恰当的"补救"行为，从而给学习者提供一些必要的帮助；或者根据学习者的起点水平，进行学习方案和学习目标的适度调整。其中，起点水平可以根据上一节的教学效果或者学习者作业完成的情况分析得到，也可以通过测试手段对学习者测试得到。目标能力分析指的是预测学习者对特定学习内容的学习目标的了解程度，可以通过与学习者的沟通进行了解，也可以通过测试手段对学习者测试得到。学习动机分析指的就是分析学习者的学习动机，而职业院校的学生相对而言学习动机较弱，需要逐步改变逐步提高。

另外，还要对学习者的学习风格进行分析，学习风格本身没有什么优劣，分析学习者的学习风格主要是为了给学习者提供更适合的教学环境、教学资源、教学信息、教学组织形式、教学方法、教学媒体等，以便为学习者提供更有效的学习帮助。从调查数据分析的结果发现，职业院校的学生学习大部分都是感官感受型甚至是直觉感受型，他们对传统教学中的文本学习、复杂的图表、逻辑分析、思维都不喜欢。针对这种情况，职业院校的教学策略可以从如下几点入手进行尝试。

一是增加视听、视觉、触觉的学习机会，这就要利用现代的信息化教学、角色体验、动手操作等进行学习。二是重视分组教学和学徒制教学。三是重视提前规划学习任务，让学生明确学习目标。四是教师要将教学尽量具象化和生活化。五是在教学过程中注重培养学生的分析能力、表达能力和反馈能力等。

职业院校的学生正处于思维活跃、情绪波动比较大、追求新异、对新生事物兴趣浓厚的年龄阶段。从入学到毕业，他们的逻辑思维能力会越来越强，并逐渐达到稳定。如果在低年级就要求学生具备较高的决策和问题解决水平，这不仅违背人的正常认知发展规律，而且也容易使学生对学习产生畏惧。所以职业院校的教师更要注重学习者分析这个环节，要根据学生的实际情况慎重地进行教学设计，让学生有个逐步的适应过程，从而使学生愿意学习不同的专业课程，提高动手能力，最终从学习者成为适应工作岗位需求的劳动者。

4. 学习环境分析

对于学校教育而言，学习环境就是指学校提供的教学环境。目前，我国不同的职业院校教学环境相差甚远。所以在教学设计过程中，作为教学设计者，应当考虑到教学环境的差异，保证设计出的方案能够施行。

目前，职业院校提倡的教学是"做中学"，而"做中学"理论是美国著名教育学家杜威教育思想的重要组成部分，他主张"从做中学"，即"从经验中学""从活动中学"，这就需要职业院校在课堂中为学生准备能够进行充分活动的场所和适合学生活动所需要的各种材料及工具，需要在学校里设置实验实训场所、实习工厂等，使学生在动手实践的活动中进行学习。可见，理实一体化的教学环境建设是职业院校实现理实一体化的教学体系建设的重要内容，是提高学生职业技能水平、培养学生职业能力、提升学生职业素质的基础保障。

理实一体化教学，是打破传统的学科体系和教学模式，根据培养目标，整合理论与实践教学资源，将理论教学和实践教学融为一体化的教学。职业教育的理实一体化教学，是以建构主义和杜威"做中学"理论为支撑，以岗位工作任务为核心，将专业理论知识和实践知识有机结合，教师在做中教，学生在做中学，在学做结合中学习专业知识、掌握专业技能，培养学生全面职业能力，使其养成良好职业素养的教学。

理实一体化教学环境是指在职业教育理实一体化教学过程中，对师生认知、情感和行为产生直接或间接影响的各种因素的综合。其最大的特点是场地一体化，融教学区、实训区、讨论区于一体，适合学生学习、交流和实践，场地可以根据需要变得灵活多用。同时，教学内容也要实现理实一体化，理论内容与实训内容同时存在。另外，教师也要是"双师型"教师，或者专业理论教师和实验实习指导教师合作完成教学任务。

5. 确定学习目标

在教学设计过程中，应当强调以学习目标为中心，各环节的安排需要围绕学习目标来进行，学习目标也是评价学习效果的基本依据。根据教育部制定的中等职业学校各个专业的专业标准，学习目标的编写需要考虑三个维度：知识与技能、过程与方法、情感态度与价值观。强调从过去的重视知识到重视能力、从重视结果到重视过程、从重视认知到重视情感。

学习目标不同于传统的教学目的，传统的教学目的是以教师为主体，体现的是教师教学的愿望和期望，主要作用于教师的"教"，其教学目的是单一的结构，课堂效果取决于教师的自身素质。而学习目标是以学生为主体，着眼于学生的学习过程和学习结果，主要作用于学生的"学"，同时也作用于教师和学生双方的"教学相长"，其目标由一系列不同层次的子目标组成，对教学活动的开展有明确具体的指导作用，课堂效果取决于课堂的活动开展方式、教学手段是否多样、教学方法是否合理、时间安排是否合理、教师素质的高低以及教学资源的利用情况等综合因素。

职业院校的学习目标要侧重于通过该学习领域的学习实践，最终获得的专业知识、动手能力和社会能力，强调学习目标三个维度的均衡，重视培养目标中就业与发展并重，能力本位要规范与创新并举，依托情境载体体现做人与做事同步，行动方式上手脚与头脑并用，结构设计上多层与多给，评价关键是过程与结果都要。

在学习目标的三个维度中，知识与技能的知识指的是学习者与其环境相互作用后获得的经验、意会和信息等，包括陈述性知识和程序性知识；而技能指的是学习者通过练习、训练、实践或操作而获得的活动方式、程序和方法，包括基本技能、智力技能、动作技能和自我认知技能等。过程与方法的过程指的是导致某一结果的一系列行动、变化、程序或阶段等；而方法指的是为完成某一任务、达到一定效果或者提高效率而采用的行动方式和策略。情感态度与价值观的情感指的是学习者对外界刺激肯定或否定的内心体验、心理反应和态度表现；价值观指的是对人和事物积极作用的评价、取舍的观念和价值取向。三个学习目标维度相互交融相互渗透，缺一不可，但是不一定均等，要根据具体的学习内容而定。

6. 设计教学策略

在确定了具体的学习目标和学习内容后，还需要考虑如何帮助学生快速掌握这些内容，达成学习目标，这就需要巧妙地运用教学策略。

教学策略是指在教学过程中，为完成特定的目标，依据教学的主客观条件，特别是学生的实际，对所选用的教学顺序、教学活动程序、教学组织形式、教学方法和教学媒体等的总体考虑。也就是说，在教学过程中：不存在能实现各种教学目标的最佳教学策略；没有任何单一的策略能够适用于所有的教学情况。

所以，有效的教学需要有可供选择的策略来达到不同的教学目标，而且需要不断予以相应的调节、监控和创新。

所谓策略选择，是指对教与学的活动程序、组织形式、方法和媒体等的相对最优的选择，即在主客观条件可能与可行的前提下，尽力在更广泛的有关教与学的策略中，找到科学的、更具有实效性的教学策略。所谓调节，主要是指由于教学活动的复杂性以及多种因素的交叉干扰，如教与学、师与生、知与行等矛盾之中交织着矛盾，任何好的策略，在运用中都不会十全十美，那就需要在教学全过程中，随时注意已选定的正在运用中的策略可能出现的不协调，及时给予相应的调整、补充以至创新等。所谓监控，是指在教学过程中，教师与学生应随时注意策略运用的效益、缺漏等，使策略过程与认知过程同步。

教学策略的特点有以下两点。一是明确的针对性。策略化的教学是依据教学目标，针对学生实际、教材特点，将教学方法、教学手段及教学程序等教学诸因素和谐统一的最佳设计。二是典型的灵活性。即不具有规定性和刻板性。为了目标的实现可以采用各种可供使用的教学组织形式、方法、程序、手段等，在教学过程中，还将根据需要不断改变和调整。

教学活动、教学方法、教学组织形式等都是教学策略的载体。没有教学方法、教学组织形式以及教学活动，教学策略无所适从。选择、调节、监控、创造等都要依据这些因素。所以，有效的教学需要提供可供选择的多种教学方法、教学组织形式等，以便完成不同的教学目标。

没有任何单一的策略能够适用于所有的教学。

目前，从教学整体上来讲，教学策略主要包括授导型教学、探究型教学以及最近大力提倡的混合型教学。作为职业院校的教师，要根据前面的学习需求分析、学习内容分析、学习者分析、学习环境分析以及学习目标，来确定是以授导型教学为主，还是以探究型教学为主，抑或是二者混合的混合型教学。

7. 选择教学媒体或资源

在教学过程中，媒体与资源的形式是多种多样的，选择教学媒体或资源时，需要充分依据学习目标、学习内容、环境条件和学习者的认知水平等，应当符合学习者的认知规律。教学媒体或资源的使用不应简单地追求形式，而要关注其对教学效果的优化。

教学媒体与资源的合理选择具体见本书项目四内容。

8. 教学过程设计

教学过程设计是整个教学设计的难点和重点，其难度可想而知。职业教育的培养目标是高素质的技能型人才，以获取直接工作经验为目的，理论和实践一体化，以工作岗位需求和专业应用为前提，强调团队合作与交流，重视学生自己在行动中建构知识。因此，行动导向教学更适合职业教育的课堂教学。

行动导向教学和传统教学相比，教师从重"教法"转变到重"学法"；从"要学生学习"转变到"学生要学习"；从"教师教，学生做"转变到"学生做，教师协助学生"。学生从"学知识"转变到"学做人做事，学会合作、学会生存"；从"听、看、读、写"转变到"脑、口、手共同参与去做"；从"被动参与"转变到"自主探索"。在行动导向教学过程中，学生通过体验、参与、交流与展示，各种能力都能得到提升，个性得到尊重，自信心得到鼓励，思维得到启发，在工作过程中知识自然而然地内化为自身的能力。

行动导向教学是针对与专业紧密相关的职业行动领域的工作过程，按照资讯、计划、决策、实施、检查和评价步骤组成完整的"行动"过程。它是在教师的组织、协调与引导下，以学生为中心，让学生在独立自主与团队合作中获取资讯、制订计划、实施方案、反馈评价，在"做中学"的实践过程中，掌握相应的职业技能及专业知识，从而构建属于自己的经验、知识和能力体系。

行动导向教学的基本设计原则是：以学生为主体，师生互动、生生互动，过程开发，评价多元。通过学习情境中的行动来学习，为了真实情境中的行动而学习。行动导向教学包含学习和工作两种情境，包含对象、内容、手段、组织、产品、环境六个教学要素。其教学活动方式包含演示、张贴、竞赛、讨论、联想、演讲、体验、制作、点评等，其适用的教学方法主要有任务驱动教学法、情境教学法、引导文教学法、案例教学法、师带徒训练法、主题教学法等。当然以上教学过程的实现，需要相匹配的教学条件。

信息化教学就是要在行动导向的课堂教学中整合各种教育教学媒体资源，用合适的信息化方式来优化教学的组织与实施。

9. 学习效果评价

评价学习效果，不应仅仅看学习活动的最终结果，还需要考虑学生的学习过程，但又要避免走向只重视过程而忽视结果的另一个极端。

学习效果的评价方式有很多种，但是传统的评价方式显然与职业教育的教学现状不匹配。职业教育长期以来深受应试教育的影响，习惯用百分制评价来表示学生的学业成绩，这种评价方式有其优点，操作方便、模式固定、量化准确、容易引起重视和竞争，导致百分制在教学评价中"唯我独尊"。这种评价方式建立在学习内容、学生记忆程度之上，难以评价学生的情感、意识、合作及动手能力。纯粹选择考试的方式，容易导致职业教育目标陷入空中楼阁、纸上谈兵、价值虚无的困境。传统的评价方式还容易导致职业院校的学生重复体验考试失败的挫折，从而对学习产生厌恶、对考试心存逃避，更有学生对交白卷习以为常。这种忽视了学生综合能力培养的评价方式，对学生独立自主、团结协作、创造创新能力的培养极为不利，将会导致学生对生活热情和职业憧憬大打折扣。

平时成绩＋期末考试成绩的简单模式，显然已经不适应职业教育的教学现状。职业教育的教学评价是对教学效果的评价以及对教学过程中各个要素作用的分析和评价，其基本要素有教师、学生、教学内容、教学方法、教学手段和教学环境等，这些要素对学生的态度、心理变化、行为动作、过程体验都有很大的影响。构建科学合理的指向职业能力培养的学习评价体系，是职业教育改革、提高教学质量的重要保障。职业教育新的教学模式、教学方法、学习对象、培养目标都需要新的评价理念、制度和操作模式来有力地支撑和引导。

目前，以项目教学为主的课堂教学改革正在如火如荼地进行，构建适合项目教学的评价体系应运而生。项目教学评价是指根据评价标准、运用评价方式，在项目教学实施的整个过程中，通过系统地收集有关的项目方案、项目实施、项目产品等信息，对项目教学过程中的评价对象，即学习者的反应、认知、行为和结果，做出价值判断和客观分析，并为教学双方自我改进提供依据的过程。

项目教学评价是项目教学的重要组成部分，它能够促进项目教学的正常开展，在评价原则、特点、内容、方法和标准上与传统教学评价都有根本性的区别。其转变包括从共性评价转到共性与个性评价相结合；从表面评价转到本质的深刻评价；从结果评价转到结果与过程评价相结合；从单一的定量评价转到定性与定量相结合。

项目教学评价是一种过程性、激励性、发展性、职业导向性的多元评价。从评价目的来看，是以学生发展为本的发展性评价；从评价内容来看，是注重学生综合素质的综合性评价；从评价技巧来看，是转变盲目量化的质性评价；从评价主体来看，有学生自身、项目团队、教师、专家甚至家长等的多元化评价；从评价方式来看，是关注过程的形成性评价；从评价内容来看，是包含学生认知、情感、态度、能力、行为、团队意识等的多视角评价。

项目教学评价的内容主要包括两个维度的综合评价。第一个维度是从学习者的反应、认知、行为和结果多个视角出发进行综合评价，侧重于对学习者的个性化发展需要和表现特征进行评价。第二个维度是按照项目教学流程，在资讯、计划、决策、实施、检查和评价六个阶段进行综合评价。项目教学评价就是将上述两个维度形成一个评价坐标，横向坐标是项目工作过程，纵向坐标是学习者的表现，它们相互组成一个立体评价体系。这样组成的评价，突出了评价的发展性功能，整合了诊断性评价、形成性评价和终结性评价，提高了项目教学评价活动的有效性和科学性。

项目教学评价的方式主要是：一般在项目开始时采用诊断性评价，其载体是任务书；项目实施过程中采用形成性评价，其载体是评价量表和档案袋；项目实施结束后采用终结性评价，其载体是项目产品。

综上所述，项目教学评价是适合职业教育教学改革的评价方式，只是其评价方式比传统评价方式复杂得多。另外，各个职业院校的教学改革开展情况也不尽相同。相信随着职业院校教育教学改革的推进，项目教学评价一定能够普及。

二、如何做好教学设计

在中等职业学校的教学中，教师应该如何具体去进行教学设计，从而做好教学设计呢？

作为一名中等职业学校的教师，在具体的教学活动中，应当根据教学的条件，根据所讲授专业课程的特点，并结合学生的年龄特征，利用多种资源表现形式和策略，对教学内容进行合理安排，从而最终实现教学目标。教师在具体教学设计过程中，应当以学生为中心，关注学生的认知规律，并注重让学生参与到教学活动中，提高其学习积极性。在具体的职业教育教学实践过程中，教师不仅要考虑教什么的问题，更要关注学生如何学的问题，即教学应当围绕着学生的能力培养去展开、围绕着学生知识的自主建构去展开，并且注意要在学习目标、学习内容、媒体选择、策略应用与评价等方面进行精心设计，从而体现职业教育要以能力为本位的教育思想。

一份好的教学设计，必须符合教学实际，必须符合学生的认知规律，做到前后衔接、逻辑严密，做到重点突出、难点突破，做到层次分明、过渡自然。要体现课程改革新理念就必须改进备课方法，要备好一节课，编写一份高质量的教学设计就必须做到以下几个方面。

1. 内容选择要恰到好处

选择恰到好处的教学内容是备好课的前提条件，教学内容的选择要依据知识和技能的特点、教材的编写意图、完成教学任务所需要的时间和学生的实际情况等因素来决定。如何恰到好处地选择一课时的教学内容呢？首先是根据教材的编排来选择。一本好的教材在编写的时候都会根据中等职业学校学生的接受情况以及实际岗位需求进行编写，做到详略得当、切合实际。其次是根据知识的难易程度来选择。一般来说，比较简单的、学生易于接受理解的知识，内容可多选一些；学生难以理解、难以把握的知识，由于在教学中要花费比较多的时间，所以内容要适当少选一些。选择一课时的教学内容时要具体情况具体对待，以一节课能顺利完成教学任务、所教授的知识有利于学生理解和把握为准。

2. 目标制订要明确

目标明确就是指制订的教学目标既要符合课程标准的要求，又要符合学生的实际情况。教学目标是设计教学过程的依据，是课堂教学总的指导思想，也是教学设计的出发点，更是进行课堂教学的终极归宿。如何制订出一个具体明确又切实可行的教学目标呢？首先，要认真钻研教材，结合课程目标和教学内容，制订出本节课的教学计划，如要使学生学会哪些知识、掌握哪些具体技能、达到什么样的熟练程度等。其次，要考虑通过这些知识和技能的教学，应该培养学生哪些思维能力，这是思维能力的目标。再次，要想一想通过这些知识的教学，对学生进行哪些思想教育。培养哪些良好的道德品质，这也是情感目标的要求。最后，要考虑哪些地方可以对学生进行创新教育，怎样培养学生的创新意识和创造能力，是创新教育的要求，这也是目前课堂教学的一项重要目标。

3. 重点、难点要把握

重点、难点部分的教学是一节课的关键，教师的课堂教学水平主要体现在重点的突出和难点的突破上。一般来说，一节课中学生重点要把握的知识就是本节课的教学重点，学生在理解和接受上存在困难的地方就是教学难点。怎样在课堂教学中突出重点、突破难点呢？首先，教师必须要把握住重点和难点，当教学内容确定以后，教师应认真考虑：通过教学应使学生理解和掌握哪些知识和技能，那些主要的、关键性的知识和技能就是教学的重点；学生在学习时会遇到哪些困难，那些学生难以理解、容易出错的知识和技能就是教学的难点。其次，当重点和难点确定以后教师还要考虑：教学时怎样与学生熟悉的生活实际以及工作岗位需求相联系、怎样与学生已有的旧知相联系、最终制订出具体的、切实可行的教学方案，以此帮助学生化难为易，帮助学生理解和掌握所学知识和技能。

4. 学情分析要到位

新的知识和技能一定是在旧的知识和技能的基础上发展、变化、递进而来的。因此，教师在进行教学设计时要根据所传授知识和技能的内容，找出与新知识和技能有关的旧知识和技能，看一看哪些知识和技能学生已经掌握了、哪些知识还没有完全掌握，确定需要给学生补哪些知识漏洞、课堂开始时要安排哪些复习内容、新的知识和技能选择什么学习方法和教学方法等，这就是常说的学情分析。只有这样，教师在进行教学设计时才能有的放矢。

5. 学习方法要恰当

学生的学习方法是课堂教学的一个重要方面,它既能反映教师的教学理念,又能影响学生课堂学习的效果和职业技能的发展。怎样选择学生的学习方法呢?首先,要恰当、要符合学生的实际情况;其次,要有利于学生理解知识和掌握技能;最后,要有利于学生创新意识的形成和创造能力的发展。在学生学习方法的选择上,不要人云亦云,更不可追求时髦、追赶时尚,不管教什么知识和技能,都使用指导发现性学习法、独立发现性学习法、创新性学习法,而摒弃传统的有意义接受性学习法,这样只能是浪费大量的课堂教学时间。在实际课堂教学中教师要大力提倡学生使用检索、发现、讨论、回顾、推论、归纳、实践、自学、交流等多种学习方法。

6. 教学方法要精选

教师在进行教学设计时要根据教学内容分析、学情分析、教学资源以及自己的教学风格,选择恰当的教学方法,以达到最佳的教学效果。在实际课堂教学中,教师所用的教学方法也不是固定不变的。教师往往是根据教学的需要和实际教学的进程交替使用多种教学方法,有的教学内容可以用几种不同的方法进行教学,这就需要和实际情况进行择优选择。总之,教学方法的选择以达到课堂教学效果最优化为准。值得一提的是,选择教学方法要符合中等职业学校学生的认知规律,要有章可循、有法可依,决不能凭空想象,不切实际。

7. 课堂活动设计要恰当

课堂教学是师生之间、生生之间信息交流的多边活动。教师与学生、学生与学生之间的相互交流活动主要是靠师生互动、生生互动来实现的。所以,课堂活动的设计不在于数目多,而在于有效。首先,课堂活动要能够启发学生过分积极的思考、调动学生学习的积极性和主动性、激发学生积极参与的兴趣、让学生在活动中有所收获以及解决课堂教学中的实际问题。其次,活动的结果要在不同分组之间进行共享,这样才能够充分地把信息在学生中进行传递,然后再进行评比,调动学生学习的积极性,启发学生积极的思维,提升教学效果。

8. 教学资源准备要充分

目前,大部分中等职业学校都开始建设教学资源库,同时互联网上也有大量能够被教师参考和借鉴甚至直接使用的教学资源。作为中等职业学校的教师,必须掌握通过网络检索教学资源的方法和手段,甚至掌握一些教学课件的制作方法。教学课件要具备色彩鲜明、直观性强、便于操纵演示、能够反映知识本质等特点。教学课件制作完成以后,教师还要先进行操作演示,看看还有什么不足之处、需要做哪些改进,以确保课堂演示万无一失。技能部分的操作,教师更要提前实验好,以防止出现意外情况,更要把操作规程明晰化,把操作安全放在首位。

活动二 编写授导型课堂教学设计

教师布置活动内容,学员根据活动内容在组内进行研讨,并将研讨结果在班内共享,最后上传到电子学档。

在该活动中,学员要根据教师布置的活动内容,利用前面刚刚学习过的一堂课的教学设计环节、方法等,学习掌握具体的授导型教学设计方法,同时将学习的情况在组内进行研讨,并将研讨结果在班内共享。

课堂训练:结合自己所任教的专业或学科,选择一个教学项目,设计出一个完整的授导型教学设计方案。

知识与技能

授导型教学主要是指在具体的课堂教学中将讲解、示范、练习、自主学习、小组讨论、合作学习、问题化学习等方法综合运用的课堂教学形式。需要强调的是,这里所讲的授导型是在现代教育理念下,以学生为中心的授导型教学设计,而不是传统的授导型教案设计。教师仍然要采用前面所讲的教学设计方法,围绕学生的学习去展开设计,需要考虑教学目标、课程内容、学习者特点、教学方法、教学策略以及教学环境之间的相互关系。

授导型教学设计的优点主要包括:和传统教学以教师为中心相比,更加注重对学习者的分析,在课堂教学中既突出教师的引导作用,又突出学生的参与作用;在课堂活动中突出学生的自主学习以及小组合作,发挥团队作用;传统的教案设计以教学内容为主,而授导型教学设计以教学流程为主,包括教学的教和学生的学;在课堂教学中应用了信息技术手段,尤其是课件的展示能够激发学生的学习兴趣、能够在一定程度上提高教学效果(如表3-1)。

表3-1 授导型教学的优势

教学方法	优势
讲解	教学效率高、知识标准化、知识结构化
演示	便于理解知识的应用情境、了解技能的应用过程
个别指导	能照顾到学习者的个别需要
操练与练习	适合掌握概念与技能
自主学习	灵活
小组讨论	激发思维、培养学习者的自主意识
合作学习、问题化学习	学习者自主支配、培养团队精神

【授导型教学设计案例】

计算机硬件组装实训课

一、学习目标

1. 学生通过理论学习，掌握微型计算机主机箱内部结构；学生通过实训操作，能够熟练完成微型计算机的硬件组装与系统安装，并能够分析、排除硬件安装过程中出现的错误与故障。

2. 学生到科技市场进行市场调查，动手进行硬件的组装，学会微型计算机组装与系统安装调试。

3. 学生在市场调查过程中要注意文明礼貌、言谈举止以及自身形象。在动手进行硬件组装过程中，要注意同学之间的相互合作以及安全注意事项等。

二、学习内容分析

微型计算机主机箱内部结构都包含哪些？微型计算机组装都要用到哪些工具？组装实训前要做好哪些准备工作？如何设计组装一台微型计算机？硬件组装完成后如何进行CMOS项目的设置？如何完成系统软件的安装？

三、学习者分析

中等专业学校二年级学生，已经形成自我意识、自我教育与自我评价能力，接受新生事物能力较快，有较强的动手能力，经过教师的讲授，能够较快掌握实训内容。

四、学习重点

各种型号主板、CPU、内存的相互搭配。

五、学习难点

CMOS项目的设置。

六、教学方法

教师讲解＋市场调查＋自主探究＋小组研讨。

七、资源选择

图书资源＋网络资源＋视频资源＋市场调查第一手资料。

八、教学过程

教学过程包括以下三个部分。

（一）资料搜集准备

准备课时：教师可根据实际情况提前布置。

(1)教师提供一些资源，并将学生分组，由学生通过书本、专业杂志、互联网等查找资料。

(2)资源提供。

书本资源：各类计算机硬件组装教材、教辅材料、计算机专业杂志等。

网络资源：太平洋电脑网、中关村在线、电脑之家硬件指南等。

教学课件：教师备课时制作好相应的教学课件。

视频资源：微型计算机硬件组装及系统安装的录像视频。

(二)市场调查

调查课时：教师可根据实际情况提前布置，如可利用自习课、休息日等。

学生以小组为单位，深入当地科技市场进行市场调查。在市场调查过程中，要求学生注重资料的搜集以及记录等，更要注重文明礼貌以及外出安全。

(三)课堂教学

教学课时：2课时。

(1)各小组汇报市场调查情况。

(2)结合市场调查情况，讲述如何选配组装计算机各种配件，才能装配出一台合格的计算机。

(3)教师通过理论讲解、实训演示、课件展示、视频展示等，讲授计算机硬件具体的组装过程和设置，以及系统的安装。

(4)学生结合调查情况和教师的讲授，分组动手把准备的计算机散件组装成一台合格的计算机。

(5)教学评价：对各组的实训组装成果进行小组自评、小组互评和教师点评。

(6)课堂小结：通过本次实训课的学习训练，学生能够根据自己的需求采购散件并组装出合格的计算机系统，供自己工作使用。

活动三　编写探究型课堂教学设计

教师布置活动内容，学员根据活动内容在组内进行学习研讨，并将研讨的结果在班内共享，最后上传至电子学档。

在该活动中，学员要根据教师布置的活动内容，利用前面刚刚学习过的一堂课的教学设计环节、方法等知识，学习掌握具体的探究型教学设计方法和特点，并和刚刚掌握的授导型教学设计进行对比分析，然后将学习的情况以及对比分析的结果在组内进行研讨，并将研讨结果在班内共享。

课堂训练：结合自己所任教专业或学科，选择一个教学项目，设计出一个完整的探究型教学设计方案。

知识与技能

探究式教学，是指学生在学习概念和原理时，教师只是给他们一些事例和问题，让学生自己通过阅读、观察、实验、思考、讨论、听讲等途径去独立探究，自行发现并掌握相应的原理和结论的一种教学方法。它的指导思想是：在教师的指导下，以学生为主体，让学生自觉地、主动地探索，掌握认识和解决问题的方法和步骤，研究客观事物的属性，发现事物发展的起因和事物内部的联系，从中找出规律，形成自己的概念。可见，在探究式教学的过程中，学生的主体地位、自主能力都得到了加强。

探究型教学设计的优点主要包括以下几个方面。

(1)创设情境，激发自主探究欲望。课堂教学中教师要努力营造良好的探究氛围，让学生置身于一种探究问题的情境中，以激发学生的学习欲望，使学生乐于学习。

(2)开放课堂，发掘自主探究潜能。在富有开放性的问题情境中，学生思路开阔了，思维火花闪现了，这时教师如果没有给学生提供尝试的机会，学生又成了接受知识的容器，这样会严重阻碍学生探究能力的发展。因此，教学内容的设计尽量是开放的，探究所采用的教学方法也要为学生提供探究的机会，那就是要变先讲后练为先尝试再点拨。把学习的主动权交给学生，这样有利于学生主动再创造，有利于学生猜测与验证。

(3)适时点拨，诱导探究的方向。在探究教学中，教师是引导者，基本任务是启发诱导，学生是探究者，主要任务是通过自己的探究，发现新事物。因此，必须正确处理教师的"引"和学生的"探"之间的关系，做到既不放任自流，让学生漫无边际地去探究，也不过多牵引。

(4)课堂上合作探究，训练自主学习的能力。在课堂上，让学生交流自学成果。在互相交流过程中，使大家思维相互碰撞，努力碰撞出创造思维的火花。让学生对交流成果环节中所提出的问题以及普遍存在的模糊认识进行讨论，在合作学习中大胆质疑和解疑。为学生充分表现、合作、竞争搭建舞台，使教师指导和学生自主探究相结合，传授知识和解决问题相结合，单一性思考和求异性思维相结合。

(5)课后布置创新作业，激励学生自主学习。为了激发学生自主、合作、探究的学习兴趣，教师布置的课后作业也要进行改革，要尽量布置有利于学生自主探究的作业。

探究式教学的缺点是比较适合小班教学，在许多大班实施时难度较大；另外，耗时比较长，在课时比较少的学科实施探究式教学时，只能够选择性应用。

【探究型教学设计案例】

网络营销基本知识

一、项目名称

网络营销基本知识。

二、学时安排

教学课时：2学时。

三、学习目标

1. 学生通过实例学习，了解网络营销给生活带来的变化；学生通过对比学习，了解网上商品的销售优势；学生通过实例学习，掌握网络营销形式的特点。

2. 通过该项目的学习，学生要掌握对比分析的方法，同时提高网上选购商品的能力以及具备区分不同营销形式的能力。

3. 学生在探究学习的过程中，要注意同学之间的相互合作，要学会分享，在分享的过程中提升自身素养。

四、学习内容分析

教材内容结合实际生活，举例让学生对网络营销有大概的了解，为学生学习网络营销做好铺垫。课本列举了网络营销的六种常见形式，但是没有实际的例子，教师要结合实际举例进行讲解，以便于学生理解和掌握知识。教学重点为网络营销的含义和形式。

五、学情分析

14级电子商务班学生，对电子商务已有了一定的了解，教师首先要让他们明白电子商务不等同于网络营销。根据企业实际网络营销过程来分析网络营销的形势与特点会比较容易理解和掌握。

六、教学环境与资源

实训教室、粉笔、课本、案例资料、多媒体器材。

七、教学过程设计

教学设计过程如表3-2。

表3-2 教学设计过程

过程	步骤	内容	学生活动	教师活动	资源利用
创设情境，提出任务	1. 利用多媒体大屏幕进行案例导入：网络裁缝 2. 新课引入（使用课件）	网络营销产生的背景	1. 带着问题独立探讨案例思考：李楠为什么要在网上买衣服？ 网上定制衣服有什么优点？ 2. 以自由发言的形式讨论思考题 3. 了解新课内容	1. 巡视并指导学生学习讨论案例 2. 组织学生发言并总结 3. 导入新课（使用课件）	课本 多媒体课件

续表

过程	步骤	内容	学生活动	教师活动	资源利用
活动一明辨是非	1. 提出问题 2. 分组讨论 3. 展示成果 4. 教师讲评 5. 深入讲解 （使用课件）	网络营销的含义	1. 分组讨论思考题：网上可以卖哪些商品？ 2. 各组派代表将讨论结果写在黑板上 3. 在教师帮助下总结、理解网络营销的含义 4. 根据课件学习知识点	1. 提供思考题 2. 指导学生讨论 3. 对学生的发言进行评价并重述知识点 4. 根据课件讲解知识点	课本 案例资料 多媒体 课件
活动二知识延伸	1. 案例导入：典型网站赏析（互联网应用） 2. 新课引入	网络营销的形式	1. 打开海尔和百度以及戴尔的网站，观察并思考三个网站的不同之处 2. 分组讨论以上思考题 3. 各组派代表阐述自己的讨论结果	1. 巡视并指导学生学习讨论案例 2. 组织学生发言并总结 3. 导出新课	课本 互联网 多媒体
活动三掌握重点	1. 提出问题 2. 分组讨论（互联网应用） 3. 展示成果 4. 教师讲评 5. 深入讲解	网络营销的特点	1. 分小组讨论思考题：找到以下网站（搜狐、淘宝、当当、雅虎等）并分析它们的不同之处（互联网应用） 2. 各小组派代表将讨论结果写在黑板上 3. 在教师帮助下总结、理解网络营销的特点 4. 根据课件学习知识点	1. 提供思考题 2. 指导学生讨论 3. 对学生的发言进行评价 4. 引导学生重述要点	课本 案例资料 课件 多媒体
活动四学以致用	1. 任务布置（互联网应用） 2. 分组讨论 3. 学生展示 4. 教师讲评（互联网应用）	任务：分析网站类型，学会区分网络营销的形式	1. 明确任务：每种营销形式的网站有哪些？网上的信息描述与传统的描述有何不同之处？ 2. 分组讨论，组内展示 3. 各组派代表写在黑板上	1. 布置任务 2. 对学生的成果展示进行评价、总结 3. 总结知识点	课件 多媒体 互联网

八、课堂总结

教师对学生展示在黑板上的结果进行分析，判断哪些是正确的、哪些是错误的。让学生判断最常用的网站属于哪一类网络营销形式，使学生具备基本的区分网络营销形式的能力，并能够准确理解网络营销的特点。

引导学生回顾本节学习了哪些内容，教师给出总结。

九、作业

要求学生课下登录教师指定的网站，观察这些网站在设计和模式上有什么不同。将自己的答案整理好后以邮件的形式发送到教师指定的邮箱。

活动四　研讨混合型课堂教学设计

教师布置活动内容，学员根据活动内容在组内进行研讨，并将研讨的结果在班内共享，最后上传到电子学档。

在该活动中，学员要根据教师布置的活动内容，利用前面刚刚学习过的一堂课的教学设计环节、方法等知识，学习掌握具体的探究型教学设计方法和特点，并和前面掌握的授导型教学设计、探究型教学设计进行对比分析，然后将学习的情况以及对比分析的结果在组内进行研讨，并将研讨结果在班内共享。

提示：混合型教学设计是一种相对比较新颖的教学设计，它主要是把传统学习方式的优势和互联网学习的优势结合起来。大部分学员对这种教学设计的知识了解相对较少，甚至比较模糊，建议学员利用自己掌握的检索知识，上网进行检索，多了解、多研讨、多学习，争取对混合型教学设计的知识有所掌握。相信随着教育技术的进步，混合型教学最终会在职业教育领域流行开来。

知识与技能

一、混合式教学

混合式教学就是要把传统学习方式的优势和互联网学习的优势结合起来。这种教学方式要求教师在课程设计和知识传递中，将课堂教学与信息技术进行融合，使教学过程"线下"（面授教学）与"线上"（网络教学）有机结合，并根据学生特点进行合理的学时分配。

混合式教学是一种基于计算机网络环境的教学模式，它"把传统学习方式的优势和网络化学习的优势结合起来。也就是说，混合式教学既要发挥教师引导、启发、监控教学过程的主导作用，又要充分体现学生作为学习主体的主动性、积极性与创造性，其目的在于融合课堂教学和网络教学的优势，综合采用以教师讲授为主的集体教学形式、基于合作理念的小组教学形式和以自主学习为主的教学形式。它转变了学生的认知模式、学习方式以及教师的教学模式、教学策略和角色，是学习理念和教育理念的一种提升。混合学习模式下，学生可以选择适合自己的学习方式，开展多渠道、多形式的师生、生生以及人机互动。由于可以不受时间和地点的限制，学生有更多的时间对学习过程进行评价和反思；教师也由原来的课堂主宰者和知识传授者转变为教学过程的组织者、指导者。相比于传统的教学模式，混合式学习具有学习资源提供的灵活性、为个别化学习提供支持以及提高教学效率三个方面的主要特征。混合式学习强调通过学生主体性与教师主导性的结合来强化学生主体作用的发挥，这与建构主义学习理论不谋而合。建构主义强调以学生为中心，重视学生认知过程的个性化差异，学生是认知的主体，是知识的主动建构者。因此，要赋予学生高度的自主性，要求学生具备高度的学习主动性和积极性，也即自主学习能力。学生自主学习能力的提高往往离不开教师的指导，但许多教师将自主学习等同于没有教师的上机学习，导致我国大学生英语自主学习能力普遍较低，很多学生没有确定学习目标、监控或评估学习的经历。对多种教学模式的教学效果进行对比研究也发现，单纯的自主学习模式的教学效果并不好，甚至比以教师为中心的传统教学模式还差，而不同教学模式的综合应用往往能取得喜人的教学效果。因此，教师要处理好自主学习和面授学习之间的关系，折中的办法就是将两者以一定的比例按照某种模式进行整合，也即开展混合式教学，将教师主导作用的发挥和学生主体地位体现在建构主义学习环境下统一起来，信息技术的教育应用为这种统一创造了条件。

二、信息技术环境下的混合教学模式设计

信息技术的教育应用经历了计算机辅助教学、计算机辅助学习、信息技术与课程整合三个阶段，目前已进入第三个阶段。信息技术与课程整合，是指通过将信息技术有效地融合于各学科的教学过程来营造一种理想的教学环境，以实现一种能充分体现学生主体地位的、以自主、探究、合作为特征的新型学习方式。其本质是要改变传统的以教师为中心的教学结构，构建一种新型的主导——主体相结合的教学结构。这种基于信息技术与课程整合的混合式学习不是课堂面授学习和在线自主学习的叠加式混合，而是"以学为主"和"以教为主"这两种教学模式的有机融合，互为补充、互相渗透、互相促进，是一种深度的混合式学习，可称之为整合式混合学习。混合学习模式下的课程设计以教学目标分析、学习者需求分析和特征分析为基础，以特定的学习环境为前提，必备的要素包括完善的网络环境，丰富的网络教学资源（包括网络教学平台、网络教学课件、网络教育教学资源库、网络试题库、网络交流平台等），多媒体教学设备和具有一定信息技术素养的教师。其中，计算机网络环境和多媒体教学设备是平台，网络教学资源是载体，教师是灵魂。信息技术与课程的整合，就是将信息技术与上述各要素融合起来，经过精心的教学设计，形成新的教学结构，以改善教学过程，提高教学效果。余胜泉等人认为网络环境下混合式教学主要有建构性学习环境设计、课堂教学、在线和发展性教学评价四个主要环节；也有专家认为混合式学习是由课程导入、活动组织、学习支持和教学评价四个关键环节构成。综合这些理论，可将信息技术环境下的整合式混合教学模式设计，如图3-2所示。

三、混合型教学对教学设计的要求

从研究结果上看，将线上学习和课堂学习相结合的混合型教学能够在一定程度上

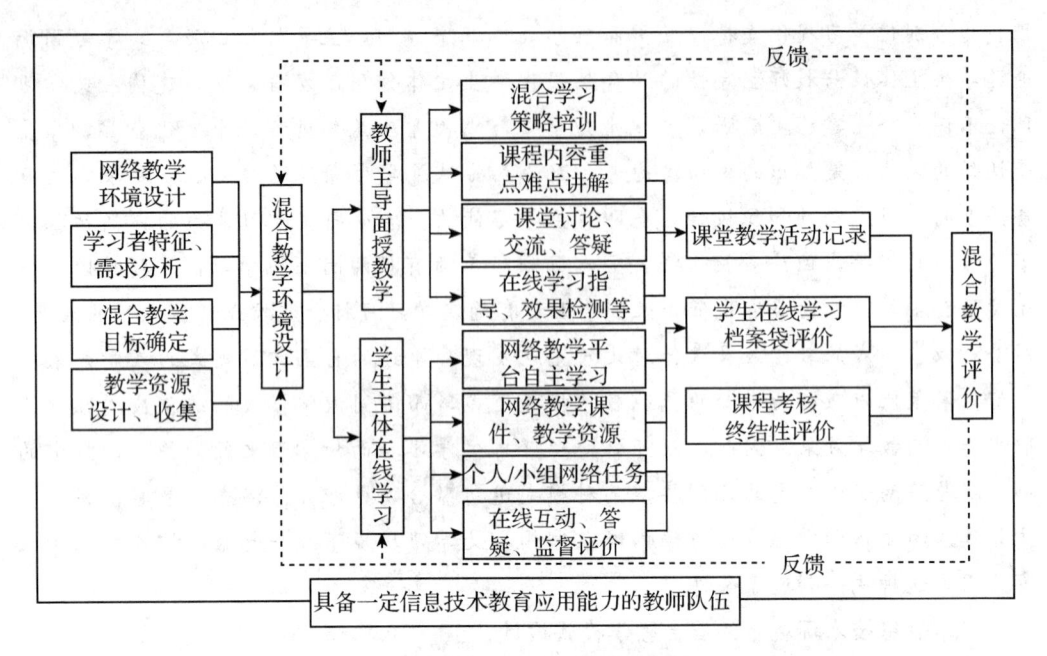

图 3-2 整合式混合教学模式设计

提高学生的学习效果。相当多的教师都愿意尝试混合型教学的实践工作，但对这种教学模式的成效却抱怀疑的态度。出现这一情况的原因，可能是因为在混合型教学模式中，师生的角色发生了根本性的变化，学生需要通过合作探究有关的学习内容，自主性学习的比重增加。如何设计教学过程、激发学生的学习动力、培养学生的学习能力和科学素养，成为教师面临的新的任务，而大多数教师在这一方面还缺乏足够的经验。

与传统教学不同，混合型教学的教学过程是以小组形式的学习共同体为基本单位的。学习共同体的学习过程是社交过程、认知过程和教学过程三者的综合。这种综合在教学设计上主要体现为：教学内容的设计、学习共同体的设计和学习氛围的设计。对于教学内容的设计，教师应首先根据学生的实际情况和混合型教学的特点，确定线上课程的内容以及线下讨论的主题。对于线下讨论，教师需要依照循序渐进的原则，通过启发性问题引导学生经过自主性学习和探究性学习，学习并掌握教学要求中的重点和难点，培养学生批判性思维能力与创新能力，最终实现学习目标。对于学习共同体的设计，教师应基于对学生学习能力、沟通能力和知识背景的调查，对学生进行分组，以保证学习共同体能够实现有效地互动，提高学习效率。对于学习氛围的设计，教师应充分利用课堂反馈系统，及时了解学生的学习情况，并通过调整教学策略，帮助学生解决问题；同时，运用包括虚拟现实和增强现实在内的各种教学辅助手段，激发学生的学习积极性和互动积极性，形成支持型的学习环境。这样教学设计才能够真正实现教学各个相关要素的有机融合。

当然，教学过程的实施还离不开信息技术的支持、教师的教学能力与知识储备以及学生的信息技术掌控能力。只有充分发挥各个环节的功能和作用，混合型教学才能够收到良好的效果。

四、混合型教学设计的要点

结合混合型教学模型的一般结构和特点，混合型教学设计主要从以下几点来展开。

1. 结合学习者的学习特征设定教学计划

学习者的学习特征主要是指其具备的一般能力和学习基础，如对信息技术的掌握程度、对网络学习的认知情况、自主学习的能力、对新型教学方式的态度等。必须对学习者的基础状况进行分析，才能有效地设定教学计划。

2. 有针对性地设定教学内容

教学计划的有效实施建立在教学内容的基础上。在混合型教学中，教学内容的确定需要借助教材，并根据各学科、各单元的教学目标来细化知识点，确定知识点的范围，从而形成结构化、形象化的知识体系。

3. 对教学目标进行总体部署

混合型教学旨在实现一定的课程教学目标，而具体教学目标要根据学习者的基本情况和对教学内容的掌握情况来设定。设置相应的学科整体教学目标，并建立各个教学阶段的教学分目标，对相应的知识和能力进行系统的概括和总结。

4. 有步骤地开展教学活动

混合型教学的主要环节就是在计划和目标都明确的情况下，有步骤地开展课题教学，从而在混合型教学过程中实现对学生学科知识和能力的培养。同时，在混合式教学中，要认真做好教学内容的有效表达和教学目标的分步实施，使学生能够结合课堂讲授、网络交互、文献阅读、资料收集、在线讨论，通过相互协作和分组实践，掌握知识，提高能力从而优化混合式教学中多种教学方式的学习效果。

5. 构筑教学环境，实施教学评价

为保证混合型教学的有效实施，必须实现对教学环境中的各类硬件基础和软件要素进行全面支持。同时，必须将教学评价贯穿教学过程的各个阶段，以实现教学目标与教学实践之间的紧密融合，形成阶段性评价和总结性评价相统一的综合评价体系，以便对学生在学习过程中的知识掌握程度、动手实践能力、交互协作能力、情感态度等进行全面分析。

活动五　编写课堂导学案

教师布置活动内容，学员要根据教师布置的活动内容，利用自己掌握的网络检索技术，查找编写导学案的相关知识，将其和自己以往的教案或教学设计进行对比分析，将对比分析的结果在组内进行研讨，并将研讨结果在班内共享，最后上传到电子学档。

提示：学案教学是一种相对比较新颖的、以学生为中心的教学方式。它是以导学案为载体，学生依据导学案，在教师指导下进行自主探究的教学活动。其前提是教师编写出符合教学内容、学生情况和学习目标的导学案，而导学案设计质量的高低决定了学生的学习质量。导学案能够使教师由学生学习的指导者变为学生学习的促进者、引导者，从而在根本上改变学生的学习方式。大部分学员对导学案设计的知识了解相对较少，甚至比较模糊，建议学员利用自己掌握的检索知识，上网进行检索，多了解、多研讨、多学习，争取对这部分知识有所掌握。

课堂训练：结合自己所任教专业或学科，选择一个教学项目，编写出一个完整的课堂导学案。

知识与技能

一、什么是导学案

学案教学是在基础教育中开始得到尝试并流行的教学模式。目前，学案教学也逐渐在部分职业院校的教学中得到尝试。

导学案是经教师集体研究、个人备课、再集体研讨制定的，以新课程标准为指导、以素质教育要求为目标编写的，用于引导学生自主学习、主动参与、合作探究、优化发展的学习方案。它以学生为本，以"三维目标"的达成为出发点和落脚点，配合教师科学的评价，是学生学会学习、学会创新、学会合作、自主发展的路线图和指南针。导学案包括学习目标、学习重点、学习难点、自主预习、合作探究、教师精点、自主测评、学习反思、拓展延伸等环节。

二、导学案的特点

导学案主要包括五大环节：课前预习导学—课堂学习研讨—课内训练巩固—当堂检测评估—课后拓展延伸。在先学后教的基础上实现教与学的最佳结合。

导学案的着眼点和侧重点在于如何充分调动学生的学习主动性，如何引导学生获取知识、习得能力。它的实质是教师用来帮助学生掌握教学内容、沟通学与教的桥梁。它也是培养学生自主学习和建构知识能力的一种重要媒介。一份好的导学案能体现以下四个特点。

（1）问题探究是学案的关键。它能起到"以问拓思、因问造势"的功效，并能帮助学生掌握如何从理论阐述中掌握问题的关键。

（2）知识整理是学案的重点。学案的初步目标就是让学生学会独立地将课本上的知识进行分析综合、整理归纳，形成一个完整的科学体系。

（3）阅读思考是学案的特色。可根据课文内容进行阅读思考，也可为开阔学生视野、激发学生兴趣，设计一系列可读性强、有教育意义的文章，包括与所教内容密切相关的发展史、著名专家的科研业绩、现代科学的热门话题等。

(4)巩固练习是学案的着力点。在探索整理的基础上，让学生独立进行一些针对性强的巩固练习，对探索性的题目进行分析解剖、讨论探索。通过解题不仅能巩固知识、掌握方法和培养技能，而且能优化学生的认知结构，培养创新能力。

三、导学案编写应遵循的原则

(1)主体性原则。导学案设计不同于教案，必须尊重学生，注重充分发挥学生的主观能动性；必须信任学生，留给学生学习的时间，让学生自主发展，做学习的主人。

(2)探究性原则。使用导学案的目的主要是培养学生自主学习的能力。导学案的编制应利于学生进行探究学习，通过对知识点设疑、质疑、解疑，来激发学生思维，培养学生的探究精神以及对教材的分析、归纳、演绎能力。

(3)导学性原则。导学案的编写要体现导学，重在引导学生学习而不是一味做练习。要通过由易到难、由简单到复杂的问题设置，引导、鼓励学生由浅入深、循序渐进地进行自主学习、合作探究，培养学生的素质和能力。

(4)参与性原则。相信学生，给学生创设自主互助学习的机会。通过对导学案的使用，创造人人参与的机会、激励人人参与的热情、增强人人参与的意识、提高人人参与的能力，让学生在参与中学习、在参与中挖掘和发挥自己的学习潜能。

(5)实用性原则。编写的导学案要从学生自身的认知水平、现有的学习能力和教师自身的需求出发，适合学生和教师使用。

(6)方法性原则。导学案要具有具体、明白的学法指导，使学生知道如何学。

(7)课时性原则。导学案要明确每节课完成哪些学习内容，并注明课时数。

四、导学案的编写

(一)导学案编写的基本要求

导学案的编写，从量上采用一课一案的形式，用一张八开纸五号字体设计。首先将不同课时分配给备课组内的各个成员，提前准备。然后由备课组集体讨论，通过主备人修改后集体使用，提前发给学生。本着给学生提供更多自学、自问、自做、自练方法和机会的想法，在导学案设计的质上实现知识问题化、问题层次化、层次递进化。问题的设计是决定导学案优劣的关键因素。问题的大小、深浅、繁简等"度"的把握直接决定问题设计的质量。问题的设计要低起点、小台阶，这是最重要的一点；问题的设计要有张力、要有拓展性、要有学生自己的思考在里面。导学案中设计的问题，既要源于课本，又要体现层次性，照顾到各类学生，对知识有所深化和拓展，实现逐步递进、先易后难。问题与问题之间有层次，体现一定的跨度，题目与题目之间有内在的逻辑联系。让学生通过自主学习，领悟知识的奥妙。引导学生积极主动地进行思考，让学生在问题的显现和解决过程中体验到成功的喜悦。有的问题不一定要在预习时完成，可在课上小组合作讨论，或由教师进行点拨。

(二)导学案的编写组成

1. 学习目标

学习目标是建立在知识结构框架之上的。学案中要体现出明确、具体的学习目标,即知识与能力目标、过程与方法目标、情感态度与价值观目标。学习目标设置的具体要求。

(1)数量以2~3个为宜,不能太多。

(2)内容一般包括知识与技能、过程与方法、情感态度与价值观三个维度。

(3)可在学习目标中将学生自学时会涉及的重难点以及易错、易混、易漏等内容做出标注,以便引起学生高度重视。

(4)学习目标的表述要精当、通俗,要让学生明确学习的具体任务,并且具有可检测性、能达成。

(5)一般用第一人称进行表述。

学习目标的设定要做到"四个吃透":吃透教材与课标的关系;吃透本课在本学科知识体系中的位置;吃透本课的价值点;吃透学情(知识的停靠点、能力的增长点、思维的爆发点,更要有学段的系统考虑)

2. 学习重点和难点

学习重点和难点包括两个方面。一方面是知识的重点和难点,另一方面是学习方法或教学方法的重点和难点。所以,就需要教师在备课时把重点的突出方式和难点的突破方法告诉学生,在这个问题上教师没有必要遮遮掩掩,学习的重点和难点要表述到位,不要泛泛而谈。

3. 学法指导

学法指导是教给学生解决问题的方法和手段,它不是"取向",而是朝着某个方向行动的"做法"。学法指导是告诉学生在自主学习过程中学习某个内容时会出现什么问题、用什么方法解决这个问题可以走最短的路并且最有效。学法指导是最典型、最纯粹的东西,其实质就是告诉学生在自主学习时需要注意的方法或使用说明,也可以说是对学生的一种温馨提示。

学法指导主要有两种呈现形式。第一种是把学习方法渗透和融入知识的导学中,不单独呈现。第二种是学习方法单独呈现,如阅读的技巧、做笔记的方法、自主学习的方法、小组合作的技巧等,在导学案中提出明确的要求。

4. 知识链接

知识链接是指复习相关知识或引入与所学内容有密切联系的知识,其目的在于扫清学生学习新知识的障碍,为新知识的学习做好铺垫。

5. 导学过程

导学过程是导学案的中心环节,是导学案的核心,要体现导学、导思、导练的功能。导学过程通常分为以下三个内容。

(1)自主学习，预习导学。环节上的要求有本课背景、预习任务、预习方法。内容上的要求有三点。一是要求学生要总览教材；二是重要的概念和信息；三是问题化的训练和自测。无论是课上还是课下完成要保证两点：一是要让学生形成诚实化的意识，让学生自主学习，而不是抄写辅助资料；二是给学生预习的思路。这个过程要求教师进入学习小组中，以最短的时间摸清学生的预习情况，了解哪些问题是共性问题。

(2)合作探究，问题解决。这部分内容是学生在掌握了自主预习部分基本知识的基础上，对知识内容的进一步深化和拓展。可以是学生在学习本课中必须强化的知识点和学习方法，也可以是让学生提出在学习过程中难点、疑点、困惑的解决方法。重在教师的点拨和引导，从而巩固新知，突出重点。

(3)展示提升。展示的必须是学生深入探究的问题，无论是组内小展示还是班内大展示都要明确展示是为了提升，绝不是各小组对导学案上问题答案的重复性讲解、统一答案。要突出展示的三大原则，即问题性、互动性、创生性。也就是说，展示内容应是组内或全班带有共性的问题、易错的问题，即问题性；引导学生重点展示自己独特的思考、发现的一些规律等，即创生性。课堂要展示的既有学生对学习目标中重点内容的解读，也有学生学习过程中新的发现和感悟，还有本组学生不能解决的疑惑，更提倡有学生就某一问题的独到见解和认识。

6. 达标检测

课堂同步练习可以穿插在合作探究、问题解决或预习导学的过程中，也可以根据实际情况，作为一个单独的环节来进行独立检测。如果是课后的作业，只要标注好出自练习册的页码和题号，在导学案上留出空白即可。

单独进行达标检测的编排与使用的具体要求：

(1)题型要多样，量要适中，不能太多，以5分钟左右的题量为宜。

(2)要紧扣考点，具有针对性和典型性。

(3)难度适中，既面向全体，又关注差异，可设置选做题部分，促进优生的成长。

(4)要有规定完成时间，要求独立完成，培养学生独立思考的习惯和能力。

(5)注重及时反馈矫正。

【导学案编写案例】

《语文》课导学案

善 良

胡 娜 鹤壁机电中等专业学校

一、学习目标

1. 学会收集相关资料，并说出你对王蒙的了解。

2. 理解此篇文章的思路。

3. 学习课文中多种修辞手法的运用，欣赏课文中的精彩语句。

二、学习过程

(一)自主预习

1. 目标引入

善良这个词大家一点儿也不陌生，想一下关于善良的词或句子，以及身边发生的有关善良的事例。

2. 自主探究

课前预习，阅读课本。

(1)熟读课文。

(2)收集作者王蒙的相关资料。

(3)结合课文思考：现实中，一般人是如何对待善良的？

(4)课文第二段提出了一个什么样的观点？它的论据是什么？现实中有这样的例子吗？

(5)针对第二段的观点，课文第三、四段是怎样表达观点的？

(6)课文第五、八、十一段主要运用了什么样的论证方法？具体说一下是如何论证的。

(7)判断课文第六、七、九段所用的修辞手法，并根据这三段说一下：善良有什么样的价值？善良还有哪些让人向往的内涵？

(8)理解"事情往往是这样：小孩子是善良的，真正参透了人生与世界的强大的人也是善良的，而一瓶子不满半瓶子晃荡的人最不善良"这句话的含义。

(9)这篇文章的思路是什么？

(二)合作展评

1. 合作交流

(1)活动交流。小组内分工合作，积极探讨。

(2)展示答案。每组派代表展示答案。

2. 启发解疑

(1)教师点评。教师根据学生回答问题的情况进行点评。

①第九小题从修辞和含义上进行提示讲解。

②第十小题让学生疏通全文后再解题。

(2)延伸解析。

(三)探究达标

1. 探究操作

(1)拓展练习。

阅读下面一段话，完成习题。

人世间什么最宝贵？雨果说的好：善良。"善良是历史中稀有的珍珠，善良的人几乎优于伟大的人。"一句善言，万两黄金难求；一颗善心，一座神圣殿宇。善良是永恒的春天、是黑暗中的灯火、是精神世界的阳光、是万古闪亮的星辰。

①用一句话概括这段文字的大意。

②这段文字运用了哪些修辞手法？各举一例。

(2)效果评价。

每组派代表展示答案。可以写到黑板上再讲解，也可以直接讲解。之后，教师做针对性评价。

2. 学习小结

对善良的评价是一个古老的话题。作者对善良过了时进行质疑，对那些善良即愚蠢的寓言故事重新做了评价，赋予善良许多新的美好而深刻的内涵，教育人们要具备善良的品质。

3. 下节预习安排

讲完课后，把下节课的探究题目打到屏幕上，让学生利用晚自习的时间把相关内容通读一遍，根据探究题目把答案写到本子上。

(四)反思点评(略)

《计算机应用》导学案

设计公司宣传页

石志芳　鹤壁机电中等专业学校

一、学习目标

1. 学会按要求完成文字、图片的设置。

2. 学会利用 Word 完成各种计划、总结、个人简历等的录入和设置。

3. 在操作过程中体会成功的喜悦。

二、学习过程

(一)自主预习

1. 目标引入

阅读教材相应内容。

2. 自主探究

请按下列步骤操作。

(1)创建一个新文档，并对其进行保存。

(2)设置宣传页的页面。

(3)插入顶端图片，调整其大小和位置。

(4)用文本框添加公司名称。

(5)添加"公司简介"相关文本,并设置格式。

(6)设置"联系方式"相关文本。

(7)插入其他图片,并调整其大小、环绕方式和位置。

(8)保存文件。

要求每个学生把上面各题的操作步骤写到作业本上,把有疑问的地方特别标注出来。

(二)合作展评

1. 合作交流

(1)学生合作完成本案例,教师巡回辅导。

(2)分工展示。每个团队讲解、演示本团队所制作的案例,其他团队对其优点和不足之处进行评价。评价要求如下:

①作品布局:合理性、精巧性。

②色彩搭配:冷暖性、自然性。

③作品制作:精美度、原创度。

全部展示完成后进行互评,评出 A、B、C 三个等级。

2. 启发解疑

(1)教师点评。针对学生操作中出现的优点、不足进行评价。

优点:每位学生都能积极动手制作,参与积极性很高。

不足:对艺术字的添加设置不太熟练,对边框的设置没有掌握。

(2)教师操作。

①演示艺术字的插入、边框的设置。

②设置图片的环绕方式。

③插入项目符号。

(三)探究达标

1. 探究操作

拓展练习:每人设计一份学校宣传页。

2. 学习小结

(1)对本节课进行总结。

(2)布置作业。

(四)反思点评(略)

活动六 研讨理实一体化课堂教学设计

教师布置活动内容,学员根据活动内容在组内进行研讨,并将研讨的结果在班内共享，最后上传到电子学档。

在该活动中，学员要根据教师布置的活动内容，利用前面刚刚学习过的一堂课的教学设计环节、方法等知识，学习掌握理实一体化课程的教学设计方法和特点，然后将学习的情况在组内进行研讨，并将研讨结果在班内共享。

知识与技能

中等职业教育的培养目标是培养生产、经营、管理和服务第一线急需的，既掌握一定的科学技术知识，又具有很强的专业技能，能把先进的科学技术转化为现实生产力的技术型、应用型管理人员和技能人员。在中等职业教育中，由于受普通教育学科体系课程教学方式的影响，部分中等职业学校在教学中仍沿袭传统学科课程的教学模式。传统学科课程的教学模式在中等职业学校基础学科的教学中，并不显得十分落伍。然而在专业课程的教学中，尽管安排有实训环节的教学，但是理论环节的教学和实践环节的教学往往会有脱节。而理实一体化教学模式则打破了传统的理论与实践教学的界限，将理论和实践教学有机地融为一体，从感性认识入手，加大直观教学的力度，提高学生的认知能力，成为培养技能型人才科学有效的教学模式，是适应中等职业学校学生专业课教学的一种有效的教学模式，也是目前中等职业学校专业教学的流行推广模式。

所谓理实一体化教学，就是将专业理论课与实习课进行组合教学。它不仅促进了理论与实践的沟通和联系，而且激发了学生主动学习的兴趣和激情。这种教学方法，目前各类中等职业学校都进行了很多尝试，而且大都收到了较好的教学效果。但并不是中职学校所有的课程都适合使用理实一体化教学模式，该模式主要适用于工科类专业的实践技能课程。另外，如果在教学过程中教师把握不好教学环节，或教师根本只做形式上的理实一体化教学，那就不可能达到预期的教学效果，甚至耽误学生的学习。

一、理实一体化教学模式的特点

理实一体化教学模式不仅是理论教学与实践教学内容的一体化，而且是教师在知识、技能、教学能力上的一体化，同时，还包含教学场所的一体化。因此，理实一体化绝不仅仅是理论教学和实践教学在形式上的简单组合，而是从学生技能形成的认知规律出发，实现理论教学与实践教学的有机结合。

理实一体化教学模式试图在理论和实践上，突破中等职业教育中传统的"文化课—专业基础课—专业课—技能训练"教学模式的框架，以及"学科化""系统化"教学模式的框架。理论知识的讲授以"必需、够用"为原则，强调"实用、适度"；实践教学则强调科学、规范及创新能力。在教学方法上，以实践教学中的技能训练为中心，配置相关的理论知识构成教学模块，并由一位教师同时担任理论教学和实习指导，从而保证二者同步进行。理论指导实践，而实践反之印证理论，同时加深对理论知识的理解，使知识与技能掌握更加牢固。

二、理实一体化教学模式的优越性

理实一体化教学基本上都采取"教、学、做、考"四位一体化的教学模式，它具有以下优越性。

一是打破了传统的教学及评价模式，解决了分段教学模式所存在的理论知识与实践操作在知识上不连贯、不衔接等问题；特别是通过现代教育技术手段和方法，既调动了学生的主观能动性，激发了学生的学习热情和学习兴趣，又培养了学生分析解决问题的综合能力，活跃了课堂气氛；既充分地利用了教学场地，又有效地利用了有限的教学时间，保证了学生在学中求乐、在乐中求学。

二是能把抽象而枯燥的理论知识科学地、有效地转化到生动而有趣的实践过程中去，在实践中加以验证，使学生从实践中得到感性认识，并将感性认识自觉地上升为理性认识，开发学生的思维能力，锻炼学生的动手能力，使整个教学过程收到事半功倍的效果。

三是能有效地将课堂和实践结合起来，将技能实践融入课堂教学，让学生直接在课堂上学到今后就业所必需的操作技能，变被动学习为主动参与，调动了学生学习的积极性与主动性，增强了学生的实践能力，符合中等职业教育的规律。在课程教学中引入一体化教学，对提高教学效果、增强学生的实践操作技能具有积极意义。

四是能有效地提高师资队伍的理论水平和实际操作能力，并能在教学过程中促使教师不断地去钻研教学方法，不断地去掌握新知识、新技术，以此来满足教学所需，从而不断提高教师的教学能力和教学水平。

三、理实一体化教学过程应把握的环节

要在中等职业学校实施好理实一体化教学，必须要把握好以下几个环节。

1. 理实一体化教学场所的准备

要实现理实一体化教学，就必须对现有的完成理论教学的传统教室和完成实践教学的实验实训教室进行改造，将二者有机地合为一体。一般做法是对实验实训教室进行改造，使之在能够完成实验实训的同时具备理论教学的条件，同时增加信息化教学设备。在改造时还要综合考虑理论教学和实践教学环节切换的便利性。一般来说，目前的理实一体化教室的布置，往往分为以下几个区域：理论教学区、小组工作讨论区、资料查询区、实验区和实操区等。

2. 理实一体化教材的开发

编写理实一体化教材是实施一体化教学的基础。教材是教师讲课、学生学习的主要依据和信息来源，没有好的理实一体化教材，就很难取得良好的理实一体化教学效果。但目前的中等职业教育教材市场上，质量好而且符合理实一体化教学需要的理实一体化教材，可谓少之又少。在这种情况下，已经实行理实一体化教学的中等职业学校，可以依据学校自身实际情况，根据各自的教学师资、实验实训设备等情况，周密研讨，有选择地将部分课程实施理实一体化教学，并编写适合本校特色的实施性专业教学计划。在编制实施性专业教学计划时，不能把理论教学课时和实习教学课时简单地相加，而是要综合考虑教学方式、教材处理、设备数量、学生素质等多方面因素，有条件的学校可以将课程内容分解给多个教师先进行演练，然后确定合适的教学时间。根据调整后的教学计划和课程教学大纲，以现有理论教材和实践教材为基础，进行必要的取舍，结合实际教学案例，编写出符合理实一体化要求的校本教材。具体编写时应注意按一体化教学模式和模块化教学进程的要求编排课程内容，以任务驱动为核心，以学生为中心，以实践活动为载体。教材应围绕技能训练，注重实用性和可操作性，强调学生的实践技能、技巧的培训。理论知识应服从实践教学的需要，要求理论浅显易懂、简洁明了，使教材成为实践性、实用性教材。

3. 教学设计的思路和环节

理实一体化教学的关键在于理论与实践穿插进行。如何将两者有机融合，在教学实施中，尺度难以把握，过多操作实物，又类似于工艺课或实验课。在教学过程中，要适时地穿插录像、投影、挂图、实物拆卸、板书、讲述，教师的备课工作量大且必须有较为周密的计划与安排，否则教学尺度一旦把握不准，就难以达到一体化教学的要求。

（1）在理实一体化教学过程中，既有理论讲解，又有操作示范，还有操作训练，这与纯粹地站讲台上讲理论课有很大的区别，也不是将理论和实习简单地叠加。所以，教学过程设计是上好课的关键所在，应遵循以下思路。

①理论教学讲述哪些基本知识？实践教学掌握哪些基本技能？

②理论教学的重点、难点，实践教学的重点、难点，分别是什么？

③如何选择教学场地、教学设备及实验实训设备；

④教学过程编排是先操作后讲解？还是先讲解后操作？抑或是边讲解边操作？过程的编排对于教学难度大的内容尤为重要。

⑤学生如何分组？尤其是实践教学如何分组？实验实训设备如何配置？

⑥教学过程中应注意哪些安全事项？安全永远是实践教学的第一要素。

⑦理论作业如何布置？技能作业如何布置？二者如何有机结合？如何在作业中体现教学的重点、难点？

只有构思好理实一体化教学的全过程，才能有的放矢地组织好教学，使理实一体化课堂发挥其优势，从而提高教学质量。

（2）理实一体化教学设计应该具有以下环节。

①教学目标。包括理论教学目标和实践教学目标。

②教学内容。包括理论教学内容和实践教学内容。

③教学重点、难点处理。分别包括理论教学重点、难点和实践教学重点、难点。

④教学资源准备。既要包括理论教学需要的教学资源，尤其是信息化教学资源，还要包括实践教学需要的各类教学设备、实验实训设备以及实验耗材等。

⑤教学时段安排。为达到理实一体化的综合教学目标，在学校的课程表中，理实一体化的课程往往以 4 节或 6 节为一个教学单元，所以具体教学时段的安排要尽可能详细，以提高时间利用率。

⑥教学过程组织。主要包括讲授和操作示范、学生分组、操作训练、巡回指导、技术纠正及安全事项等。这一部分是理实一体化教学设计的核心内容，要充分体现教师的主导作用和学生的主体作用。

理实一体化教学的教学设计应轻内容而重组织过程和训练方案。应尽量避免在教学设计中罗列大量的教学内容，而需要强调具体的教师和学生的活动步骤、活动内容和注意事项等。

讲知识、教方法、练能力是理实一体化教学的实质。达尔文说过"最有价值的知识是关于方法的知识"，要让学生在求知的过程中发展思考力，领悟寻求解决问题的方法。因此，在理实一体化教学中，教师要善于把知识的传授、学习方法的指导与实践能力的训练前后联系起来融会贯通，形成一个完整的教学系统，认真上好理实一体化课程。

4. 注重学生主观能动性的发挥

教师的教是为了学生的学，在教学过程中，必须充分调动学生的学习主动性和积极性。学生是有主观能动性的人，他们不仅是教学的对象，而且是学习的主体。教师传授的知识与技能施加的思想影响，都要经过学生个人的观察、思考、领悟、练习和自觉运用、自我修养，才能转化为他们的本领与品德。一般来说，学生的学习积极性、主动性越大，求知欲、自信心、刻苦性、探索性和创造性就越大，学习效果就越好。正因为如此，教师所开展的理论实习一体化教学，由于直观的刺激作用，提高了学生对所学知识的兴趣，他们能运用所学的知识自觉地、积极地参与教学活动，在课程中获得直接经验，进而逐渐形成各自的能力倾向和创造才能。采用理实一体化教学以后，既改变了以往满堂灌的做法，摆脱了纯理论教学，又激发了学生的学习兴趣，而且学生的动脑和动手能力显著增强。

众所周知，中等职业学校的学生大都理论基础知识比较薄弱，学习接受能力也相对不平衡，但他们有一个共同的特点，即形象思维比较好、实际动手能力比较强。针对这一特点，中等职业学校的教学应坚持从以人为本的思想出发，一方面尊重学生学习的主观能动性，加强对学生的正面引导；另一方面加大实践教学的力度，采用"教师示范、学生实践"教学的方法，进行形象化教学，开导、诱导学生，提高他们的学习兴趣。通过形象化的实践教学，不仅使他们知道是什么，更重要的是让他们知道为什么，以此来激发他们学习的热情和主观能动性。

　　理实一体化教学立足于学生的本性，从学生的根本质量上使其得到发展和完善。理实一体化教学使学生自由发展，形成独立的个性，有助于增强学生的主体意识，培养学生的开拓精神和创新才能。

5. 师资力量建设和教师积极性的调动

　　既能胜任理论教学，又能指导实习操作的理实一体化教师队伍是实施一体化教学的关键。理实一体化教学要求教师不仅要有丰富的专业理论知识，而且要有熟练的操作技能。因此，要加大一体化师资的培养力度，使教师既具有较高的专业理论知识，又具有较强的动手能力。可以派教师到企业学习，进行专业技能培训，并且要求专业教师每两年至少有两个月的企业实习经历，这样有利于"双师"素质的提升。目前，教育部推行的中等职业学校青年骨干教师企业实践项目，就是对理实一体化教学最好的推动。另外，学校的教学管理层可以根据每个专业理实一体化教学的要求，将原专业理论教师、实习指导教师合理配置，使其在教学实践中相互渗透、取长补短、共同提高。

　　由于教学模式的改变，教师的业务知识结构也发生较大的变化，"一专多能"从业结构正在逐渐形成。过去那种理论教师只能讲、实习教师只会做的传统教法，已不复存在，能讲能做的"双师"型教师脱颖而出。理实一体化的教学模式，逐步使教师全部走上"双师"型轨道，使"双师"型师资的培养从机制上得到了保证。

　　理实一体化教学，要求教师不仅要有扎实的基础理论和专业理论知识，而且要有较强的技术操作能力，这就使得每位教师都要去钻研业务。现在有许多教师主动放弃休息时间，经常深入企业和实习一线，了解生产、发展情况或岗位需求，从而使自己的讲课内容更加充实。调动了教师工作的积极性。

6. 教学效果的正确评价

　　考核一方面能够对教师的教学效果和学生对知识的掌握情况进行检验，另一方面可以通过教师所采取的考核方式对学生的学习习惯和学习方法进行引导。例如，通过提高平时成绩在总成绩中的比例，让学生明白教师非常重视学生的平时成绩，这种考核方法非常有助于学生踏实地掌握所学知识，而不是期末考试时突击复习，考完就忘记。当然，平时成绩是由多次实操小考和作业等的成绩构成的。这样做会使学生平时压力大一些，但是有了平时的扎实基础，期末时就会相对轻松些。教师应该认识到，一个好的考核方法对于学习一门课程是至关重要的。所以，必须根据各专业的特点制订出合理的教学效果评价标准。

　　开展理实一体化教学的目的就是将理论和实践相结合，体现直观性教学原则。评价教学效果应从以下两个方面着手。一是基本技能的获得程序。在理实一体化教学过程中，加大了实践的力度，强调基本技能的培养。所以，在评价教学效果时，衡量的标准是"会"还是"不会",即通过学习,学生能否获得初步的、准确的操作技能,而不是技能是否"纯熟"。二是基本知识的掌握程度。理实一体化教学加大技能的培养力度,淡化理论教学,并不等于是抛弃了基本知识的要求。掌握基本的理论知识,目的是提高解决问题的能力,这与技能培养并不矛盾。

基于上述观点,在理实一体化教学的考核内容上,应由理论考核和操作考核两部分组成,各占一定的比例。操作成绩的比例可稍大些,但一般不高于70%。另外考核方式或者说评价方式往往采用过程化评价,而不是在全部课程结束后采用总结性评价。

理实一体化作为一种教学模式,不可否认,其对教学质量、教学效果的提高起到了很大的作用。然而,使学生的操作技能得到掌握和提高,还必须通过教学后期的综合实习来实现,也就是说理实一体化教学不能替代教学计划中的综合实习,否则会造成教学指导思想的偏颇,使整个教学环节出现漏洞。而且理实一体化教学模式虽然具有许多优点,但它主要适用于有一定操作性的课程,对理论性强的课程是否采用这一教学模式则应具体情况具体分析。理实一体化教学的实质就是借助一定的手段,通过教师的传授,引导学生掌握理论知识和操作技能的过程。通过理实一体化教学,使学生从不知道到慢慢熟悉,从生疏到熟练再到形成技能技巧。

任务五 学习信息化教学设计

情景描述

目前,河南省中等职业学校的数字化校园建设工程开展得如火如荼。虽然各个中等职业学校的信息化教学设备安装情况有很大不同,但各个学校都在推行信息化教学。作为现代职业教育场景下的中等职业学校教师,掌握信息化教学设施的应用以及信息化教学软件的使用,已是基本教学技能。

任务分析

作为合格的中等职业学校教师,必须掌握现代信息化教学设备的使用方法,同时掌握各种信息化教学软件的使用,进而掌握信息化的教学设计方法。因此,在前面学习掌握教学设计环节、流程、方法的基础上,掌握信息化的教学设计方法,已是重中之重。

活动一 研讨解析信息化教学设计经典案例

教师布置活动内容,学员根据活动内容在组内进行研讨,并将研讨的结果在班内共享，最后上传到电子学档。

在该活动中，每个学员根据教师布置的任务，选择下面的信息化教学设计经典案例中的一例，对该案例进行深入的研讨解析。通过研讨解析，掌握信息化教学设计的精髓。

提示：学员在前面项目的学习中已基本掌握教学设计的基本要求和流程，在研讨分析下面的经典案例时，要特别注意，在案例的教学设计过程中，作者是如何将信息技术有机地应用到各个教学环节中，对教学起到锦上添花的作用，从而提升课堂教学效果的。在教学设计过程中切忌不能为技术而技术，其原则一般要掌握两点：一是利用信息技术展现抽象化的知识或传统方式不能展现的内容；二是用了信息技术能够对教学起到正面效果，要防止负面效果的出现。

附：信息化教学设计经典案例

下面的信息化教学设计经典案例，都是近年来河南省参加全国职业院校信息化教学设计大赛的部分获奖作品，作者特地分门别类筛选出不同的学科或专业类别，供学员进行研讨解析。

【基础学科经典案例】
《数学》课信息化教学设计

圆柱和圆锥
张俊玲　2015年全国职业院校信息化教学设计 中职组一等奖

一、教学分析

（一）教材分析

本节内容选自高等教育出版社出版的中等职业教育课程改革国家规划新教材《数学（基础模块）（下册）》第9章第5节第2课第1课时。

圆柱和圆锥是我们日常生活中常见的几何体，本节是继学习《多面体——棱柱与棱锥》知识之后对立体几何的进一步深化，同时也为后续学习简单组合体打下良好的基础。

（二）学情分析

我所授课的班级是一年级学前教育专业，学生活泼开朗，动手能力强；喜欢形象直观的事物；对立体几何的学习信心不足，空间感较弱；但喜欢动画、电脑操作。因此，要有效利用动画等信息化手段化抽象为直观，使学生通过自主探究产生成就感，增强其自信心。

（三）教学环境

在信息化教学中，结合学校的数字化校园环境，利用我校自主研发的学习平台和动画、游戏等软件资源，把学生痴迷网络的缺点转化为优点，促进学生自主学习。

二、教学策略

(一)教学目标

1. 知识目标

(1)让学生理解圆柱和圆锥的概念和性质。

(2)使学生掌握圆柱和圆锥各基本元素(半径、高、母线)之间的关系，并能准确进行面积、体积的计算。

2. 能力目标

(1)培养学生的计算能力、空间想象能力以及分析问题、解决问题的能力。

(2)培养学生将立体几何问题转化为平面几何问题的能力。

3. 情感目标

(1)使学生养成良好的实践意识和创新意识。

(2)提高学生的就业能力、培养学生的团队合作精神。

(二)教学重难点

教学重点：

(1)了解圆柱和圆锥的概念及性质。

(2)掌握圆柱和圆锥面积、体积的计算。

教学难点：公式的实际应用。

关键点：立体空间感和数形结合思想的培养。

(三)教学方法

在整个教学过程中，教师通过创设情境、启发引导等教法引导学生完成知识的掌握；而学生则通过做教具、做实验、测数据、做练习等方式进行自主学习、自主探究。这充分体现了做中学、做中教的教学理念。

三、教学过程

教学过程主要分为课前、课中、课后三个部分。

(一)课前准备

课前教师通过微信公众平台推送课前任务。任务主要有以下四个。

任务1：通过网络，搜索圆柱、圆锥的手工作品，并上传至教学平台，丰富学校的教学资源库。

任务2：手工制作教具"圆柱、圆锥"，初步体验其结构特征。

任务3：通过电子教材预习圆柱、圆锥的相关知识，同时了解上课流程。

任务4：进行在线测试，教师根据反馈信息进行策略调整。

(二)课中实施

课中实施1课时，主要从引、建、体、用、测、结六个环节展开。其中，概念建构环节解决教学重点；知识体验、知识应用和练习检测三个环节突破教学难点。

1. 情境引入

通过手工作品的展示，提出问题，导入新课：圆柱和圆锥都有哪些基本特征？它们的面积、体积又是如何进行计算的呢？

2. 概念建构

探究一：结构特征。

圆柱和圆锥的结构特征主要分为两个部分：一是母线、轴、底面、侧面等基本概念；二是底面、截面、轴截面的性质特点。为了让学生准确把握圆柱和圆锥的结构特征，我们制作了 Flash 仿真动画，化抽象为直观，逐步培养学生的立体空间感，如图 3-3 所示。

学生通过观察、讨论、归纳、总结，从而培养了分析问题、解决问题的能力。

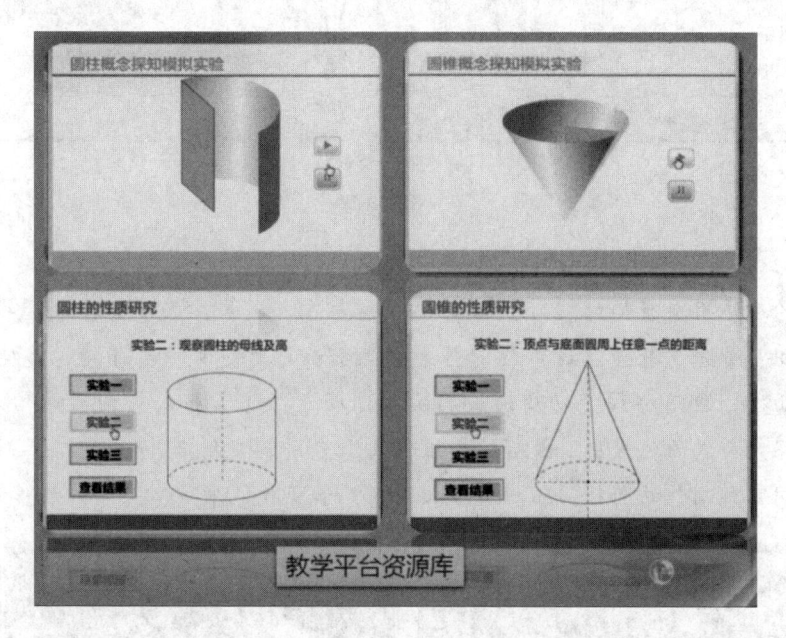

图 3-3

接着，为了强化学生对结构特征的认知，需进行闯关游戏。通过游戏，寓教于乐，使学生快乐地学、教师轻松地检测，知识于无形之中得到了内化。

探究二：认识公式。

俗话说得好："知其然知其所以然"。

首先，教师引导学生通过几何画板交互式动画探究圆柱的侧面展开图，使学生从三维立体空间平稳过渡到二维平面，从而准确把握公式中各个元素(半径、高、母线)之间的关系，使数和形得到有机结合，为准确计算打下扎实的理论基础。

其次，通过类比学习，让学生自主探究圆锥的侧面展开图，了解公式。

至此，通过仿真动画、Flash 小游戏、几何画板等信息化手段逐步解决教学的重点。以下三个环节，将以步步深入的方式逐步解决计算这一教学难点。

(1) 知识体验。

首先，让学生测量自己手中的圆柱、圆锥教具，并计算其面积和体积；其次，将相关数据上传至教学平台，如图 3-4 所示。教学平台会自动给予结果评定。

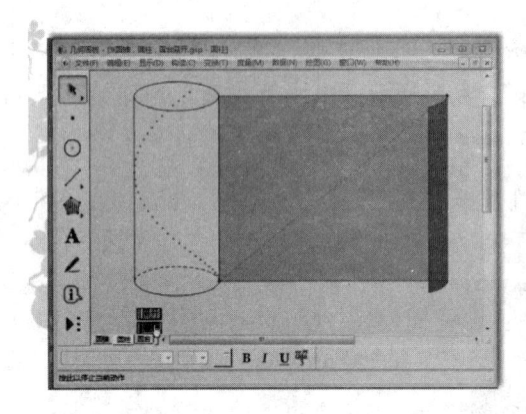

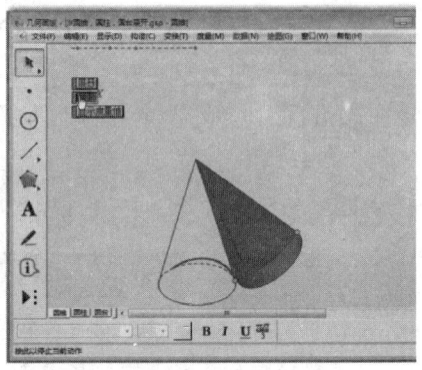

图 3-4

(2) 知识应用。

公式的逆应用在我们的实际生活当中普遍存在。例如，已知圆锥的母线和高，求圆锥的体积？首先，教师通过讲授，引导学生明确计算过程：已知题意建空间；数形结合画平面图；应用公式灵活变通。其次，借助于微课、公式查询器等信息化工具，小组协作探究公式的逆应用。最后，小组代表上台讲解应用二。（应用二：同样大小的纸，以不同方式制作的圆柱，体积是否相同呢？如图 3-5 所示）

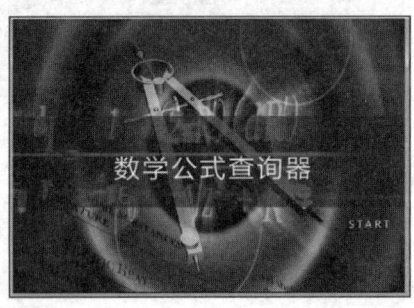

图 3-5

(3) 知识检测。

首先，进行练习检测。解题是一种实践性的技能，就像游泳、滑雪或弹钢琴，只能通过模仿、练习和钻研来学到它。（波利亚——美籍匈牙利数学家）。

因此，练习是数学学习中必不可少的环节。学生登录教学平台，借助资源库中的微课、公式查询器、电子教材等资源完成在线练习，最终系统会自动给出成绩和解题思路，如图 3-6 所示。

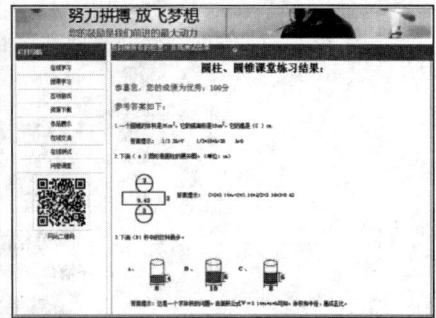

图 3-6

至此，将微课、公式查询器、电子教材、在线测试等技术手段融入了讲练结合的过程中，改变了传统教学中讲练枯燥乏味的局面，使教学难点得以突破。

然后，进行课堂小结。师生共同复习回顾本节课所学的知识点，并布置作业，作业分为基础作业和拓展作业。

（三）课后拓展

拓展 1：结合手工制作课，充分发挥自己的想象力，为自己制作一项合适的帽子，并计算纸张大小和其体积。作品将在艺术节汇报表演中使用。

拓展 2：在教学平台上进行互动，交流学习体会。

四、教学反思

（一）多元评价

课前、课中、课后，我主要通过 Flash 小游戏、在线测评、作品展示、师生互评等方式实现了诊断性评价、效果性评价和过程性评价，而最终成绩会作为平时成绩记录到学分制系统中。

（二）教学创新

数字化教学平台的使用有机整合了动画、游戏、计算工具等资源，使教学资源多样化，声情并茂；寓教于乐，促使学生自主学习。

（三）教学效果

从课后的问卷调查分析以及学生访谈可以看出：学生学习的灵活主动性增强；课堂效率大大提高；师生交流更加充分；教师可以及时调整教学策略；很好地培养了学生的空间感；极大地减弱了学前教育专业学生对数学学习的抵抗心理，如图 3-7 所示。

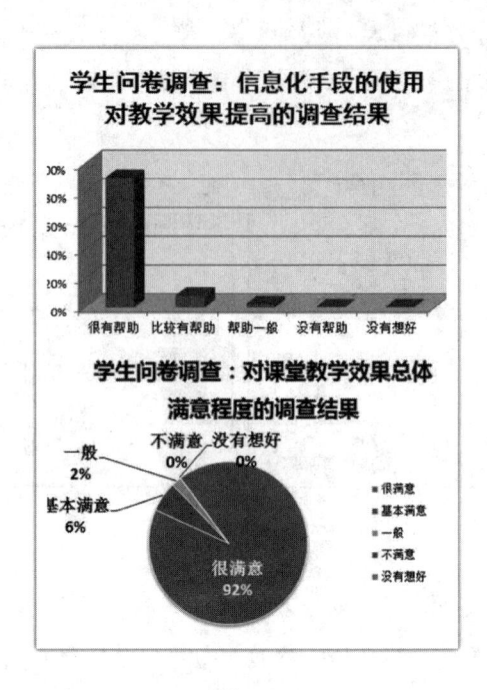

图 3-7

《物理》课信息化教学设计
电磁感应之探究感应电流产生的条件

杜洁　2015 年全国职业院校信息化教学设计 中职组一等奖

一、教学分析

（一）教材分析

根据教育部印发的《中等职业学校物理教学大纲》的要求，选择了高等教育出版社出版的中等职业教育课程改革国家规划新教材《物理》，本次课选自第五单元的"电磁感应之探究感应电流产生的条件"，并将磁通量概念融入其中。本次课需要 2 个学时完成。

（二）学情分析

教学对象是中职计算机应用专业一年级学生，他们具备以下特征：一是初步掌握电和磁的基本知识，但空间想象能力差；二是能进行简单的电路设计，会连线，具备初级的观察、归纳能力。

（三）教学目标

根据教学大纲要求及中职学生的总体认知水平和思维发展水平，确定如下三维教学目标。

知识目标：掌握产生感应电流的条件；认识常见磁铁、线圈，能使用灵敏电流计。

能力目标：通过对实验的实际操作，培养学生动手能力；通过观察、分析、论证等探究过程，培养学生科学探究的能力。

情感目标：通过自我学习与小组协作活动，提升学生主动探究新知的意识，增强合作意识，感受科学技术对社会发展的作用。

(四)教学重难点

重点：掌握产生感应电流的条件。

难点：理解磁通量与磁通量的变化。

(五)教学策略

本次课在物理实验室上课，所用到的主要实验仪器有：DFWL型物理实验台、磁铁、线圈、开关、灵敏电流计、电脑等。

利用蓝墨云班课、仿真物理实验室、3D模拟演示厅、电子白板、微课视频、在线学习平台等信息化教学手段，辅助教师进行创设情境、任务驱动、问题引导等教学活动，帮助学生进行微课学习、仿真实训、自主探究、合作讨论等学习活动。

二、教学过程

(一)课前

在课前教师通过手机上的蓝墨云班课平台，向学生发送课前学习任务单：

(1)回顾奥斯特实验。

(2)看与《法拉第日记》有关的文章。

(3)通过3D模拟演示厅，理解地球大磁场。

(4)看微课中演示的实验。

(5)自行结合分组。

学生通过蓝墨云班课的资源，观看视频、文档、PPT，花少量的时间，完成任务。

(二)课中

开始上课后，利用蓝墨云班课的签到功能实现快速签到，教师得到即时反馈，并能在期末得到整个学期的签到统计数据表。

本教学设计的课上教学部分由"引、思、验、戏、探、评"6个环节组成。

1. 实例导课

通过讲解电磁感应在生产生活中的大量应用，使学生明白电磁感应无处不在。不仅引起学生兴趣、开阔学生视野，同时引入今天的新课。

2. 诱发思考

教师演示奥斯特实验，操作的同时，学生可以看到大屏幕上的三维效果，使学生回顾"电能生磁"的现象，引导学生思考，得出"磁能生电"的猜想，培养学生科学探究的意识。

抽取学生做实验来验证大家的猜想，其他学生通过摄像头的投影观看实验，发现灵敏电流计的指针没有摆动，难道"磁能生电"的猜想是错误的？从而引出法拉第十年探索

"磁生电"的艰难实验过程。1820年奥斯特发现电流的磁效应之后，法拉第于1821年提出"由磁产生电"的大胆设想，并开始了十年艰苦的探索，终于在1831年8月29日发现了电磁感应现象，开辟了人类的电气化时代。教师通过讲故事，让学生了解一些电磁学的历史。

学生这时会思考：磁生电的猜想是正确的。只是在一定条件下才能实现。这个条件是什么呢？自然过渡到第3个环节。

3. 分组实验

教师通过蓝墨云班课平台发布课上任务书、实验报告、微课、3D模拟演示。学生在平台领取任务书，分组进行下面三个实验，如图3-8所示。

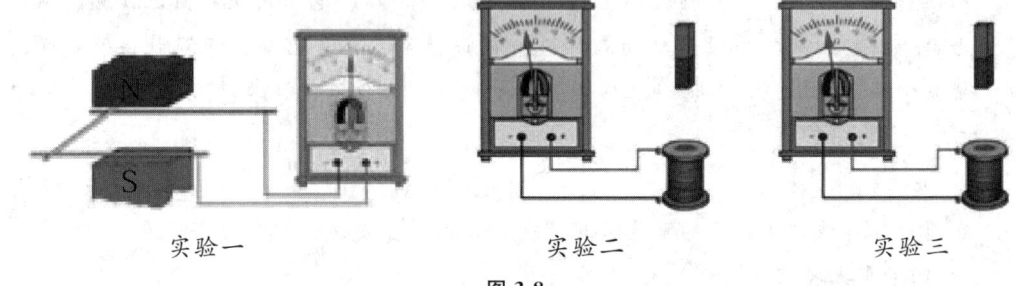

实验一　　　　　　　实验二　　　　　　　实验三

图 3-8

这时学生可以在物理实验台上连接好线圈和灵敏电流计，提醒学生注意观察灵敏电流计指针随着磁铁的运动、开关的闭合、滑动变阻器的滑动的摆动情况。同时，学生也可利用仿真物理实验室里的交互功能、3D演示厅中的演示，微课中教师的详细讲解来辅助完成实验。

将观察的结果记录在实验报告的表格中，如表3-3、表3-4所示。

表 3-3

磁铁的动作	表针的摆动情况	磁铁的动作	表针的摆动情况
N极插入线圈	摆	S极插入线圈	摆
N极停在线圈中	不摆	S极停在线圈中	不摆
N极从线圈中抽出	摆	S极从线圈中抽出	摆

表 3-4

开关闭合瞬间	表针的摆动情况
开关断开瞬间	摆
开关闭合，滑动变阻器不动	不摆
开关闭合，移动滑动变阻器上的滑片	摆

根据课前组成的小组，进行交流讨论，并把小组讨论的结果发布在云班课的讨论区。有的小组得出"变化的磁场"，有的小组得出"运动的磁铁"的结论。经过教师点评总结，最终归纳引起感应电流的五种情况：变化的电流、变化的磁场、运动的恒定电流、运动的磁铁、在磁场中运动的导体。

4. 游戏激趣

在第 46 分至 56 分时，组织学生进行"跳大绳"游戏。不过这里的绳子是一根 10 米的导线，并且两端接到了灵敏电流计上。一组挥绳，一组观察灵敏电流计的变化，直到所有学生观察完毕。回到教室后，学生进行踊跃发言，提出以下问题。

问题1：为什么东西方向摇摆的时候会产生电流，而南北方向摇摆的时候不会产生电流？

问题2：摇绳产生感应电流，属于前面总结的五种产生感应电流情况的哪一种？

发现用已知知识，无法明确解释，这就促使学生更加深入地思考产生感应电流的条件。

5. 深入探索

带着上一环节的问题，教师通过形象的3D演示，帮助学生了解各种磁感线，使学生明白什么是闭合导体回路面积 S、什么是垂直穿过 S 的磁感应强度 B，以及 S 和 B 的夹角 θ，把抽象的磁通量变得简单易懂，从而突破本节课的难点。把 B、S、θ 变化，引起磁通量变化的情况，并罗列成表格，得出"穿过闭合电路的磁通量发生变化，电路中就有感应电流产生"的结论，解决本次课的重点。

这时再来看游戏中的问题，学生在课前已经了解了地球大磁场，那么东西方向挥舞的闭合长导线中产生感应电流，B、S、θ 究竟是哪一个变了呢？经过讨论，是 θ 变了。

再通过电子白板练习，使学生更加熟练地判断什么情况下产生感应电流。

6. 总结评价

学生通过蓝墨云班课平台提交实验报告，并完成组员互评表、学生自评表、教师评价表。

(三) 课后

方式：小组合作、互联网查询、微课。

内容：手摇发电机的制作。

要求：作品在下次课展示。

三、教学反思

(一) 特色创新

蓝墨云班课、微课的使用使学生的学习突破时间、空间的限制，使学生自主学习成为可能；教师也可以通过蓝墨云班课随时了解学生自主学习的进度。在仿真物理实验室、3D演示厅的辅助下，原本抽象的磁通量概念变得形象化，降低了学习难度。先进的成像设备使坐在后面的同学也能清晰观看前台的演示实验。

(二)教学效果

信息化教学手段的应用,使学生的到课率、学习成绩、对教学的满意度都得到了极大提高。课后学生以小组合作的方式完成手摇发电机的制作过程,不仅巩固了所学知识,增加了合作意识,更使他们感受到了成功的喜悦。

《职业生涯规划》课信息化教学设计

弘扬工匠精神,提升职业素养

孙莎莎　2015年全国职业院校信息化教学设计 中职组二等奖

一、教学分析

(一)教材分析

教材选用的是高等教育出版社出版的中等职业教育课程改革国家规划新教材《职业生涯规划》,本次课的内容为第二单元第1课"职业对从业者素养的要求"。本节课结合时代强音、紧扣授课专业需要,对教学内容进行提炼和升华。

(二)学情分析

本节课的教学对象为数控技术应用专业二年级学生。他们经过近两年专业课的学习,具备了基本的专业知识和岗位技能,即将顶岗实习,面临从学校人到职业人的身份转变。但限于年龄、阅历和真实工作体验,他们对于本专业应具备的职业素养并没有清晰的认识,缺乏敬业、严谨、精益求精、把自身劳动融入强国之梦的工匠精神。

(三)教学目标

结合时代要求,根据学生年龄、认知及专业特点,制订了以下三维教学目标,确立了本次课的教学重点:明确数控技术应用专业所需要的职业素养;教学难点:为引导学生知行合一,自觉践行敬业、严谨、精益求精的工匠精神。

二、教学策略

本节课的设计思路是什么?学习职业素养的内涵。

为什么?了解职业素养的重要性。

做什么?明确本专业所需要的职业素养。

怎么做?引导学生提升职业素养。通过开展头脑风暴、辩论赛、小组讨论、游戏等活动,依托学生喜闻乐见的微课、视频、蓝墨云班课等信息化手段,针对专业特点,结合学生认知习惯,创新教学和评价方式,引领学生做到知行合一,提升职业素养,筑梦大国工匠。

三、教学过程

本节课分为课前准备、课堂实施、课后拓展三个部分,其中课堂实施分为四个环节,用时2课时。

(一)课前准备

课前教师通过蓝墨云班课移动教学平台发放相关资源,学生用手机在线观看职业素养相关知识微课以及"90后世界技能大赛冠军奋斗故事"采访报道,初步了解职业素养,云班课后台可以实时监测学生的观看情况。

教师通过发放调查问卷,了解学生对于职业素养的认知程度,从而有针对性地制订教学方案。

(二)课堂实施

环节1:是什么?观讲结合知素养

1. 视频导入

播放"大国工匠高凤林"的视频,导入新课,让学生讨论视频中最打动自己的是什么。

2. 教师剖析

高凤林能在0.16毫米的焊点上焊接,体现了他高超的技艺,是他的职业技能;十分钟不眨眼,体现了他的专注力和极强的忍耐力;80%的时间留给工作,体现了他的敬业;勤学苦练,追求焊接零失误,体现了他的细致严谨、精益求精。这些都是职业素养的具体表现。由此可见,职业素养是在职业技能基础上表现出来的作风和行为习惯,涵盖了多方面的要素。

环节2:为什么?切问近思析素养

1. 分组辩论

教师提出问题:职业技能和职业素养哪一个更重要?学生分组辩论。大家辩论得非常激烈,但是没有明白职业素养和职业技能之间的辩证关系。

2. 教师引导

教师结合高凤林的例子引导学生,如果没有敬业、精益求精的工匠精神,他是不可能成就高超技艺的。此时提出"冰山理论",知识和技能是露在水上的1/8,基本素养是潜在水下的7/8,正是水下的部分托起了整个冰山,由此得出隐性素养才是影响学生将来就业的关键。

至此,同学们已认识到职业素养对职业发展的重要性,但是本专业需要什么样的职业素养呢?由此进入第三环节。

环节3:做什么?紧扣专业明素养

1. 榜样启示

播放世界技能大赛冠军曾正超的视频。

2. 头脑风暴

学生结合视频思考:数控技术应用专业需要什么样的职业素养?开展头脑风暴活动。利用蓝墨云班课,将学生的讨论同步发布到屏幕上。经过教师的引导和自己的思考,学生认为需要安全规范的意识、精益求精的态度、坚韧不拔的毅力、爱岗敬业的

147

精神等。

3. 连线企业

结合岗位需要，现场连线校企合作单位的工程师，让学生明白数控技术岗位对员工职业素养的基本要求。

4. 明确认知

通过以上步骤，学生明确了本专业需要的职业素养：敬业、严谨、精益求精、追求完美和极致。这正契合国家正在提倡的工匠精神，从而突破教学重点。

5. 教师启发

为树立学生的自信心，教师指出曾正超也是中专起点，他是因为高标准、严要求的苦练，才达到了世界顶尖水平。学生认识到职业素养并非与生俱来，是可以训练的作风和行为习惯。

环节4：怎么做？知行合一成素养

结合学生在实训过程中出现的问题，设计游戏环节。

工匠精神体现在学习、生活、工作的方方面面，学生每人制作工匠精神自我养成计划，提交蓝墨云班课。学生代表上台讲解，引导学生学会自我践行工匠精神，从而解决教学难点。

(三) 课后拓展

1. 做任务，得升华

为巩固教学效果，教师给四个小组分别布置任务，制作宣传工匠精神的易企秀，用学校公众号向全校师生推送，并通过点赞量评出班级最佳作品。

2. 勤实践，促践行

学生在课后坚持践行自己制订的工匠精神自我养成计划，通过一段时间的训练，在学习和生活中都得到提升。

评价环节：本节课实行过程性评价，通过蓝墨云班课统计功能了解学生的参与度；通过学生问卷、课堂表现以及自我提升计划的完成情况得出学生的综合评价。

四、教学反思

1. 信息技术服务立德树人

本节课利用视频导入，通过学生讨论、教师剖析，使学生了解职业素养的内涵；利用Flash动画，通过辩论，使学生明白职业素养是成就事业发展的重要因素；利用视频、蓝墨云班课、微信现场连线，通过头脑风暴，使学生明确本专业所需要的职业素养，从而突破教学重点；利用Flash游戏、易企秀，通过制订自我提升计划，引导学生践行工匠精神，从而解决教学难点。

2. 德育教学助力学生发展

个人的职业发展要顺应时代的潮流、国家的号召，学习工匠精神是每一位中职学生的必修课。并非人人都能成为大国工匠,但却可以成为践行工匠精神的劳动者。积极实践,受益终身。

【经贸类专业经典案例】
市场营销专业信息化教学设计

VR 虚拟样板间

薛聪　2016 年全国职业院校信息化教学设计　中职组一等奖

一、教材分析

"房地产销售实务"是一门集房产销售知识与专业技能为一体的专业课程,它在行业调研的基础上,结合岗位实际要求,对课程内容进行了重构。该课程以置业顾问实际工作流程为导向,将教材划分为六个模块,展开情境式教学。本节课选用国家规划教材,"带看样板间"选自模块二中第三个任务,共计 6 课时,如图 3-9 所示。教师在专业教学标准基础上,将教学内容与岗位要求有机结合,实现课程与职业岗位的对接,如图 3-10 所示。

图 3-9

图 3-10

二、学情分析

本节课的授课对象为市场营销专业二年级学生,他们此前已经掌握了客户接待、沙盘讲解的相关知识,部分学生有售楼兼职经历,但讲解实践、对客户服务经验不足。根据专业人才培养方案,结合实际岗位需求,明确本次课程的教学目标,如图3-11所示。

图 3-11

三、教学目标

基于以上分析,制订本节课的三维目标,如图3-12所示。

知识目标:掌握带看样板间的流程和讲解内容要点。

能力目标:能规范地进行带看样板间讲解。

情感目标:提升学生对客户讲解的服务意识。

图 3-12

四、教学重难点

依据教学目标以及学情分析确立以下教学重难点，如图 3-13 所示。

教学重点：带看样板间的流程与讲解要点，熟记讲解说辞。

教学难点：运用销售技巧，针对顾客需求，完成样板间的讲解。

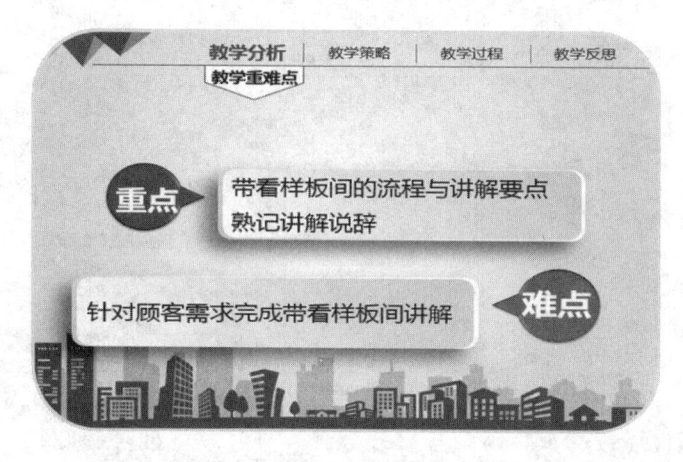

图 3-13

五、教学策略

由于学校建造样板间投资大且户型单一，无法满足教学对不同户型样板间讲解训练的要求。为此，本节课运用信息化教学手段，依托课程网络学习平台，通过虚拟现实（VR）技术、人工智能（AI）技术、可拖拽 3D 样板间模型，实现多种户型样板间的创设，为学生构建真实的企业工作情境，可随时随地进行反复练习，从而支撑重点，化解难点。本节课主要运用任务驱动教学法，将岗位任务分解为基于置业顾问实际工作流程的 6 个教学环节，通过探样板间、拟样板间、练样板间、讲样板间四个步骤，引导学生进入工作情境，达成教学目标，如图 3-14 所示。

图 3-14

六、课前学习

课前教师准备了丰富的教学资源，并通过云班课下发任务书。教师为四个小组设置不同的客户类型，进行样板间的讲解。学生阅读讲解说辞，浏览3D样板间模型，完成在线检测，如图3-15所示。

图 3-15

七、教学过程

（一）探样板间

课上，学生结合课前对素材的学习，小组探讨出样板间的讲解流程。接下来，各小组派代表阐述看房流程与讲解要点。教师进行总结，给出规范的样板间讲解内容与带看顺序。通过探讨，学生了解了样板间的讲解流程，突破了教学重点，如图3-16所示。

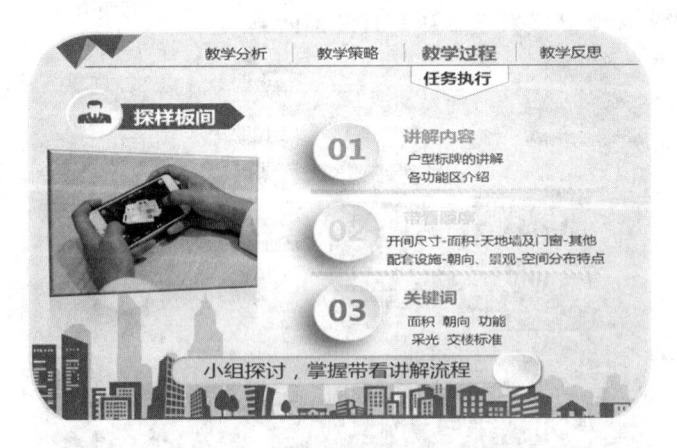

图 3-16

（二）拟样板间

购买住房的首要考虑条件。在对样板间进行讲解时应当突出户型特点和优势，户型的面积大小是特点F，它的突出优势是南北通透，功能分区齐全是A，给客户带来的利益就是居住视野开阔，体验感舒适是B，最终将为客户提供证据，比层高、各功能空间面积数据就是E。

学生运用此方法，厘清讲解词的讲解思路。接着，各小组使用有道云协作手机APP对同篇讲解词进行在线修改，每个成员的修改痕迹会以不同的颜色显现记录在软件里，帮助小组完成协同编辑。

各组完成作品后，利用交互式手机无线同屏技术，将作品同屏至主投影与各小组电子白板，教师进行逐一点评，并再次强调只有针对顾客的内在需求，才能讲解有效，如图3-17所示。

图 3-17

（三）练样板间

学生经过探样板间与拟样板间两个环节的学习，完成了对看房流程的掌握、讲解要点的拟定，为练样板间做好了准备。课上，学生佩戴VR眼镜，利用VR虚拟看房系统进行实景讲解，组内轮流练习。在无线同屏技术的支持下，学生戴上VR眼镜看到的虚拟样板间讲解画面与小组白板屏幕上的画面实现同步显示。小组其他成员观看讲解并进行组内互评，学生熟记讲解说辞，高效突破教学重点，如图3-18所示。

（四）讲样板间

最后是讲样板间，这也是对客户讲解实践的关键环节。教师通过课前调查问卷发现，学生对如何应对顾客的提问或者质疑，存在畏难情绪。针对这一学情，教师通过AI人机互动练习、角色模拟展示两个步骤来解决，如图3-19所示。由于学生生活阅历有限，无法真实表现购房客户的语言与想法，模拟讲解过程异于真实情况。教师在课堂中引入 AI 技术，将企业方提供的项目销售百问百答导入 AI 机器人软件后台，使学生与机器人进行对答训练。人工智能机器人具有识别语音、转换文字、存储对话记录的功能。教师可通过后台收集学生的练习数据，掌握学生的练习进度。在充分练习人机对话的基础上，进行角色模拟展示。每小组一人为置业顾问，两人为顾客，另一人为观察员，将讲解过程用手机录像，课后可将学生的讲解录像传至企业方，引入第三方评价。接下来，各小组在全班面前讲解展示，加入态势语的运用，体现岗位职业素养，加强训练的综合运用效果。教师对每组展示进行点评，学生完成讲解训练，化解了教学难点。

图 3-18

图 3-19

本堂课形成了多元化的评价体系，小组评分与教师评分、企业评价相结合，注重过程考核，对不同项目分别评价，建立评价标准，肯定学生的努力程度，如图3-20所示。

图 3-20

八、课后拓展

课后学生可练习使用360°VR在线看房平台，如图3-21所示。此平台收录了全国1000家房地产多种户型样板间素材，可供学生课下反复练习，拓展提高。

图 3-21

九、教学反思

本节课中，系统化的教学设计将岗位任务转化为四个学习步骤：探样板间思、拟样板间研、练样板间记、讲样板间演，如图3-22所示。逐级深入，圆满达成教学目标，更为后续课程和顶岗实习奠定基础。

图 3-22

针对教学重难点，以 VR 技术打破时空限制，节约教学成本；AI 技术与丰富的免费智慧房产资源，承载知识，拓展技能，使学生随时随地深入岗位，兴趣盎然、自主探究。

岗位任务与学习任务双线并行，实现了企业资源的共享化、岗位实训的同步化，实现了企业的多角度融入课堂教学，如图 3-23 所示。

图 3-23

【工科专业经典案例】

数控技术应用专业信息化教学设计

手机支架的数控加工

孙彦博　2016 年全国职业院校信息化教学设计　中职组一等奖

一、教学分析

（一）教材分析

本节课选取的是高等教育出版社出版的"十二五"职业教育国家规划教材《数控车削技术训练》中的项目四中的任务一：成形面加工。该内容安排在 G71 指令学习之后，在职业岗位中也有广泛的应用。为了使教学内容与岗位需求相对接，本节课将企业真实产品与教学内容相结合，整合成教学任务：手机支架的数控加工，如图 3-24。用时 4 课时。

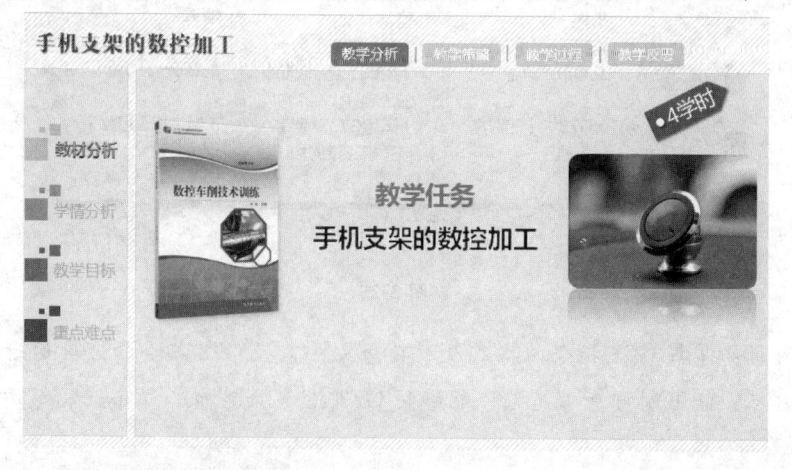

图 3-24

（二）学情分析

本节课授课的对象是数控技术应用专业二年级学生。在学习本课之前，他们已经掌握 G71、G70 等指令，会使用仿真及 CAD 软件，并且初步具备了识图、制订工艺、编程、操作数控车床的能力。聚焦到本节课，学生预习后共性的问题：对 G73 指令的刀具运行轨迹难以理解。

（三）教学目标

依据大纲要求，结合数控专业实际岗位需求和学情分析，确立本节课的教学目标如下三维目标，如图 3-25 所示。

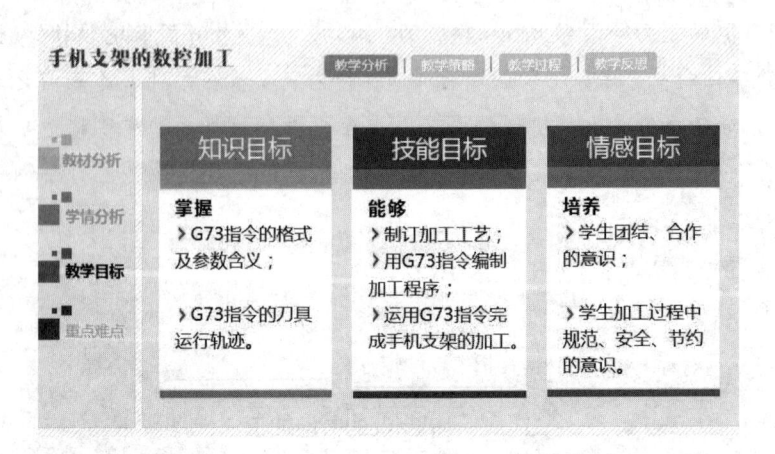

图 3-25

知识目标：掌握 G73 指令的格式及参数含义；掌握 G73 指令的刀具运行轨迹。

技能目标：能够制订加工工艺；能够用 G73 指令编制加工程序；能够运用 G73 指

令完成手机支架的加工。

情感目标：培养学生团结、合作的意识；培养学生加工过程中规范、安全、节约的意识。

（四）教学重难点

教学重点：通过加工手机支架，掌握G73指令。

教学难点：正确理解G73指令的刀轨。

二、教学策略

本节课是以完成手机支架的加工为主线，以企业真实产品为载体，贴近企业环境和岗位实际，让学生在做中学，实现教学与岗位的对接，如图3-26所示。

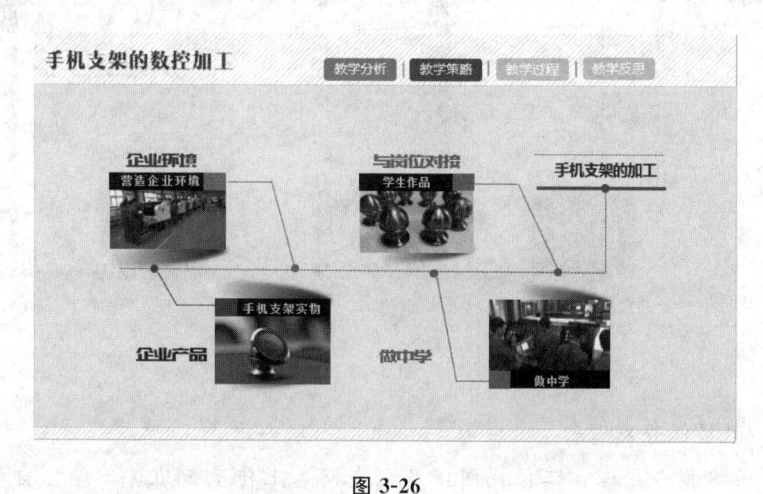

图 3-26

课堂教学采用任务驱动教学法，教师引导学生对任务实施中出现的问题进行小组探究。并利用增强现实（AR）技术，虚拟仿真软件、二维码图纸、手机App等信息化手段，辅助学生自主学习和协作学习，支撑教学重点，化解教学难点，如图3-27所示。

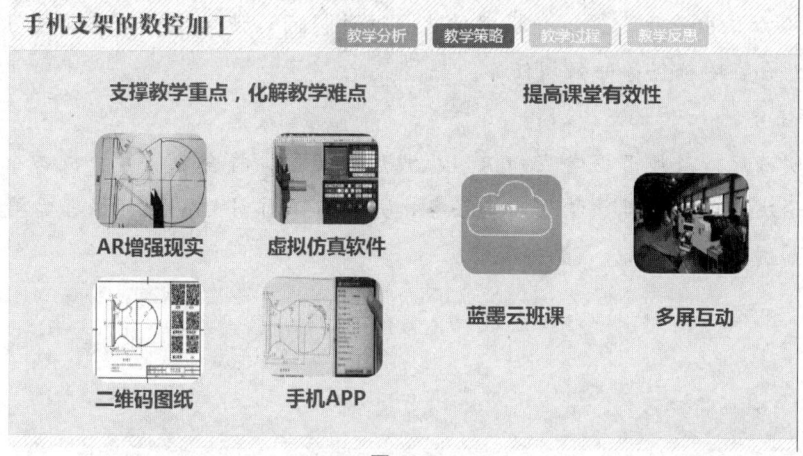

图 3-27

在提高课堂互动性方面，利用云班课、多屏互动等手段，及时进行反馈，注重过程性评价，教师及时调整策略，学生在反馈中不断提升。

三、教学过程

整个教学过程分为接任务、明任务、析任务、做任务、评任务以及拓任务六个环节，如图 3-28 所示。

图 3-28

（一）课前（接任务）

教师将 G73 指令微课、二维码图纸及调查问卷上传至云班课。学生自学微课并完成调查问卷。教师通过云班课数据统计端，查看学生预习情况，并调整教学策略。

（二）课中

1. 明任务

教师首先播放一段关于手机支架的视频。视频播放后，教师明确本课的目标：运用 G73 指令加工出手机支架，并提问学生。通过提问，使学生回忆课前学习内容。课前课上相结合，明确任务并强调任务。

2. 析任务

任务明确后，教师根据学生知识掌握程度的不同，将全班同学分成四个小组，并由各组讨论决定角色安排。学生分析任务，并制订工作计划。教师根据需要为学生提供指导，如图 3-29 所示。

图 3-29

3. 做任务

制订出工作计划后，各小组根据计划分步实施任务。

步骤1：各组首先根据图纸、人员安排等情况，开展技术信息搜集活动，如刀具信息、切削推荐参数、量具信息等。在此基础上，工艺员填写空白工艺卡，并通过多屏互动技术在小组间讲解本组工艺卡。其他组学生听讲后纠错，最后教师点评，如图 3-30 所示。

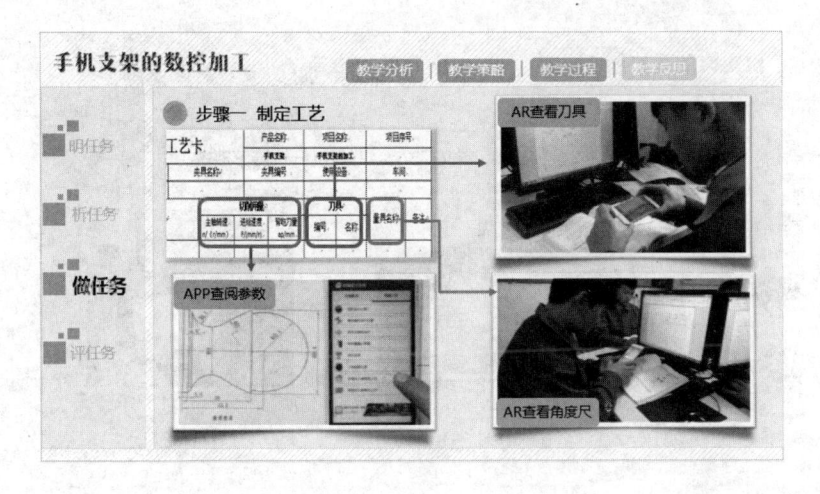

图 3-30

步骤2：根据确定的加工工艺，各组编制加工程序。并将程序输入斯沃数控仿真软件进行仿真验证。在这个阶段，有近1/3的同学出现如图所示的错误仿真结果，如图 3-31 所示。

图 3-31

学生通过回看仿真过程，查找错误原因，发现是在退刀过程中出现问题。这是由于对 G73 指令的刀轨不理解而导致的错误。

为化解这一难点，学生利用 AR 软件扫描图纸。扫描后，图纸上方会呈现出刀轨的立体效果，增强了它的透视感和空间感，帮助学生初步加深对刀轨的理解。

接下来，教师要求学生在 CAD 软件中绘制出 G73 指令的刀轨并注解，使学生进一步加深对刀轨的理解，如图 3-32 所示。

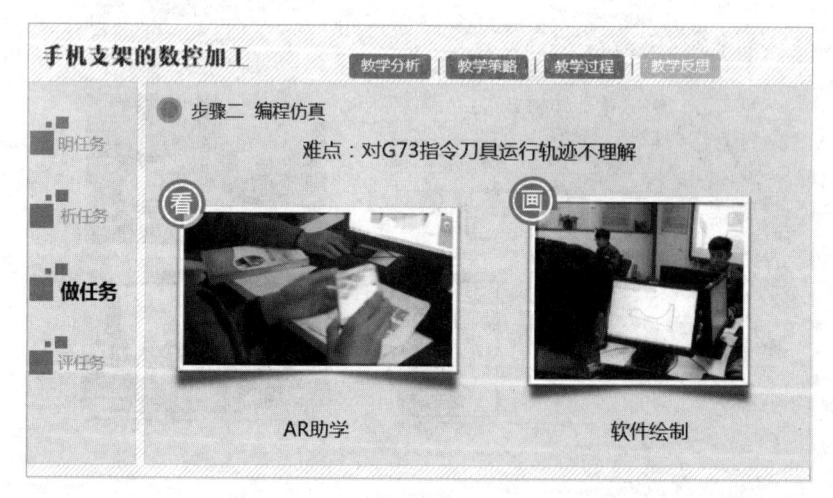

图 3-32

所画刀轨无误后，学生修改程序，并再次仿真验证。无误后将两次仿真刀轨进行对比反思，再一次加深对刀轨的理解。

至此，通过查、看、画、比、思的过程，使学生对 G73 刀轨的理解步步深入，直至完全掌握，有效地突破了教学难点。

步骤3：在开始加工前，操作员在仿真软件中按照标准流程，模拟机床的操作，以提高实际操作的熟练程度，并提前发现在实际操作过程中可能出现的问题。对这些问题，学生通过扫描二维码图纸进行针对性的解决，如图3-33所示。

图 3-33

步骤4：在实际加工中，操作员按照标准流程逐步操作，质检员拍摄操作全过程，工艺员和程序员通过实时监控手段观察刀具的运行轨迹，同时记录下操作员操作过程中的错误点。教师利用多屏互动手段实时查看每组的加工状态，并通过蓝牙耳机及时指导操作员，强化学生规范操作和安全生产的意识，降低安全事故发生的概率，如图3-34所示。

图 3-34

步骤5：加工完成后，由质检员质检，并提交产品和质检报告。

4. 评任务

在评价阶段，首先，各组质检员回放加工过程，点评错误操作。其次，学生进行成果展示，汇报在实施过程中遇到的问题与解决办法。再次，教师通过云班课发布小组评价表，进行学生自评和组间互评。最后，教师对各组的汇报进行集中点评，如图 3-35 所示。

图 3-35

(三) 课后(拓任务)

教师要求学生对实训环节中的残次品进行再加工，培养学生的节约意识，如图 3-36 所示。

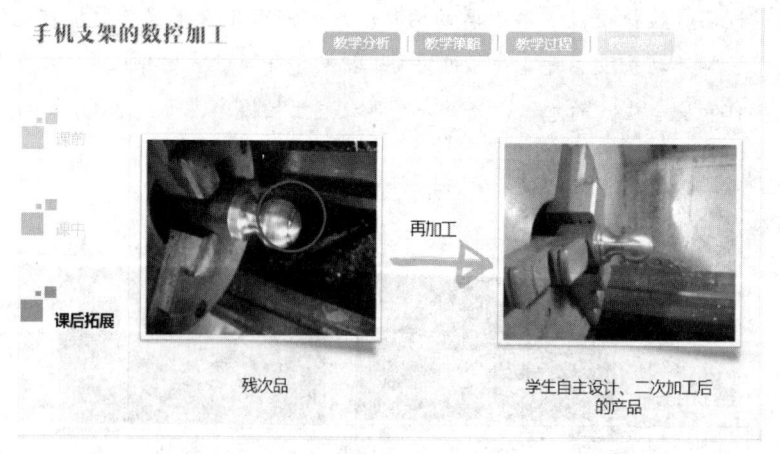

图 3-36

四、教学反思

(1) 本节课在多种信息通道环境下，使学生运用 G73 指令成功加工出手机支架，达成了教学目标，增强了学生的自信心。

（2）本节课将企业真实产品引入教学中，贴近企业生产环境和岗位实际，提高了学生的职业岗位意识。

（3）做中学、做中教，小组合作完成任务。课上及时反馈、多元评价，提高了课堂的有效性。

（4）本节课运用AR技术、虚拟仿真等多种信息化手段，使复杂问题简单化、抽象问题形象化，有效地突出了教学重点、突破了教学难点。

（5）本节课采用标准化操作流程，强化了学生的安全意识，提升了学生的职业素养，培养了学生精益求精的工匠精神。

【艺术类专业经典案例】

旅游服务与管理专业信息化教学设计

步入画卷，梦回千年

——清明上河园导游词创作及讲解

张若楠　2016年全国职业院校信息化教学设计　中职组二等奖

一、教学分析

（一）教材分析

旅游服务与管理专业为我校重点培养专业，结合企业需求、学生情况，设置专业课程，制订培养目标。我选定"十二五"职业教育国家规划立项教材《导游语言技巧》，本课程内容为第二单元。在教学中我融合本地旅游资源和学生岗位需求，对教材重新进行整合，将课程内容定位为清明上河园导游词创作及讲解。

（二）学情分析

本课的授课对象为中职旅游服务与管理专业二年级学生。他们喜欢自我表现，思维活跃，通过学习，他们已经初步掌握导游的相关知识和基本技能，但无实践带团经验，知识面窄，创作导游词兴趣不高，写作能力相对较差，排斥传统课堂的知识灌输，对智慧旅游背景下的信息化手段感兴趣。

（三）教学目标

依据教育部《中等职业学校专业教学标准（试行）》，结合国家职业资格标准，制订如下教学目标：掌握导游词创作的格式及写法是本节课的教学重点；能够因人而异修改导游词并进行讲解是本节课的教学难点。

二、教学策略

结合本节课的教学内容，针对学生的实际情况，在课前、课中恰当地利用信息化手段辅助完成教学，使学生循序渐进、自我展现、乐在学中。

本节课基于信息化环境，以学生活动为中心，以学生自主学习、探究学习和合作学习为基础，通过创新"活动元"教学模式，初步形成"突出主体—尊重个体—重视过程—强调参与"的16字实施策略。用时2课时。

三、教学过程

(一)课前：学海拾贝，探骊寻珠

学生在课前登录蓝墨云班课，观看已上传的微课视频、图片资料，并提取课前任务单——自主创作清明上河园导游词。学生浏览清明上河园景区网站，体验虚拟游；利用多种景区智慧旅游APP，熟悉园区的景观特色与主要景点；利用网络资源搜集、筛选、整合信息，以小组为单位完成导游词的创作，并上传至班级360云盘。教师点评和学生互评相结合，选出最优导游词，并做好展示准备。通过对作业进行梳理，发现学生创作导游词照抄资料现象严重，书面语言过多，不突出、无重点。了解到学生课前学习情况，及时调整教学策略。

(二)课中：边学边做，学以致用

1. 创设情境——观清明上河园

首先使用智能一体机播放清明上河园的宣传片，使学生置身美景当中。然后让课前预习作业获得最高票的第三小组现场展示。在展示过程中分析学生的表情语、姿态语、动作语是否得当，使学生初步掌握知识点，了解讲解技巧。

2. 探究新知——游清明上河园

借助旅游局官网上发布的2016年中国开封第34届菊花文化节志愿者招募信息，进行真实情境教学，并邀请已担任景区讲解员的学姐进行清明上河园示范讲解。学生听完经验介绍，教师提出问题：怎样才能创作出标准化的导游词呢？学生听教师讲授导游词创作原则：准确、鲜明、具体、生动、新颖，并巧用顺口溜熟记编写技巧，从而使学生掌握教学重点。

3. 拓展延伸——练清明上河园

针对课前学生作业存在的问题，及时调整教学策略。为了让学生真正明白：游客满意的导游服务是在做好标准化服务的同时，能够为游客提供个性化的导游服务。教师设定四组游客群体：夕阳红团、夏令营团、学习交流团和外国游客团。各小组抽签选择不同的游客群，为本组游客选定园内一处景点，修改课前创作导游词。学生拿到本组任务后，通过讨论，确定方案及路线。在练习的过程中，使用VR虚拟旅游，通过图片导航、旋转推拉，全方位地观察清明上河园，对各组设计线路进行模拟。根据接待团的性质，有针对性地修改不同特色的导游词，并进行讲解练习，顺利突破教学难点。

4. 专家检测评——清明上河园

学生的作品是否能达到志愿者服务的要求，需经过主办方检验，课上，教师使用视频会议系统，连线企业，创建同步课堂，由企业专家点评，分析不同任务的情境特点，强调导游服务的针对性。教师在蓝墨云班课平台上，根据评分标准为学生创作导游词打分。通过交流学习，各小组再次修改导游词。利用骨传导耳机，反复练习，互不干扰，在完善与比较的过程中进一步消化教学内容的知识点。教师对学生再次呈现的作品给予积极评价，学生信心高涨。

5. 畅谈活动——宣清明上河园

畅谈收获，布置作业。学生讨论交流，知标准，明如何做，知方向，思如何做；教师层层递进，引导总结；企业方检测评价。顺利突破重难点，引出课后两项作业。

（三）课后：触类旁通，积极攀升

（1）将学生的优秀导游词、导游讲解录音，上传到随身导游APP，为游客提供在线导览服务。

（2）以手机H5形式制作清明上河园宣传稿，发布到班级微信群、学校公众号，优秀作品将被推荐到旅游局官方微信平台。

四、教学反思

本节课以创作清明上河园导游词为主线，以信息技术为支撑，突破传统教学纸上谈兵的局限，丰富学生感知体验，解决实践困难，拓展广阔空间。多元评价反馈有效检验学生的学习成果。专家参与指导，与企业零距离对接，提高职业能力，夯实就业基础。

多种信息手段的综合运用，使教学效果逐步呈现，学生在快乐中学习，最终达成教学目标。按照上述策略及流程进行教学后，能更直观地了解学生的学习情况。根据近两年的跟踪调查显示，反馈学习兴趣不高的学生数量明显下降，学生学习热情和学习效果明显加强。

本课关注旅游动态，着眼学生培养，与时俱进，探索创新。

【师范类专业经典案例】

学前教育专业信息化教学设计

创意手工——牛奶袋变"银饰"

王惠 2015年全国职业院校信息化教学设计 中职组二等奖

一、教学分析

（一）教材分析

本课所使用的教材是《全国学前教育（新课程标准）"十二五"规划教材手工基础教程（第三版）》。

授课内容：第七章第四节"综合材料（面状材料）造型"。

授课时间：2课时。

在学前教育手工课程中，综合材料造型可以提供丰富的教育活动、游戏活动材料，营造温馨和谐的教育环境，使幼儿充分体验到操作的快乐、探索的魅力、成功的喜悦，以及作品的美感，有效地培养幼儿的想象力、创造力、科学探究精神，从而使幼儿教师的专业发展得到提升。

(二)学情分析

本课的教学对象：中职学前教育专业二年级学生。

先修课程：绘画、简笔画、线描等。

他们具备如下特征：具有一定的绘画和造型基础，可以绘制简单的设计草图；活泼好动、能歌善舞、自控力差、表现欲强；熟悉电脑基本操作，能够进行网络查阅学习；排斥单一、枯燥的学习方式，接受感性、直观的学习方式。

(三)教学目标

整合教学资源，根据新课标和人才培养方案的要求，确定如下知识、能力、情感三维教学目标。

知识目标：了解民族文化(苗族银饰的特点、种类及制作工艺)。

能力目标：

(1)能够观察并发现面状材质的肌理与美感。

(2)能够将材料与技法进行合理、巧妙地综合利用，创造出造型精美的手工作品。

情感目标：培养学生的环保意识和社会责任感。

教学重点：

(1)学习使用牛奶袋制作银饰的方法和过程。

(2)能够设计并绘制银饰图案及多种造型。

教学难点：如何在牛奶袋上绘制凹凸起伏的图案。

二、教学策略

(一)教学手段

针对教学重难点，将多种信息化教学手段相结合：苗族银饰专题网站(引导学生进行知识拓展)、网络云盘(丰富素材资源)、图片、视频、音乐(创设情境，激发学生兴趣)、校园学习平台(打破时、空限制，实现师生合作学习)、微课、Flash 动画(清晰、直观地展现制作全过程)。

(二)教学方法

以学生为主体，借助网络资源，采用任务驱动法、合作学习法、自主探究法、情景模拟法进行教学。

三、教学过程

整个教学过程分为以下六个环节：课前任务(按任务要求自主学习)、导入新课、设计探讨、深入探究、制作实践、展示评价。

(一)课前任务

(1)教师通过 QQ 群下发课前任务书，学生通过手机或电脑接收任务，并按任务要求，利用网络自主学习，将收集的图片素材，传至教师邮箱；教师通过整合，上传至学习平台，供全班学生交流使用。

（2）学生根据观点、兴趣自由组合成6人学习小组。利用平台上教师提供的微课、Flash动画等进行学习，初步确定使用牛奶袋制作银饰的图片素材、设计思路，并画出设计草图，上传至学习平台。学生分工协作，收集整理牛奶袋及工具材料，为课堂教学做准备。

（二）导入新课

创设情境，播放苗族现代舞视频。引领学生进入轻松愉快的学习氛围。

教师提问课前提出的问题：苗族银饰的特点及分类是什么？学生积极发言并总结出其特点为：以大为美、以重为美、以多为美；并以图片的形式直观展现其分类：帽饰、颈饰、首饰等。

教师提出：价格昂贵、造型精美的苗族银饰不是只能在当地可以佩戴使用，我们也可以在生活中寻找废弃的环保材料来实现。

教师展示已做好的牛奶袋银饰作品，引出新课，激发学生兴趣。

（三）设计探讨

放映PPT课件，以小组为单位讲解上传的素材图片和设计草图。学生互评，从中提出问题，解决问题。教师总结并给出建议，最终定出各小组制作方案图。

（四）深入探究

通过PPT课件和QQ群下发课堂任务书，各小组在设计小稿的基础上，制作完成一顶银帽或头饰、颈饰、首饰若干件。

以帽子为例，分解帽子的结构，提示学生合理分工、把握时间，提高课堂效率。

通过微课视频，将学生在草图讲解过程中遇到的问题做进一步的分析，如锥形挂件和花边的制作方法、挂饰的多种形式，以及教学难点中凹凸图案的绘制等。微课的使用有效地突破了教学重难点。

播放Flash动画：在2分内清晰、直观、快捷地展示制作全过程，解决以往传统手工教学中"教一步，做一步""看不清楚步骤"等问题，有效节省学生动手制作的时间，使手工作品更加精美、丰富，同时增加学习的趣味性，加深记忆。生动可爱的Flash动画形象，也可应用于幼儿手工教学中。

（五）制作实践

以苗族音乐"踩花山"为背景音乐，以学生课前自主学习为基础，搭建师生互动平台，学生进入轻松愉快的制作实践环节。

连续放映图片素材，启发学生思维。

教师指导、解惑，不断展示学生作品，激发团队竞争意识。

将民族文化融入制作实践过程中，结合学生的制作进度与学生谈论苗族银饰的起源,以及工艺、特点等,使学生在"在做中学,在学中做"。

(六)展示评价

每组推荐一人,佩戴本组完成的作品,随视频舞蹈进行展示。使寓教于乐、学有所用,增强学生的成就感。生生评价,教师总结,并评出"最美造型奖"。

四、教学反思

(一)教学效果

课后学生进一步完善作品,师生共同将作品拍照并上传至学习平台。将作品保存在手工社团,用于作品展览和学前教育专业汇报演出。

将苗族银饰相关视频打包上传至学习平台,便于学生知识拓展。

(二)课外实践

学生去幼儿园见习,检验本课学习效果。幼儿对其充满兴趣,快乐地进行学习。此教学实践深受园方及幼儿的欢迎。

(三)教学评价

电子问卷调查显示,本次手工课程中信息化教学手段的使用,降低了教学难度,使学生的学习兴趣、到课率得到提高、手工社团人数不断增加、教学效果显著提升。

本节课中,交互式网络学习平台为师生提供了一个实现合作学习的虚拟空间。多种信息化手段的运用,打破了传统教学中时空的限制,使课堂教学转变为开放的、丰富的、自主的,提高了学生学习积极性,更好地实现了理论与实际相结合,均衡实现认知、情感与技能的多维教学目标。

文化艺术专业信息化教学设计

歌唱的呼吸——《康定情歌》

朱虹辉　2015年全国职业院校信息化教学设计　中职组一等奖

一、教学分析

(一)教材分析

本课选自"一二五"规划公共艺术类《声乐》教材。所讲授的"歌唱的呼吸——《康定情歌》"出自第一部分第二课,属于专业技能课。它承上启下,贯穿声乐演唱始终,是艺术专业学生的必备技能。

(二)学情分析

本课针对中职学校文化艺术专业一年级第二学期学生设计。他们具备乐谱视唱、钢琴演奏的能力。但作为未来的艺术工作者,歌唱声音的把握及歌曲情感的表达还有待提高,特别是在呼吸技巧上要进行更为系统的学习。

(三)教学目标

知识目标:掌握《康定情歌》的演唱,明确呼吸训练在歌唱中的重要作用。

能力目标：培养学生运用歌唱的呼吸方法，使其具备演唱《康定情歌》的能力。

情感目标：通过学唱歌曲，让学生了解民歌的地域特色，体会歌曲热情奔放的情感表达。

（四）教学重难点

教学重点是掌握歌唱呼吸训练方法；教学难点是将歌唱的呼吸方法运用到歌曲《康定情歌》的演唱中。

二、教学策略

此次教学设计充分体现学生为主体、教师为主导的现代职业教学理念，按照体验策略、探究策略和应用策略的设计流程开展教学。通过个人演唱、小组讨论和集体创作等不同形式凸显体验策略，充分感受音乐多元化的魅力。使用蓝墨云班课、百度搜索等信息化教学手段，贯穿探究策略，分析、探讨歌唱呼吸困惑。融合应用策略，课中运用3D动画展示歌唱呼吸原理，解决呼吸困惑。运用完美钢琴APP、酷我K歌音乐软件准确地演唱歌曲，传情达意。课后运用酷我K歌的录音制作功能进行作品录制，并上传至蓝墨云班课进行展示、评价和总结。整个教学设计以体验歌唱的呼吸贯穿始终，强调声乐学习是在分析模仿、练习体会、运用掌握中逐渐表达音乐情感的、富有创造力的实践。

三、教学过程

整个教学过程用两课时完成。通过查、学、思、做四个环节进行教学。

（一）查——课前预习，发现问题

课前运用蓝墨云班课发布预习提纲，学生围绕提纲中的问题通过百度搜索、图片查找、音频赏析等信息化手段，小组合作，探究、发现问题，并提出问题。（歌唱时如何吸气？）

（二）学——合作探究，学习新知

1.（初识）理论分析，模仿体验

通过3D动画展示，让学生直观地看到歌唱的呼吸器官和气息流动的方式。小组讨论得出横膈膜上、下运动规律，是歌唱呼吸的关键。再看尖嘴吸动画创造无实物手势练习，体会歌唱气息的呼和吸。同时，解决歌唱时如何吸气的疑问，引出呼吸的两种方法。随后，学生通过无实物手势练习，总结得出缓呼缓吸是完成歌唱的最佳呼吸方法。

2.（探究）体会规律，训练技能

通过唇颤音、五元音、跳音的发声训练，体会呼吸在发声中的运用。唇颤音练习：学生错误示范、教师纠错、小组比赛，体会横膈膜上、下运动的规律。五元音练习：日常发音与唇颤音带动五元音发声的口型对比，探讨得出气息运用对发声的影响，达到加强气息训练的目的。跳音练习：分组模仿咳嗽腰腹扩张的状态，感受横膈膜上下运动规律，加深对歌唱气息控制的体会，为接下来歌曲的演唱打下基础。

3.（运用）掌握气息，实际运用

通过播放视频，欣赏歌曲—展示曲谱，分析歌曲—完美钢琴学APP，唱歌曲—手势带动，体验呼吸歌唱——酷我 K 歌，演唱歌曲——小组推荐，评选"音乐之星"的环节，完成《康定情歌》的学习。结合分组讨论、演奏、演唱、比赛、互评等形式，使学生更好地体会歌唱的呼吸在歌曲演唱中的运用。

(三)思——欣赏升华，拓展思路

欣赏艺术家不同版本的演唱，结合教师提出的问题，小组讨论发言，阐述自己的观点。通过这种方法，锻炼了学生的语言表达能力，提升了他们的音乐审美能力。而后，改变速度表演的体验，让学生感受呼吸是歌唱的基础和动力、是歌唱的关键。重温了本节课的教学重难点。

(四)做——要点回顾，课后作业

学生通过手势讲解歌唱呼吸的运行方式和运行规律，重温本节课的要点。课后完成以下作业：弹奏完美钢琴 APP，听音进行发声练习，巩固歌唱呼吸训练；通过小组节奏练习，体验不同的创作形式；上传酷我 K 歌练唱结果，把歌唱的呼吸训练有效延伸到课下。

四、教学反思

本次教学设计针对数码时代学生手机控、低头族的现象，在传统声乐课中融入了信息化教学手段。课前，通过蓝墨云班课发布预习提纲，学生由被动学习变为主动探究。课中，运用 3D 动画、音乐软件创设教学情境，由单一教学模式变为探究、体验、应用的多元化教学模式，增强学生的学习兴趣，提高教学效果。课后，继续进行音乐软件的实践，使学生不断提高自我练习的能力。信息化教学手段的运用，使学生在积极探索中实现知识的学习、方法的掌握、能力的提升和情感的体验。

活动二　分析信息化教学设计与传统教学设计的区别

教师布置活动内容，学员根据活动内容在组内进行研讨，并将研讨的结果在班内共享，最后上传到电子学档。

在该活动中，每个学员根据教师布置的活动内容，结合上一个活动研讨的结果，将信息化教学设计与传统教学设计进行对比，分析出信息化教学设计与传统教学设计的区别，并完成表 3-5。

表 3-5　信息化教学设计与传统教学设计的区别

	信息化教学设计	传统教学设计
区别一		
区别二		
区别三		
……		

活动三　学习如何进行信息化教学设计

教师布置活动内容，学员根据活动内容在组内进行研讨，并将研讨的结果在班内共享，最后上传到电子学档。

在该活动中，每个学员根据教师布置的任务，结合活动一的研讨结果，以及活动二对比分析的结果，学习如何进行信息化教学设计。作为中职学校的教师，如何根据自己学校信息化教学设备的实际情况，进行恰当的信息化教学设计并实施，从而提高教学质量，提升教学水平。

课堂训练：结合自己所任教专业或学科，选择一个教学项目，设计出一个完整的信息化教学设计方案。

知识与技能

信息化教学就是在信息化教学环境中，教师与学生借助现代教育媒体、教育信息资源和教育技术方法进行的双边活动。其特点是：以信息技术为支撑；以现代教育教学理论为指导；强调新型教学模式的构建；教学内容具有更强的时代性和丰富性；教学更适合学生的学习需要和特点。信息化教学不仅是在传统教学的基础上对教学媒体和手段的改变，而且是以现代信息技术为基础的整体的教学体系的一系列改革和变化。

信息化教学设计是由上海师范大学黎加厚教授提出的、它强调运用系统方法，以学为中心，充分利用现代信息技术和信息资源，科学地安排教学过程的各个环节和要素，以实现教学过程的优化。它旨在应用信息技术构建信息化教学环境，获取、利用信息资源，支持学生的自主探究式学习，培养学生的信息素养，提高学生的学习兴趣，从而优化教学效果。

信息化教学设计和前面所讲的传统教学设计相比，在设计过程中应该坚持以下基本原则。

(1) 以学为中心，注重学习者学习能力的培养。教师作为学习的促进者，引导、监控和评价学生的学习进程。

(2) 充分利用各种信息资源来支持学。

(3) 将"任务驱动"和"问题解决"作为学习和研究活动的主线，在相关的、有具体意义的情境中确定和教授学习策略与技能。

(4) 强调"协作学习"。这种协作学习不仅指学生之间、师生之间的协作，也包括教师之间的协作，如实施跨年级和跨学科的基于资源的学习等。

(5)强调针对学习过程和学习资源的评价。

评价一个信息化教学设计是否成功,主要从以下四个方面着手:总体设计、教学过程、教学效果、特色创新。具体评价如表3-6所示。

表3-6 信息化教学设计评分表

评比指标	分值	评比要素	指标分解	等级	得分
总体设计	40	教学目标明确、有据,教学内容安排合理,符合技术技能人才培养要求; 教学策略得当,符合职业院校学生认知特点; 合理运用信息技术、教学资源和信息化教学设施,系统优化教学过程; 教案完整、规范。	A档 35—40 B档 29—34 C档 23—28 D档 17—22		
教学过程	30	教学组织与实施得当、有效,突出学生主体地位,体现"做中教、做中学"; 信息技术与教学资源运用合理、有效,教学内容表现恰当,满足职业教育教学需求; 教学考核与评价多元化,方法得当。	A档 27—30 B档 23—26 C档 19—22 D档 15—18		
教学效果	15	有效达成教学目标,运用信息技术解决教学重难点问题或完成特定教学任务的作用突出,效果明显; 切实提高学生学习兴趣,有效促进学生自主学习。	A档 14—15 B档 12—13 C档 10—11 D档 8—9		
特色创新	15	理念先进,立意新颖,构思独特,技术领先; 广泛适用于实际教学,有较大推广价值。	A档 14—15 B档 12—13 C档 10—11 D档 8—9		

注:上述表格是2015年全国职业院校信息化教学大赛教学设计赛项所用评分表。

全国职业院校信息化教学大赛官网,http://www.nvic.com.cn/FrontEnd/ZZBMDS/index.aspx。

任务六 制订应对方案

情景描述

在日常课堂教学中,不管是基础学科还是专业课程,不管是理论教学还是实训教学,任课教师都会遇到各种在教学设计中没有涉及的问题,甚至是突发情况。

任务分析

作为合格的中职学校教师，必须对在课堂上遇到的各种问题或状况进行认真仔细的分析，并找出解决问题的办法或方案，进而使正常的教学活动能够进行下去，能够最终完成课堂教学任务，达到预定的教学目标。本任务就是要分析在信息化教学过程中可能出现的问题，并制订出应对方案，将其应用到实际教学工作中去。

活动一 分析、预见信息化教学过程中可能出现的问题

教师布置活动任务，学员根据活动任务在组内进行讨论，分析信息化教学过程中可能出现的问题，找出每种问题的解决方案，将讨论的结果进行汇总并填表 3-7。最后，将汇总结果在班内共享，并上传至电子学档。

在该活动中，每个学员根据教师布置的任务，结合自己在以往教学中的经验，尽可能多地找出信息化教学过程中可能出现的问题，然后在分组内进行讨论，分享自己在遇到这些问题时是如何解决的、解决效果如何。通过分享经验，对比寻找解决问题的最佳方案。

提示：在日常教学活动中，遇到各种问题甚至突发状况是经常性的。但是，不同性质的课程出现的问题可能会不一样。比如，理论课程和实训实习课程，因为课堂教学实施过程、使用教学资源、教学环境、面对学生等的差异，就会出现迥然不同的问题或状况。这些问题有些是人的问题，如可能是教师自身的信息化水平不足，也有可能是学生在活动中出现的教师未遇到过的问题；有些是信息化硬件设备的问题；有些是信息化教学软件的问题。对于这些不同的问题，教师必须有针对性地进行分析，才能找出合适的甚至是最佳的解决方案，这也对教师的信息化素养提出了更高的要求。

表 3-7 信息化教学过程中可能出现的问题汇总表

序号	问题	解决方案
1		
2		
3		
…		

活动二 学习制订应对方案

学员在上一个活动中，通过在组内的讨论共享以及在班内的分享，已经获悉了信息化教学过程中尽可能多出现的问题，以及解决这些问题的方案。本活动就是要求学

员自己制订出应对方案,然后将方案在班内共享,并上传至电子学档。

在该活动中,每个学员根据教师布置的任务,要结合自己的专业或学科以及自己所讲授的具体课程,归纳出和讲授课程相关的问题的解决方案,从而制订出相应的应对方案。该活动首先由学员本人进行活动,然后可以打乱现有的分组,和学员班内相同学科或相近专业的学员重新分组,进行成果分享,从而进一步完善应对方案,将来在实际教学活动中进行应用,提升教学效果。

提示:中职学校的教师在实际课堂教学过程中,会遇到各种各样的问题。教师在教学实施过程中会逐渐发现并进行反思,反思后就会找到解决问题的办法,并在下一次课中进行整改。其规律一般是"计划—设计—实施—反馈—整改—再实施"。对于有多年教学经验的教师来说,如果善于总结、勤于思考,那么就会相对容易地制订出应对方案,有些教师会形成书面方案,有些教师则会形成经验。对于年轻教师来说,就需要在教学实践中加强思考和反思,并善于向老教师学习,从而逐步提高教学水平和教学质量。

项目四　组织与管理

课堂教学的组织管理是指在课堂教学中，为保证课堂教学的秩序和效益，协调课堂中人与事、时间与空间等各种因素及其关系的过程。

教学组织形式是指在教学过程中，师生的共同活动在人员、程序、时空关系上的组合形式。在教师的教与学生的学所构成的教学活动中，必然存在教师与学生如何组合起来发生相互作用、如何对时空条件进行有效控制和利用的问题，这就是教学组织形式的问题。采用合理的教学组织形式，有助于提高教学工作的效率，并使各种有效的教学方法、手段以及技术等得以在相应的组织形式中加以运用。教学组织形式的改进总是同教学方法、教学模式的改革，以及技术的发展与革新融为一体的。教学组织与管理形式的适用性与否，总是与时代技术的发展与支持紧密相关。技术的支持，对教学活动的开展和教学效果的取得具有直接的意义。

项目学习要点：
- 利用信息技术，改进教学方式，有效实施课堂教学。
- 利用信息化教学资源，激发学生学习兴趣，保持学习注意力。
- 利用信息技术，收集学生的课堂和学习反馈，对教学行为进行有效调整。
- 应急处理课堂教学中因技术故障引发的意外状况。
- 鼓励学生参与教学过程，引导学生提升技术素养并发挥其技术优势。

任务一　利用信息技术实施课堂教学

随着现代信息技术的快速发展，新技术不断涌现并进入课堂教学。如何在教学过程中恰当地利用技术支持，改进教学方式，使技术真实有效地为课堂教学服务？就此问题，我们通过课堂教学活动来进行研究探索。

情景描述

目前的时代，是技术发展与革新的时代。作为一名任课教师，要跟上时代的发展，利用技术支持，改进教学方式，组织课堂教学，有效开展学生自主、合作、探究式学习，使每个学生都有发展的空间和成才的机会。

任务分析

利用信息技术支持，开展教学活动，改进教师的教学方式，转变学生的学习方式。本任务研讨传统课堂教学的特点，分析传统教学的优劣，利用信息技术支持开展智慧课堂教学，有效开展学生自主、合作、探究式学习，培养学生的全面发展。

活动一　研讨传统课堂教学特点

学员根据自己在课堂教学的实践，以小组为单位研讨传统教学的特点，并将研讨的结果进行汇总，在班内共享，并上传至电子学档。

在本活动中，学员从课堂角色定位、教学组织形式、教学环境创设、教学组织技术、教学管理策略等方面进行研讨分析，并针对存在的问题，给出应对的建议。

知识与技能

传统课堂教学主要以教师的主动讲授和学生的被动反应为主要特征，教师往往注重通过语言的讲述和行为的灌输来实现知识的传授，在教学过程中教师的主导地位表现突出，而学生的主体地位却被习惯性地忽视。随着多媒体技术的发展和在课堂上的应用，目前，以多媒体技术为媒介，以教师讲授为主导，以知识的价值为本位，以情感、态度、智力、能力等其他方面的价值为附属的课堂教学，仍被视为传统的课堂教学。

1. 传统课堂教学角色定位

以教为中心，以教师讲解为主，辅之以一定的课堂教学活动，学生的主要任务是听讲和记笔记。

2. 传统课堂教学组织形式

采用传统的班级授课形式。教师回顾上节内容，导入新课，然后根据本节的教学任务，给学生讲解本节内容。教学过程中采用的教学方法为讲授法、谈论法、演示法等。

3. 传统课堂教学环境创设

可创设多媒体技术的课堂教学环境。多媒体技术的课堂是指运用多媒体计算机、多媒体投影机等信息化教学设备，并借助预先制作的多媒体教学课件来开展的教学活动过程。

4. 传统课堂教学组织技术

在多媒体技术课堂教学中，以教为中心，常采用的几种课堂教学组织形式介绍如下。

第一种：讲授式课堂。教师制作图文并茂的多媒体课件，通过教室内的设备直接面对学生进行讲解，中间可以穿插一些提问、调节课堂气氛的环节，如图4-1所示。

图4-1 讲授式多媒体课堂

第二种：交互式课堂。教师通过交互式电子白板播放视频、讲述故事情节，请学生在交互式电子白板课件中尝试交流，如图4-2所示。

图4-2 通过电子白板交流

第三种：团队合作式课堂。教师提出任务，对知识进行讲解；学生小组合作，用教师准备好的素材进行设计、制作、交流，再将本小组的交流结果用移动终端 iPad 或手机等拍摄下来，实时传送到投影设备进行交流，如图 4-3 所示。

图 4-3　分小组合作多媒体课堂教学

以上三种形式，主导都是教师。教师讲授知识，然后学生再进行提问、交互或分组讨论等。

5. 传统课堂教学管理策略

第一种：主要面对班级人数较多、理论性较强、课堂不易实施交互及分组合作的情形。这种课堂知识容量大，效率高，但极易给学生造成学习疲劳、思考时间少、容易走神的情况。所以在采用这种策略教学时，教师要花更多的时间和精力做好教学课件，要尽量做到图文并茂，可以插入与事件背景相关的视频、动画等。同时，传统课堂教学对教师的讲课技巧也要求更高，要声情并茂，能够吸引学生；在讲解过程中教师还要不时地走入学生中，扩大自己的势力范围。

第二种：与学生互动。请学生上台，利用交互式电子白板的拖拉和副本功能，将自己的作品展示给其他学生看，增强学生的学习兴趣和自信心，提高学生分析问题、解决问题的能力，增强课堂的活跃度。但缺点是受课时限制，演示的学生数有限，课堂效率也受影响。这就要求教师有较好的课堂控制能力，把握好交互使用的度，通过部分学生交互的个案，影响和调节整个班级的学习动力和积极性。

第三种：适合小班课堂，适合理论分析、知识研讨、实验与产品制作等方面的课堂教学。学生根据教师给出的任务或目标，进行资料查找、研讨、交流、合作，进行实践探索，实践结果用移动终端(手机、iPad 等)拍下来，推送到投影设备上与全班学生交流。这种方式既能让学生亲自尝试由媒体技术应用带来的新鲜感，通过多媒体手段展示探索成果，又能培养学生分析问题、解决问题的能力及团队合作精神，增强课堂活力，提高课堂效率。

6. 传统课堂教学效果分析

应用多媒体技术的课堂教学优点如下。

(1)知识的直观性。多媒体教学课件能化抽象为具体、化呆板为生动，突破视觉限制，突出教学要点，使学生能多角度地观察对象，建立空间概念，在直观形象的基础上培养思维能力，有助于学生对概念的理解和方法的掌握。

(2)内容的形象性。多媒体教学设备及课件能提供图、文、声、像等视听觉信息，形象生动，可以对学生的视觉、听觉甚至心理触觉产生全方位的刺激，给学生留下深刻印象，有助于多角度激发学生学习兴趣，调节学生学习情绪，集中学生学习注意力，帮助学生掌握所学知识。

(3)过程的动态性。多媒体教学课件可以化静为动，能按超文本、超链接方式组织管理学科知识和各种教学信息，有利于反映概念及过程，能有效地突破教学难点；有利于突破传统教学中单调、枯燥的教学过程，有效地组织课堂教学。

(4)学习的交互性。多媒体教学设备及课件通过设置互动环节，使学生有更多的参与机会，学习更为主动；通过创造反思的环境，有利于学生形成新的认知结构。

(5)实验的模拟性。多媒体教学课件可以通过多媒体展示生动形象的实验过程及现象，实现对普通实验的扩充，并通过对真实情境的再现和模拟，培养学生的探索、创造能力。这不仅有利于引导学生主动发现、主动探索，还有利于发展学生的联想思维，帮助学生建立新旧知识之间的联系。

(6)问题的针对性。多媒体教学课件可以通过设计不同难度不同内容的问题或练习，使针对不同层次学生的教学成为可能。

(7)教学的重复性。多媒体教学课件及设备可以重复回放教学内容，有利于突破教学中的难点，帮助学生记忆、克服遗忘、牢固掌握所学知识。

(8)课堂的高效性。多媒体教学课件特有的大信息量、大容量的特点，能增加课堂教学容量，优化教学结构，突破空间限制，节约教学时间，扩大学生知识视野，提高课堂教学效率。

应用多媒体技术进行教学优势明显，但针对目前中等职业学校的现状和应用的实际效果，多媒体教学存在如下弊端：教师备课工作量增大；教学的急功近利使大容量的课堂知识消化；某种程度上阻塞了学生的想象空间，不利于培养学生的形象思维；过于注重形式，容易喧宾夺主，忽略学生的主体地位，成为教师的"一言堂"；教学变得单一化、机械化、程序化，师生互动、情感交流缺失；长时间通过多媒体听课，感觉疲劳，课堂睡觉成一大景观；课堂纪律的管控降低，玩手机、睡觉、走神发呆等成为常态。

以教为中心的、教师主导的课堂教学模式已经根深蒂固，学生也习惯了这种教学模式。因而在缺乏引导的情况下，学生往往会丧失学习动力，对教学产生失望情绪。

信息化时代的教学应提供给学生更多有活力和朝气的学习环境。教师应该从根本上改变教学观念，从灌输知识到传授方法、探讨学习，让学生积极参与到课堂教学中来，树立以学为中心的教学观念。只有这样，信息技术的使用才能充分发挥积极的效果，课堂教学才能真正成为培养现代人才的途径。

活动二　利用互联网技术开展智慧课堂教学

使用 GIF 制作软件，设计制作一个动态的小组队徽。每小组将设计制作的作品在班内共享，并上传至电子学档。

在本活动中，小组讨论设计方案，小组成员分工合作完成。素材从互联网上查询、下载，知识讲解微课程、作品共享及评价通过智慧课堂系统进行。

知识与技能

互联网是 20 世纪最伟大的发明之一。它的出现给人类社会带来了全新的生活方式，也对学校的教育教学产生了革命性的影响。当今，以互联网为核心的信息技术在全球得到了广泛应用，"互联网＋教育"也被提到了国家教育改革的工作日程上。基于互联网的信息化教学已经显示出独特的优势。它不仅克服了传统课堂受时间、空间限制的不足，而且为师生提供了大量最新、最丰富的在线学习资源和最新互动交流渠道，满足了学生的个性化学习需求，实现了网络化在线教学模式。

应用互联网技术的课堂教学形式多样，如慕课、翻转课堂、电子书包、智慧课堂、云教学等。就基于互联网技术的课堂教学来讲，电子书包、智慧课堂、云教学功能类似。它们均具有移动互联、课堂充分互动、信息化教学平台、丰富的教学资源、过程评价主导以及大数据、人工智能等特征，下面就以智慧课堂的课堂教学为例。

1. 智慧课堂教学角色定位

以学生为中心，构建以自主、合作、探究为主要形式的和谐互动课堂。教师起导学、导说、导做作用，以激发学生的自主学习意识，引导学生开展小组合作学习，组织学生进行研讨探究学习，使学生思维活跃，对学习充满热情。

2. 智慧课堂教学组织形式

采用探究式小组合作课堂教学组织形式。它是利用智慧课堂系统平台，通过微课、教学视频、实训材料或设备，个人探究学习、小组分工合作学习，找到解决问题的对策，并以小组评价与个人评价相结合的评价方式营造团队心理气氛，以增进学习有效性的一种课堂教学组织形式。探究式小组合作课堂教学组织形式以个人探究学习为基础，小组合作学习为核心，目标在于通过探究、合作学习，培养学生的创造性思维品质、合作意识与技能，促进学生主体性和社会化发展。

3. 智慧课堂教学环境创设

本课堂教学活动实施环境为智慧课堂。智慧课堂的课堂教学是借助于互联网技术，以学生为主体，以个人电子终端和学习资源为载体，贯穿预习、上课、作业、辅导、评测等各个教学环节，覆盖课前、课中、课后，支持各种有效学习方式和师生平等互动的数字化教学。学生通过智慧课堂的电脑终端（根据教学内容也可以是iPad、手机等）进行阅读、做作业、考试，教师也可以直接在上面批改作业、出试卷、备课等。课堂上，学生和教师也可以通过无线网络即时查询资料、展开讨论等。智慧课堂教学环境的发展方向为数字化课程环境和学习方式变革，旨在通过借助现代技术力量，支撑学习方式的变革，重新构造数字化学习环境，以促进创新人才的培养。数字化课程环境除了具备各类终端的系统软件外，最重要的是依托成熟的软件平台，拥有庞大的教学资源库，以便于进行云服务、任务驱动教学、实时反馈评价、合理的教师端控制、整体绩效评价和学习跟踪。

（1）智慧课堂教学环境。基于互联网的智慧课堂教学环境，需要较强的网络作为支撑。只有互联网接入、无线WiFi覆盖教室，才能运行智慧课堂各个环节。学生和教师要人手一台计算机、平板电脑或智能手机等网络终端设备，以保障教学与学习的需求。智慧课堂系统平台是智慧课堂的重要组成部分。它能满足各学科的教学需求，实现师生互动、教学、评价与管理功能等。智慧课堂另一个比较重要的部分就是教学资源库。教学资源库里面拥有教学用的电子教材、教学课件及微课、作业及考试试题、实验及演示视频等一系列与课程相关的教学与学习资源，如图4-4所示。

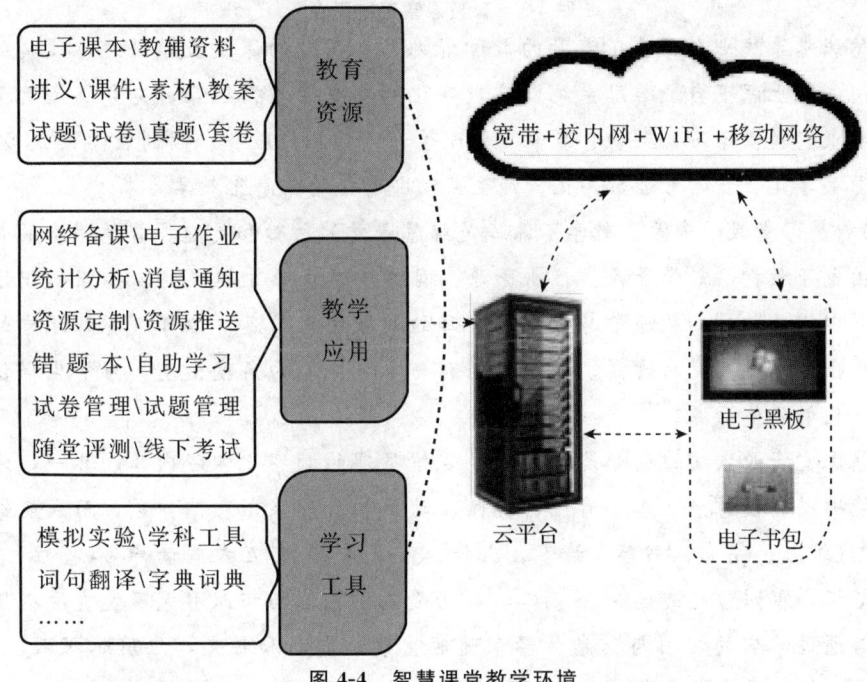

图4-4　智慧课堂教学环境

(2)智慧课堂系统平台。智慧课堂系统平台是突破无线网络环境局限的多媒体系统平台。该系统平台功能强大，能够全面协助教师进行网络环境下的课堂互动教学，实时评测学生课上、课下学习效果与学习记录，提供多样化的班级管理功能，为网络环境下的教学提供全面支持，如图4-5所示。

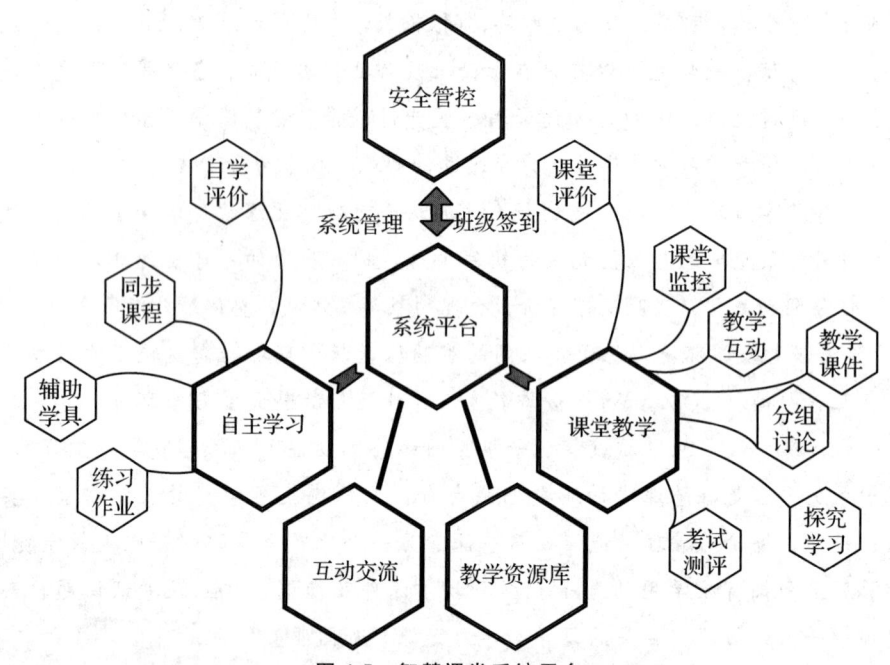

图 4-5 智慧课堂系统平台

智慧课堂系统平台涵盖了海量的教学资源库、高效的课堂教学系统、便捷的互动交流系统、课上课下自主学习系统以及数字化的安全管控系统等，充分满足智慧课堂的教学要求。提供学习、互动、教学、管理等教学信息化服务，做到教学模式多样化、教学资源共享化、教学管理数字化、师生互动即时化的信息化教学要求。

(3)智慧课堂教学资源。教学资源库是智慧课堂的核心和灵魂。智慧课堂的教学资源库是由电子教材、教学资源、教辅资源、网络共享资源等组成的，按照知识逻辑结构组织并以满足学生和教师学与教需求为目的的数字化信息资源库。智慧课堂的教学资源，跳出了电子教材的藩篱，从内容创新与学习体验的角度出发，为学生提供智能化、个性化的媒体资源。

智慧课堂资源系统的核心是利用"富"媒体呈现的数字化学习内容。其一，学习资源不仅能够整合图像、文本、音频、视频、动画等多种媒介表征方式，而且能够支持动态控制(缩放、高亮、书签、检索、上传、下载等)与交互式阅读行为(标注、复制、插入、笔记、重列、超链接等)；其二，学习资源的内容与组织形式不受资源提供商限定，能够通过学生的应用与信息共享来随时重组、更新和扩充，应用越深入、广泛，智慧课堂可提供的关联资源就越丰富；其三，学习资源中包含与知识单元配套的虚拟学习工具(简称虚拟学具)与学习测评系统,能够完成包含阅读、认知加工、操作演练、知识迁移等丰富的学习活动。简言之,智慧课堂的资源体系是一个多来源、多通道、多层次、多功能的信息集成体。智慧课堂的资源开发绝不是单纯的本版教材的电子化,也不是数字化文本信息的简单移植,更不是已有的网络学习资源的整体搬家,而是包含规划、设计、创作、改造、整合在内的创新、系统化的工作。

智慧课堂的课堂教学资源往往需要大量的辅助资源甚至学习活动来加深理解。因此,智慧课堂中的学习资源不应再采用章节的线性结构,而应划分为具备高聚合度与低耦合性的"微知识"单元。高聚合指各知识单元应具有独立结构,必须适合移动媒体呈现和无线网络传播,并且实现教材内容、教辅资源、习题、学习工具的完整封装。低耦合指各知识单元应尽量减少重复,依赖知识间的逻辑关系而不是内容上的相似性或者连续性来实现资源衔接。这种逻辑关系不仅要符合知识内容的科学性要求,而且要符合学习者已有的知识结构特征。

智慧课堂将学习情境从校园拓展到生活的每个角落,然而不是所有场合都适合长时间和高强度的学习。有关心理学研究证明,移动情境下的学习具有随意性和巨大的非连续性,容易造成知识传递的片段化、较高的认知负荷以及负面学习心理,如注意力分散、知识印象模糊、学习焦虑等。在固定学习情境下,电子阅读与纸质阅读达到的学习效果并无显著差异,而只有借助恰当的内容分割和科学的进度控制,电子阅读才有可能取得好的效果。因此,应当利用篇幅短小、素材集中、设计精良的片段化内容,如微课、短视频等来增强学习材料的可读性,如图4-6所示。

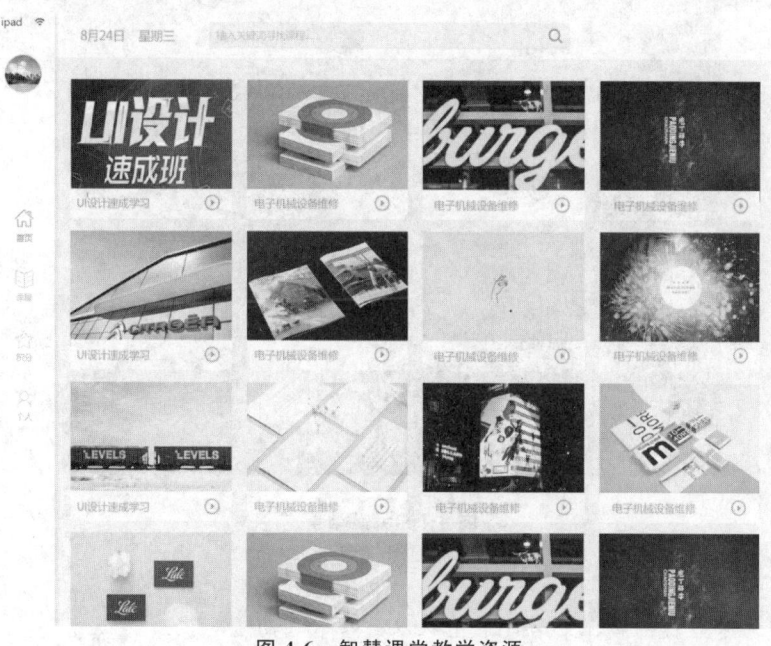

图 4-6 智慧课堂教学资源

4. 智慧课堂教学组织技术

课堂教学组织强调以学生为中心，教师要由知识的传授灌输者转变为学生主动建构意义的促进者、帮助者，强调教师的导学、导说、导做作用。导学，重视激发学生的学习兴趣；导说，重在培养学生的表达、沟通能力，启迪学生的思维开发；导做，重在形成学生的学习能力、动手操作能力，培养学生的创新精神。启导式教学是教师根据教学目标和教材实际，从学生的知识基础、心理特点和接受能力出发，通过教与学的互动作用，发挥师生双方的积极性和各自的特殊作用，充分调动学生的主动性、创造性；在教师的启发诱导下，引导学生按科学的方法去主动学习、积极思考，从而促进学生全面发展。

（1）导学。由教师主导，给学生介绍本课程的教学目标及任务，说明GIF制作的思路、方法及应用价值。指导学生通过智慧课堂系统平台提供的素材、通过微课进行学习、讨论；以合作小组为单位进行设计，分工制作，每小组完成一部作品。之后通过平台，进行小组互评、教师点评。

（2）导说。由教师引导，各小组内部，对GIF设计进行研讨，发挥己见，形成小组设计方案。各小组作品设计完成后，教师主导，以小组为单位，对本小组设计的产品进行解说、推广，对其他组方案进行评价。

（3）导做。由教师诱导、辅导、督导，学生通过观看平台资源库、观看微课，根据小组设计方案分工制作、互助合作，完成产品的制作。课堂内小组合作场景，如图4-7所示。

图4-7 课堂场景

5. 课堂教学管理策略

对于智慧课堂教学管理策略，着重从以下四个方面进行。

(1)自主学习策略。学生进入导学模块,打开学案,自主浏览本课的学习目标与学习任务,根据教师提供的学习方法,借助学习资源自主学习,遇到不能解决的问题,可反复观看相关的教学视频或微课,也可组内讨论,组内解决不了可发全班,也可随时向教师发送信息或当面请教;教师则监控反馈信息,并综合学生提出的问题,归纳提炼为两三个核心问题,抛给学生讨论。在课堂中,利用智慧课堂系统,教师能够在教师终端创设情境,提高学生的探究思维能力;学生在学习终端积极做出回应,真正做到使用多种感官参与学习活动。

(2)合作学习策略。小组合作与导学、学案教学相结合是一个重要的途径,教师需要提前设计出本节课的学案,明确学习目标、学习重点和难点。学生根据学案要求,在自主学习的基础上开展小组合作学习。智慧课堂可创建多个班级小组讨论、投票活动,支持教师进行主题研讨式教学。例如,在本节课中,将针对小组队徽的设计理念作为讨论论题,让学生参与讨论,每个小组将讨论的结论及论据挂到班级论坛上。

在学生讨论交流过程中,教师加以讲解和指导。这种学习模式变传统的单向信息传播为生生互动、师生互动的双向或多向交流,小组成员互学互练、互查互评、共同对话、共同探讨,发挥了学生的主体作用和学习主动性,有利于提高学生的学习效果和自主学习能力。

学生利用智慧课堂发帖、讨论,许多平时不敢开口讨论的学生也能大胆提出自己的见解。而其他小组也能在班级论坛上看到该小组的讨论内容,教师和全体学生都能做出及时的反馈。这种课堂讨论突破了重难点,保留了学生的学习痕迹。每个小组和每个学生都能看到本节课甚至以前的讨论结果,可以把别人的精华转化为自己的知识,并时时回顾,这是传统课堂采用单纯的口头讨论所不能相比的。

(3)公开展评策略。在应用智慧课堂的课堂上,展评环节展示面广、形式多样、节省时间,其他学生还能及时看到同伴形式多样的个性化笔记,如文本、笔迹录音、照片、附件等,方便快捷。更能让每个学生清晰感受展评作品,在评价环节每个学生都有发表意见的机会,或者在展评者展评时就能同时进行评价。而全班同学都能一边观摩展评作品,一边接收别人评价的信息,学生的交互性更强,这是用大屏幕投影仪和传统的机房上机所无法达到的。

创作作品的学生或小组成员利用智慧课堂系统平台,围绕作品的创作历程做经验介绍与分享,包括创意、实现的简要过程、遇到的问题及解决方法、更多的想法及困惑等。当展评者介绍完后,同伴在他介绍的基础上对展评作品进行评价。每个小组利用智慧课堂交互平台发帖,提出"三个一"评价模式:一个值得学习的地方、一个需要注意的地方、一个可以改进的地方,为展评者、评价者及全体学生后面的修改与完善提供有价值的信息。教师结合展评学生的介绍及学生评价的结果,进行引领性评价,为学生后续的完善、修改、创意提供有价值的建议,帮助学生积累经验,扫清学习障碍。

（4）教师点评策略。智慧课堂在课堂运用中可以为教师随时实现评价功能，教师的评价要关注学习的过程和结果。

过程性评价即发展性评价，具有激励功能。它是指对学生操作过程、操作结果上取得的成绩给予积极的影响，如给学生积极恰当的、肯定的评语或笑脸、竖起大拇指等；对学习过程中存在的问题给予及时提醒，如教师可以在班级论坛上发帖"如果你们小组能做到每人都提出自己的意见会更好"或"这个学生的解题方法很有效，但有没有更快捷的方法呢？因为按照他的设计思路会比较传统"等，从而有效激发学生学习的活力与热情，鼓励学生在提升学习质量上不断追求。这种过程性评价更具有纠偏功能，在展评环节集中对学生存在的问题进行纠偏，把学生引到正确的方向上来，从而保证学生学习的顺利进行。

总结性评价是指对学生参与学习全过程的情况、体验情况、知识累积情况、探究结果及成果展示方式等进行评价。鼓励由学生或合作小组自己设计评价方案，对自己的研究情况加以评价，充分发挥评价的教育功能。

上述几种智慧课堂教学管理策略，在课堂实践应用中还可以应用混合教学策略，即不要求教学流程中的任一环节都使用，而是视需要而用。甚至还可以进行因材施教的个性化教学策略，即学生列出自己不懂的知识清单，教师对其进行学习诊断评价，学生根据学习诊断评价再进行学习，并做自我检测和自我评估。在课堂上恰当使用这些策略，相信智慧课堂在教学中的应用必定会更加有效。

6. 课堂教学效果分析

以互联网为依托的智慧课堂，是富有活力、激情和创造力的课堂，其特色如下：

（1）情境创设，营造利于能力发展的教学环境。只有在课堂创设多元化的情感空间，才能使能力的形成融汇于统一的整体布局中，才会使学生在充满情感、美感和想象的教学情境中不断体验，从而发现学习的乐趣。

（2）围绕问题，让学生在情境中做学问。在问题设计上与学生日常经验和社会应用相联系，有实用价值，具有开放性，拓宽学生的学习空间，让学生在"跳一跳，摘果子"的过程中获得学习过程的体验。

（3）围绕活动，让学生在自主、合作中交流。让学生亲自经历具有发现、体验、探究与感悟过程的课堂，学生的主动参与使课堂变得生动、充满生机。

（4）让学生在探究中发现、创造。为激发学生的主动探索精神，培养学生独立思考与创造性解决问题的能力，教师在教学中为他们的充分发展创设宽松的环境和氛围，创设类似于科学研究的情境。学生通过自主处理问题，经历猜测、操作、试验、调查、信息搜集、表达与交流等探索活动，获得知识、技能、情感与态度的发展。

(5)让学生在有效的课堂练习中巩固知识。学生层次的不同决定了其巩固练习的不同,教师在作业批改中可分析学生存在的共性问题和个别问题。

(6)重视教学活动的反馈。教师和学生有针对性地调节教和学的活动,高效地实现教学目标,提高课堂教学效果。学习的过程与记录,如图4-8所示。

图4-8 学习过程与记录

在智慧课堂教学的研究及实践中,教学供给侧改革将成为重要内容,以下几个方面将成为研究的重要内容。

①课程体系的岗位化,教学内容的实践化,教学过程的活动化。

②教师导学的系统化,内容分解的具体化,任务布置的逻辑清晰化。

③学生任务完成清单化,小组合作成果化,任务探究多样化。

以互联网技术为基础的智慧课堂教学或云教学等,已经从教师的单向传授向从网络资源多方获取转变;从单一的问答式向多元的小组讨论式转变;从单调学习工具向富有激情的学习社区、网络学习空间拓展;从枯燥的教学支撑平台向有意义的学习环境转变,从而实现学习评价与反馈的即时化、师生和生生交流互动的立体化、资源推送服务的智能化。随着教学供给侧的改革,以互联网技术为支持的智慧课堂教学将得到更好的发展。

任务二　利用信息化教学资源激发学习兴趣

随着现代科学技术的快速发展，云计算、交互式教学平台、在线学习、3D打印、虚拟现实技术等与教育教学紧密结合的各类创新型高科技信息技术走进人们的视野和生活。"大众创业，万众创新"的理念驱使着人们的行动。所谓创新2.0是以人为本、以应用为本的创新活动，利用技术手段让所有人都有参与创新的机会。对在校学生来说，创新型的技术资源将极大地激发他们的学习兴趣和求知欲。

情景描述

技术和资源给教育教学带来了发展空间，给学生的学习带来了活力。在教学中，让每个学生在集体、小组和个别学习中平等地接触或获得技术资源，参与到学习活动中，激发学习兴趣，保持学习注意力。

任务分析

本任务通过研讨和体验，通过接触或获得技术资源，激发学习兴趣，保持学习注意力。通过多媒体技术的有效应用，利用多媒体课件的形象性与感染力，增强感官与情感的共鸣，激发学生的学习兴趣；通过仿真技术的应用，使学生真实感受到实践工作场景，学习技术的使用；通过虚拟现实技术，模拟现实场景，增强学习的真实意义；通过3D打印技术，将成果转化为实物，以激发学生的求知欲和探索精神。任务活动中，通过对新型技术的使用、研讨和体验，根据教学需求选择应用，让技术服务于教学，让学生获得更多的技术资源，激发学习兴趣。

活动一　有效应用多媒体信息技术激发学生的学习兴趣

学员根据自己在课堂教学的实践，以小组为单位选择一个应用多媒体信息技术的教学案例，以文档形式进行情景描述、效果分析等，然后将结果在班内共享，并上传至电子学档。

在本活动中，学员各自发挥己见，以小组为单位研讨应用多媒体信息技术激发学生学习兴趣的技巧或策略，形成小组成果，派代表在班内以讲解的形式进行分享。

知识与技能

人们获取知识是通过各种感官（口、耳、舌、鼻等）将外界信息传递给大脑。现代多媒体信息技术的有效运用，可以大大提高人体特别是眼、耳、脑的学习功能，增强学习效率。应用多媒体信息技术、多媒体课件特有的形象性与感染力，以图文、动画、色彩及音响等绝对优势，通过创设多媒体教学情境来激发学生的学习兴趣、激发学生的创造性思维，使学生在课堂中主动、积极地创新学习，在愉悦的气氛中接受熏陶，以达到较为满意的课堂教学效果。

以语文教学中的《边城》为例，《边城》是沈从文写的最富有魅力的中篇小说。《边城》作为中国一部乡土抒情的经典之作，集中表现了湘西的天朗、风轻、水清、风景美；单纯、质朴的人性之善，人性之美。通过多媒体信息技术图文并茂的展示，一下就把文中描述的意境、人物的风貌刻画在学生的脑海中，增强了学生的感性认识，激发了学生的学习兴趣，如图4-9、图4-10、图4-11、图4-12所示。

图4-9 山清水秀

图4-10 神话传说的地方

翠翠：

清纯美丽
天真活泼
乖巧伶俐
敏感善良

"她在风日里成长着，皮肤黑黑的，触目青山绿水，一对眸子清如水晶，自然抚养着她，教育着她。"

她"为人天真活泼，处处俨然如一只小兽物"

"从不想残忍的事情，从不发愁心，从不动气"

图 4-11　人物清纯美丽

爷爷的性格特点

勤劳淳朴
忠于职守
善良慈爱
没有私欲

图 4-12　人物慈善淳朴

应用多媒体信息技术能刺激学生感官，以其超越时空限制、化远为近、化虚为实、化静为动、化抽象为具体等优势来激发学生学习兴趣，提高学习效率。

活动二　利用仿真资源激发学生的学习兴趣

学员进行仿真软件体验，以小组为单位交流感受，形成小组体验总结文档，然后将结果在班内共享，并上传至电子学档。

在本活动中，学员根据教学仿真软件使用说明及教学任务课件，进行一节课的仿真模拟训练，然后以小组为单位，根据体验情况，研讨仿真资源在教学中的应用及对激发学生学习兴趣的效果，形成小组文档成果。

知识与技能

近年来，由于信息技术的快速发展与国家教育部门的大力提倡，虚拟仿真技术在职业教育中得到广泛应用，成为教育教学的重要组成部分和提高教学质量的重要手段，也因此大大激发了学生的学习兴趣、提高了学生的学习效果。虚拟仿真技术是将多媒体技术、虚拟现实技术与网络通信技术等集成，构建一个现实世界的物体和环境。

目前，仿真技术在教学领域中的应用已经非常成熟，在电子仿真，汽车应用与维修，医学、电力、机械、建筑等各学科得到了普遍的应用。例如，专业铸造仿真软件可将铸造工艺中熔化金属的流动、充型、凝固及冷却过程进行模拟。该软件模拟显示金属液是如何流动和注入的，模拟注入完成后的凝固过程，预测各种模具及工艺可能会产生的缺陷等，并通过电脑确定最佳铸造方案，配有图文、图表等的说明，以3D图示使铸造结果一目了然，如图4-13、图4-14所示。

虚拟仿真技术辅助教学软件，既可演示复杂系统的未知运行结果，又可改变系统参数。演示系统给出随参数变化而变化的结果或趋势，有助于学生理解抽象理论，提高教学效果，更能弥补实训手段的不足。使用虚拟仿真教学软件，教师可以将实训搬上屏幕，具有直观性和可操作性。学生可以在计算机上完成实训，现学现用，这就避免了传统教学模式中理论学习与实训的分离。而且学生在虚拟仿真情境中可以充分发挥自己的创造性，有利于学生创新能力的培养及提高，推动学生主动思考，这将极大地激发学生的学习兴趣和学习积极性。虚拟仿真技术的应用，一定程度上使教师和学生在实训时摆脱实训设备、场地的制约。除此之外，虚拟仿真技术还可以大大提高学生的学习效率、减少仪器设备的损坏和元器件的消耗、节约资源并缓解实训场地紧张的状况。

图4-13　仿真辅助教学软件

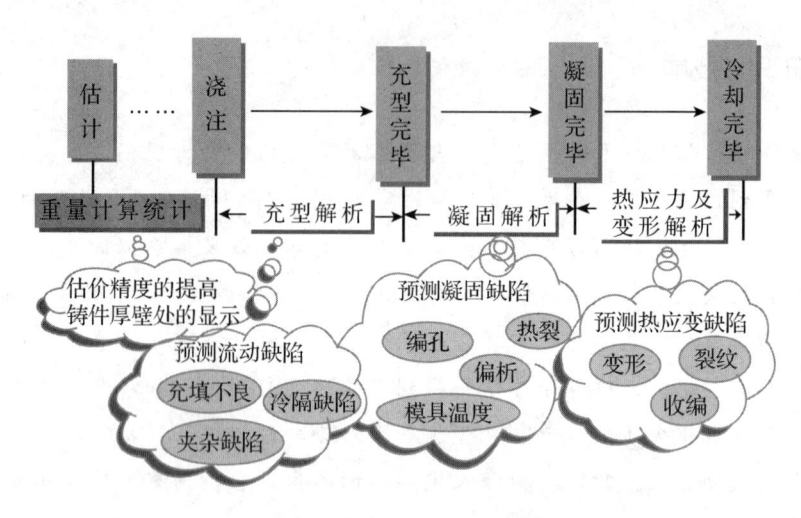

图 4-14 铸造浇注工艺仿真流程

活动三 利用虚拟现实资源激发学生的学习兴趣

学员进行虚拟现实的体验,以小组为单位交流感受,形成小组体验总结文档,然后将结果在班内共享,并上传至电子学档。

在活动中,学员进行虚拟现实体验,然后以小组为单位,根据体验结果研讨虚拟现实在教学中的应用及对激发学生学习兴趣的效果,形成小组文档成果。

知识与技能

虚拟现实(VR)是指综合利用计算机图形系统、各种显示及控制等接口设备,在由计算机生成的、可交互的三维环境中为用户提供沉浸感觉的技术。虚拟现实用户头盔中装载的传感器能够检测并持续跟踪用户的头部和视线的移动,通过对用户数据的跟踪可以实现对用户在虚拟现实世界中的导航,并能够让用户与周围环境进行互动,借此为用户提供身临其境的感觉。在虚拟感觉环境中,用户能够充当环境的参与者,而不仅仅是一个旁观者。

虚拟现实在教育教学上的应用,预示着教学和指导将向沉浸式内容发生结构性的转移。在现在的条件下,利用虚拟现实技术,可以在课堂上带学生去探索虚拟现实教学的体验馆、学习外语、进入实训室做实验、来一场校园探秘等,如图 4-15 所示。

图 4-15　虚拟用户体验

1. 虚拟校园

每个人对学校都是有特殊感情的，校园的学习氛围、校园文化对人的教育有着巨大影响，教师、学生、教室、实验室等无不潜移默化地影响着每一个人，人们从中得到的教益从某种程度来说，远远超出书本所给予的。虚拟校园正以一种全新的姿态吸引着大家。如图 4-16 所示为虚拟校园截图。

图 4-16　虚拟校园

2. 虚拟演示教学与实验

虚拟用户技术在教学中应用较多，特别是在理工科类课程如建筑、机械、物理、生物、医学、化学等的教学上有了质的突破。它不仅适用于课堂教学，使之更形象生动，也适用于互动性实验。例如，浙江大学国家重点实验室虚拟现实与多媒体研究室承担的欧盟科技项目(ELVIS 项目)，开发了基于虚拟人物的电子学习环境，它通过设计一组虚拟人物并支持不同情绪变化，用来辅助 9~12 岁的学生进行故事创作，并在杭州市小学试用，取得了较好效果，如图 4-17 所示。

图 4-17　不同神态表情的虚拟人物

中国科技大学运用虚拟技术，开发了几何光学设计实验平台，如图 4-18 所示。它是全国第一套基于虚拟现实的教学软件。它用计算机制作的虚拟智能仪器代替价格昂贵、操作复杂、容易损坏、维修困难的实验仪器。它具有操作简便、效果真实、物理图像清晰、着重突出物理实验设计思想的特点。

图 4-18　几何光学设计实验平台

利用这个平台可以完成整个光学虚拟实验室的设计。学生通过虚拟实验所提供的一系列光学仪器，基本上能完成所有的单透镜实验和组合透镜实验。并且该平台还提供了完整的文档和习题系统。在这个平台的设计上，提出了很多创新思想，如运用三维的表现方法，让学生在一个虚拟的大实验室里进行操作；通过立体眼镜表现一个真正的三维场景，达到桌面式虚拟现实系统的设计水平。

3. 技能培训

将虚拟现实技术应用于技能培训可以使培训工作更加安全，并节约成本。比较典型的应用是训练飞行员的模拟器及用于汽车驾驶的培训系统。交互式飞机模拟驾驶器是一种小型的动感模拟设备，如图 4-19 所示。它的舱体内配备有显示屏幕、飞行手柄和战斗手柄。在虚拟的飞机驾驶训练系统中，学员可以反复操作控制设备，学习在各种天气情况下进行起飞、降落，通过反复训练，达到熟练掌握驾驶技术的目的。

图 4-19 交互式飞机模拟驾驶器

交互式汽车模拟驾驶器采用虚拟现实技术构造一个模拟真车的环境，通过视觉仿真、声音仿真、驾驶系统仿真，给驾驶人员以真车般的感觉，让游客在轻松、安全、舒适的环境中既能掌握汽车的常识和驾驶技术，又能体验疯狂飙车的乐趣，集科普、学车以及娱乐于一体。

除此之外，虚拟现实技术在远程教育、特殊教育、体育训练以及高难度和危险环境下的作业训练应用潜力巨大。例如，医疗手术训练的虚拟现实系统，用计算机体层摄影（Computed Tomography，CT）或磁共振成像（Magnetic Resonance Imaging，MRI）数据在计算机中重构人体或某一器官的几何模型，并赋予其一定的物理特征（如密度、韧度、组织比例等），通过机械手或数据手套等高精度的交互工具，在计算机中模拟手术过程，以达到训练、研究等目的。

通过对世界的充分展示，虚拟现实技术为弥补 21 世纪课堂教学的缺陷提供了新的机会。这些缺陷源于课程和教育内容跟不上技术的快速发展。其中有三类缺陷是注意力缺失、效率低和教学方式陈旧，而基于虚拟现实的教学可解决这些问题。

虚拟现实可以是一切，但唯独不能是死记硬背。它为激发学习者的学习兴趣、激励学习者终身学习提供了新的发现和有机探索的方式。

【知识链接】

3D 打印技术（3D Printing）是快速成形技术的一种。它是以一种数字模型文件为基础，运用粉末状金属或塑料等可黏合材料，通过逐层打印的方式来构造物体的技术。3D 打印机出现在 20 世纪 90 年代中期，是一种利用光固化和纸层叠等技术的快速成型装置。它与普通打印机工作原理基本相同，打印机内装有液体或粉末等"打印材料"，与电脑连接后，通过电脑控制把"打印材料"一层层叠加起来，最终把计算机上的蓝图变成实物。如今，这一技术在多个领域得到应用，人们用它来制造服装、建筑模型、汽车、巧克力甜品，甚至用来建造房屋等。3D 打印技术的魅力在于它不需要在工厂操作，利用桌面打印机可以在办公室或实训室打印出理想的作品或实验模型。桌面3D打印机，如图4-20所示。

3D打印技术降低了制作作品的难度，教师可借助3D打印技术，开发实物模型（教具），能够让学生更加真实地感知事物。比如，在数学课上，3D打印技术能够帮助学生看到更为立体化的图形和数学模型，快速帮助学生建立三维空间想象性思维，如图4-21所示为学生们设计的小花瓶；在地理课上，3D打印技术能够帮助学生更好地理解地质构造的规模；在历史课上，古文物的复制品能够使学生获得更多做中学的体验。

图 4-20　桌面 3D 打印机

图 4-21　学生们设计的小花瓶

恐龙化石是在某种特殊环境下，经过几千万年甚至上亿年的沉积作用，由恐龙骨骼完全矿物化而形成的。可以说每一种恐龙化石都是非常珍稀的文物。本来几乎不可能实现的想法，如今在3D打印技术的帮助下，真的实现了让恐龙化石走入课堂，如图4-22所示。

在现实的教学活动中，生动的（Do It Yourself）以及立体化的授课方式正在受到越来越多学生的欢迎。利用3D打印机打印出学生需要的配件，这将全面激发学生DIY的兴趣并可以利用3D打印技术使教学摆脱枯燥的课本，如图4-23所示。

学生利用3D打印技术，可以在实验室内亲身经历从想象到图纸再到实物的全过程。的确，3D打印对于艺术表现形式与科学概念的表达是一种新颖并且非常被看好的方式，特别有助于科技与艺术相结合的学习。只有将图纸上的个性化创意作品真正"造"出来，创造性探究学习才能得以"落地"，而不是停留在画画草图、纸上谈兵的阶段。

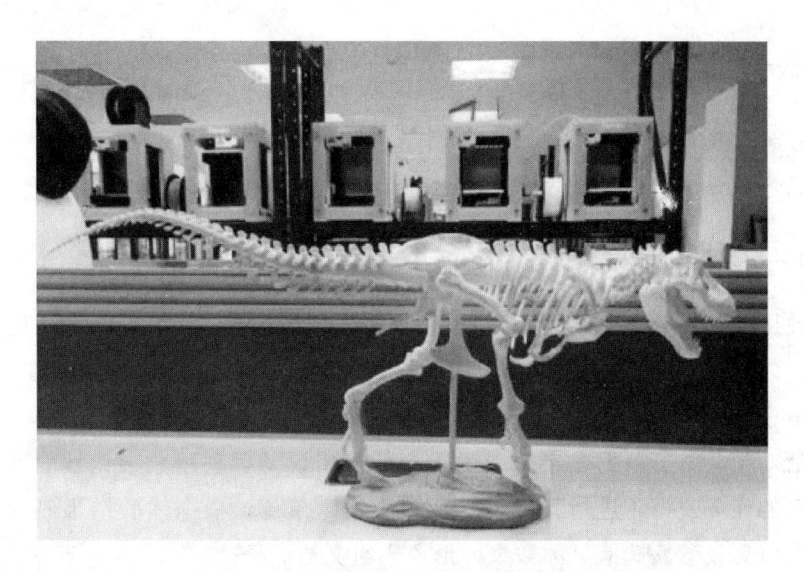

图 4-22　3D 打印技术让恐龙化石走进课堂

图 4-23　3D 打印机助力 DIY 教学

任务三　使用信息化技术工具收集教学反馈信息

情景描述

在信息化教学过程中，有效使用信息化技术工具，收集学生学习反馈，对学生的学习活动进行及时指导和适当干预，对教学行为进行有效调整。

任务分析

本任务通过使用数字化教学平台、腾讯问卷、微信等信息化技术工具，掌握收集学生反馈信息的方法，用于指导学生的学习活动，有效调整教学行为。

活动一　利用数字化教学平台收集教学反馈信息

学员使用数字化教学平台进行教学体验，以小组为单位交流，编写利用数字化教学平台收集教学反馈信息的感受，形成小组体验总结文档，然后将结果在班内共享，并上传至电子学档。

在本活动中，学员根据数字化教学平台的使用说明，利用数字化教学平台收集教学反馈信息的任务安排，进行体验，然后以小组为单位，根据体验结果研讨利用数字化教学平台收集教学反馈信息的效果，形成小组文档成果。

知识与技能

数字化教学平台涵盖教学计划制订、教学资源管理、教学过程管理、教学结果考核及评估、平台数据统计和分析等功能。教师可以通过各类系统的统计报告实现对课堂教学和课程运行状况的实时监控，实时收集教学反馈，调整教学计划和策略。教师也可以通过平台提供的学生成长积分，全面把握学生学习状况，如图 4-24 所示。

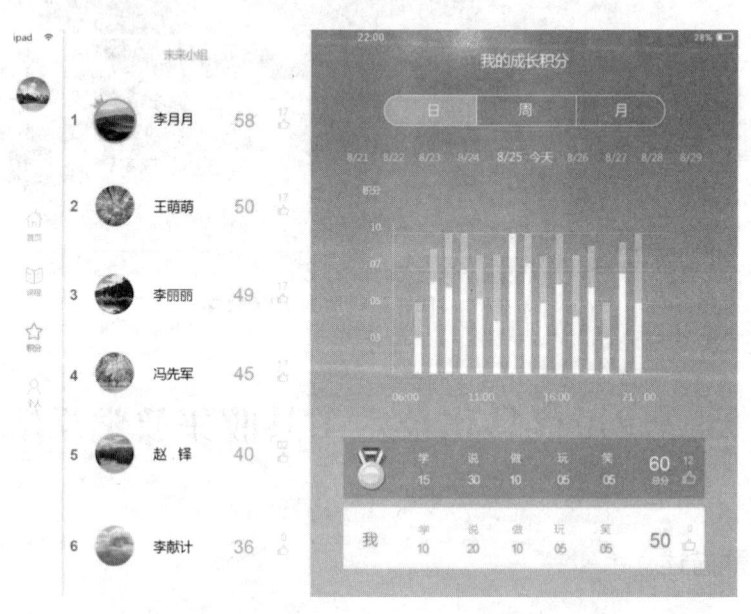

图 4-24　学生的学习成长积分

数字化教学平台可通过以下几个方面为教师提供教学反馈。

1. 学生演示

教师通过学生演示功能可调用任何一个学生机屏幕，并广播到其他学生机上，方便教师及时发现学生中的典型个案，开展示范教学，促进学生间的智慧互动。

2. 课堂互动

教师通过平台的互动、讨论功能，与学生交互，探究问题、解决问题，并通过组织学生互评作品，来激发学生的学习动力，提升教学效果，以达到反馈学习效果的作用。

3. 随堂小考

教师可通过平台，在课堂教学中随时出题，组织学生抢答或个人完成提交，平台通过系统自动评分、分析，帮助教师及时掌握学生学习情况、调整教学策略。

4. 智能测评

智能测评避免了过去的题海战术，为学生减轻了负担。此平台对学生的学习诊断分散到了每节课之后。教师将每节课的内容转化成课件存入电脑系统里，每节课结束后，学生随时可以在电脑系统里进行自我检测。检测完后，平台会自动生成统计图表，学生做错的题就会被自动推送到错题栏目里，教师一翻错题栏目，就可以知道学生有多少知识没有掌握。

5. 课堂数据记录与评估

平台完整记录了课堂教学过程中学生的参与情况、提交的练习考测结果、完成任务的时间等数据。依据课堂效果模型，评估学生的参与度、课堂表现和教学效果等，为教师更好地进行教学提供参考依据。

活动二　利用腾讯问卷收集教学反馈信息

学员使用手机创建腾讯问卷，在小组内进行共享体验，对腾讯问卷在收集教学反馈信息的使用场合及使用效果进行分析研讨，形成小组总结文档，然后将结果在班内共享，并上传至电子学档。

在本活动中，学员通过互联网学习腾讯问卷的安装与使用，并通过创建腾讯问卷，体验其效果。

知识与技能

腾讯问卷，是由腾讯公司推出的免费、专业的问卷调查系统。它能提供多种问卷创建方式，包括简单高效的编辑方式、强大的逻辑设置功能、专业的数据统计和样本甄别功能。利用它可以轻松开启调研工作。腾讯问卷的特点如下。

1. 完全免费使用，无任何限制

腾讯问卷是一个完全免费的在线调研平台，用 QQ 号就可以直接登录使用。无论是数十人的小型问卷调查，还是数万、数十万的企业问卷调查，都可以通过该平台完成，它没有使用人数和问卷回收数量的限制。

2. 界面简洁轻量，容易上手

腾讯问卷最大的特色是界面设计简洁轻量、简单好用，无须复杂的操作，只要利用拖拉、点选等方式即可轻松创建、编辑一份完整的线上问卷，非常容易上手。

3. 模版丰富专业，创建方式灵活

腾讯问卷根据用户使用习惯，提供选择模板、文本导入、创建空白问卷三种问卷创建方式。其中，腾讯问卷提供的模板均为行业专业问卷模板；文本导入只需使用规范的题目格式即可批量导入问卷，并实现可视化效果。

4. 多终端自适应，问卷投放灵活

腾讯问卷除在电脑端使用，还可以在移动端（手机、iPad 等）自适应。只需将问卷链接或者二维码投放到目标地址，用户便可以随时随地填写问卷。

5. 数据实时在线统计，专业快速

腾讯问卷可以实时统计问卷回收数据，并以图表形式展示结果，还可以将结果导出 Excel 进行个性化分析。同时，腾讯问卷能够直接在线上进行交叉和筛选分析，只需选择相应的交叉或者筛选条件，即可在线查看分析结果，功能强大。

活动三 利用手机微信问卷收集教学反馈信息

学员使用手机创建微信问卷，在小组内进行共享体验，对手机微信问卷在收集教学反馈信息的使用场合及使用效果进行分析研讨，形成小组总结文档，然后将结果在班内共享，并上传至电子学档。

在本活动中，学员通过互联网或本活动的"知识与技能"学习手机微信问卷的安装与使用，并通过创建问卷，体验其效果。

知识与技能

信息化社会的今天，手机正成为人们生活中不可或缺的物品。如何让手机及其应用服务于教学，成为大家研究的课题。下面就创建手机微信投票问卷在课堂上的应用，为教师收集教学反馈，以便教师能及时调整教学内容及策略。

(1) 在微信任意聊天界面，通过发送信息栏输入"faxinxi.la"，然后点击"发送"按钮，在界面就可以看到发送出的"faxinxi.la"信息变成浅蓝色，这就是创建问卷的隐形链接接口，如图 4-25 所示。

(2)点击"faxinxi.la"链接,就会打开微信投票"发布"界面,如图 4-26 所示。

图 4-25　发送微信投票隐形链接命令"faxinxi.la"　　图 4-26　微信投票"发布"界面

(3)在"发布"界面,有"发文章""发活动""发投票"功能。发文章,可以在课堂发布一些讲课要点、扩充知识或讨论内容;发活动,可以发布在课堂组织的活动;发投票,进行课堂知识测试,以了解学生对课堂所学知识掌握情况的反馈。点击"发投票"按钮,打开"发起投票"界面,如图 4-27 所示。

(4)然后根据测试内容,在界面相应栏填写标题及测试试题,如图 4-28 所示。

图 4-27　发起投票界面　　图 4-28　填写课堂测试内容

（5）填写过程中，可以将界面窗口向下翻滚填写更多内容；填写完成后，找到窗口界面后面的"发布"按钮，如图 4-29 所示。

（6）选择"我同意"选项，并点击"发布"按钮后，就打开了"互动吧"界面，点击界面右上角的菜单并打开，如图 4-30 所示。

图 4-29　找到"发布"按钮　　　图 4-30　打开"互动吧"菜单

（7）选择"发送给朋友"按钮，然后在微信群里找到本班学生所在的微信群"计算机16级计算机网络课程"并发布，如图 4-31 所示。

（8）这样，学生就可以通过班级微信群打开发布的"课堂测试"题进行答题，答完题后，点击"投票"按钮。投票完成后，就可以直接看到学生答题的汇总情况，如图 4-32 所示。

图 4-31　发送到班级微信群　　　图 4-32　答题汇总界面

任务四　应急处置信息化课堂技术故障

课堂是教学活动的场所，信息化的教学设备及其应用给课堂教学赋予了活力。精心的预设无法预知整个课堂的全部细节。在信息化课堂中，蕴含着大量影响教学顺利进行的不确定技术因素，如机器启动慢、鼠标损坏、网络连接断开、死机、软件不能运行、投影机不能正常工作、网站不能打开、网络资源不能使用等。当面对无法回避的课堂意外时，教师要依据教学经验，冷静、妥善、灵活地处理。

情景描述

在信息化教学与学生学习过程中，多种新型技术得到充分利用，但因技术引起的意外故障时有发生，这就需要灵活处置发生的意外状况。

任务分析

本任务对信息化教学过程中多媒体设备发生意外故障进行分析，根据故障情况给出处理方法及应对措施。

一、应急处理原则

（1）对于突发的技术故障，可根据故障现象判断，若是硬件设备故障，应立即关闭设备电源，防止故障范围加大。

（2）能在短时间内排除的故障，应及时排除，以不影响教学的正常进行为原则。

（3）要保障教学有序进行，要组织好课堂秩序，教师不离岗。

（4）要灵活的调整教学内容或教学组织形式，从而较好地完成教学内容，达到教学目标。

（5）课后要及时报修或快速解决故障问题，避免影响后续教学的进行。

二、灵活处理方法

1. 以变应变法

在信息化课堂的教学过程中，若突然出现意料不到的技术故障，且影响到正常的教学时，教师可以采取以变应变的方法。例如，课堂的网络不通了，刚好上课内容与网络相关，那么教师就可以通过头脑风暴的方法，让学生列举网络故障的原因。有条件的，甚至还可以将本堂课作为实训课，让学生进行故障排除，这也是难得的实践训练机会。

2. 借题发挥法

把课堂教学中突发的技术故障，巧妙地融进教学中，借题发挥大做"文章"。例如，当计算机或网络慢得像"蜗牛"一样，影响到课堂正常进行时，你若是一名计算机教师，或面对的是计算机专业的学生，可以借此机会，给学生灌输一下黑客的网络攻击行为，面对此情此景，学生定会对网站被"黑"的情形体会深刻。

3. 将"错"借"错"法

在课堂或实训室，假如因教师或学生操作失误造成了技术故障，让学生不要恐慌，教师也不要埋怨或批评，可将此"错"作为一种经验或教训，作为对学生的一种警示，同时把安全的理念灌输给学生，使他们对安全的概念和重要性有更深刻的理解，这也不失为一种良好的教学方法。

4. 回归传统法

在信息化教学过程中，需借助外部资源（如多媒体设备、网络等）进行课堂教学。如果因停电、设备损坏或其他技术故障导致信息化教学不能进行，回归传统教学也不失为一种好的选择。一只支笔、一块黑板、一张嘴，再加上教师的激情、丰富的知识、灵活的讲课技巧，对于习惯了信息化教学的学生，也不失为一堂令他们惊喜的课。

5. 调整教学策略法

课堂上，因各种技术故障导致当前的教学不能正常进行时，可灵活地调整教学内容或模式，以保障课堂教学秩序，完成课堂教学任务。例如，网络不能正常连接时，导学可改为导做，网络自学可改为小组讨论等。

活动一　应急处置多媒体设备故障

学员在网上下载投影机局域网共享软件，参考本活动"知识与技能"讲解，体验通过网线连接投影机，使用投影机局域网共享软件控制电脑连接投影机投放，形成小组体验总结文档，上传至电子学档。

在本活动中，每小组通过使用投影机局域网共享软件，将一台电脑窗口通过投影机投放到投影机幕布上。

知识与技能

在信息化教学课堂，多媒体设备应用比较普及。在使用多媒体设备过程中，设备不可避免会发生意外故障。当故障产生时如何灵活处置，是进行信息化教学的教师们应该掌握的技能。

信息化教学课堂应用的多媒体设备中，投影机出现意外故障会比较多，其常见的故障有以下几种。

(1)在投影机使用过程中，因间歇停电，或是由于插线板插孔与电源线连接较松断电，导致投影机不能马上启动，连接电源并开机，投影机会发出嗡嗡的声音。

(2)投影机使用过程中，突然黑屏或光线突然变暗。

(3)投影机显示的颜色缺色或图像不稳定。

(4)其他多媒体设备技术故障，如损坏或不能立即恢复等。

在多媒体设备故障中，很多为技术故障而非设备故障。对技术故障的处理，就需要教师掌握相关设备的常识与常见故障处理经验。例如，前面讲的第1种情况，并不是投影机无法开启，而是投影机使用一段时间后，被意外关闭，投影机内部温度较高，不能马上开启，需要一段时间散热，等温度稍低后就可正常开机。第2种情况，是由于投影机长时间使用，投影机内部温度过高，投影机会进行自动保护，这时，可关闭投影机一段时间，一般10分钟左右，待投影机冷却后再开机就正常了。第3种情况，一般是投影机的数据线与投影机或电脑的连接口松动或数据线接口有问题，可重新紧固数据线与投影机和电脑的连接口。如果投影机有网线接口，也可通过网线直接连接到投影机上，或将投影机与电脑连接在一个局域网内，电脑可通过网络来控制投影机，解决了用投影机数据线受限制的烦恼。下面来介绍通过网络连接投影机的方法。

将投影机接到局域网中，教师不仅可以通过连接到局域网中的计算机来控制投影机，还可以通过利用WiFi连接到局域网中的手机控制投影机。教师可以将授课内容存放到手机上，通过手机讲课；学生也可以将手机连接到投影机上，展示自己的学习反馈。操作方法如下。

(1)从网上下载投影机局域网共享软件。以爱普生(EPSON)投影机为例，在网上搜索或从爱普生官方网站下载EasyMP Network Projection软件并安装，安装完成后在计算机开始菜单可看到"EasyMP Network Projection Ver.2.87"菜单项，如图4-33所示。如果通过手机连接并控制投影机显示，需下载安装手机端投影机局域网共享应用。

图4-33　计算机上安装EasyMP Network Projection软件

(2)用鼠标单击"EasyMP Network Projection Ver.2.87"菜单项命令，打开如图4-34所示的"EasyMP Network Projection Ver.2.87—高级连接—"窗口。

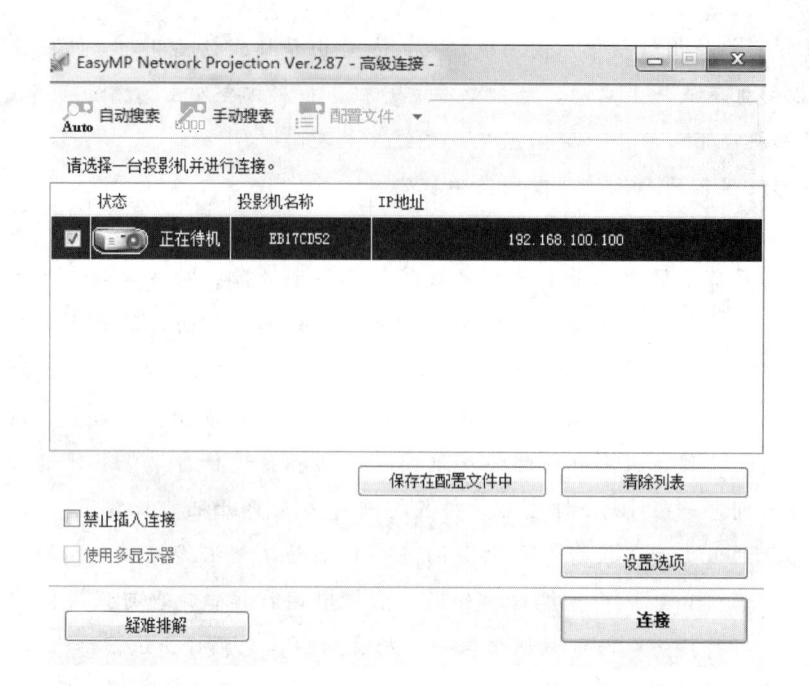

图 4-34 "EasyMP Network Projection Ver. 2.87—高级连接—"窗口

(3)选择正在待机的投影机,然后单击"连接"按钮,即可将电脑屏幕投放到投影机上,并且在计算机桌面弹出投影机管理窗口,如图 4-35 所示。

图 4-35 "EasyMP Network Projection Ver. 2.87"管理窗口

至此,通过局域网可实现电脑与投影机的数据连接,而省去了投影机与电脑之间的数据线连接。

需注意的是,投影机和电脑必须在一个局域网内,可通过投影机菜单修改投影机的 IP 地址。如果局域网内有多个投影机,将都会显示在"EasyMP Network Projection Ver. 2.87 高级连接"窗口中,连接时,可根据需要进行选择。

活动二　机动调整多媒体设备应用

学员在手机上安装"360WiFi 快传",参考本活动"知识与技能"的讲解或通过互联网,体验使用"360WiFi 快传"进行课堂教学,形成小组体验总结文档,上传至电子学档。

在本活动中,学员在小组内部进行体验并研讨,然后以小组为单位,根据体验研讨结果形成小组文档成果。

知识与技能

在课堂教学过程中，设备发生意外故障时，若不能及时排除故障，课堂教学计划不能正常实施，应灵活调整课堂教学，保障课堂教学顺利进行。下面就以教学多媒体设备不能正常使用，灵活使用智能手机继续进行课堂教学为例。

（1）在电脑上安装"360WiFi"，设置 WiFi 名称为"360WiFi－M0"，密码为"12345678"，如图 4-36 所示。

（2）打开手机，在手机上安装"360WiFi 快传"应用并打开，如图 4-37 所示。

图 4-36　电脑上安装"360WiFi"　　　　图 4-37　手机上安装"360WiFi 快传"

（3）点击手机界面下端中间的电脑图标按钮，开始寻找电脑，如图 4-38 所示。

（4）点击找到的电脑"360WiFi－M0"，并在打开的界面输入连接电脑的 WiFi 密码"12345678"，如图 4-39 所示。

（5）点击"连接"按钮，回到如图 4-37 所示的界面，手机与电脑连接成功。点击界面中的"遥控电脑"，出现如图 4-40 所示的界面，可以用来控制电脑。

（6）点击图 4-37 所示界面中的"我的电脑"，出现如图 4-41 所示的界面，可以用来查看和操作电脑上的信息。

图 4-38　寻找电脑　　　　　　　　图 4-39　输入连接电脑的 WiFi 密码

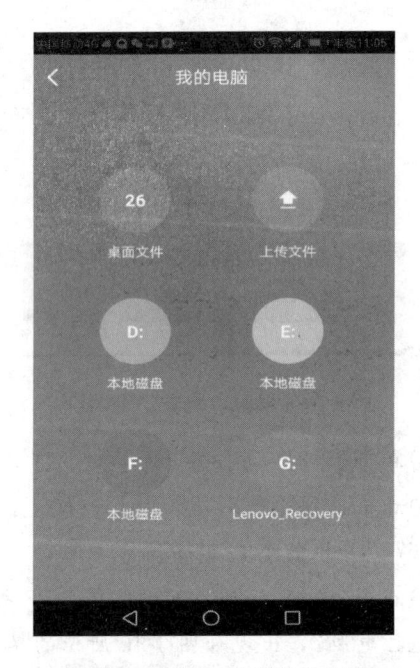

图 4-40　手机"遥控电脑"　　　　　图 4-41　用手机打开"我的电脑"

(7) 点击"我的电脑"界面中的"桌面文件"按钮，可以看到电脑桌面上的文件信息，如图 4-42 所示。

(8) 点击打开桌面"网页制作"文件夹中的 PPT 课件，如图 4-43 所示。

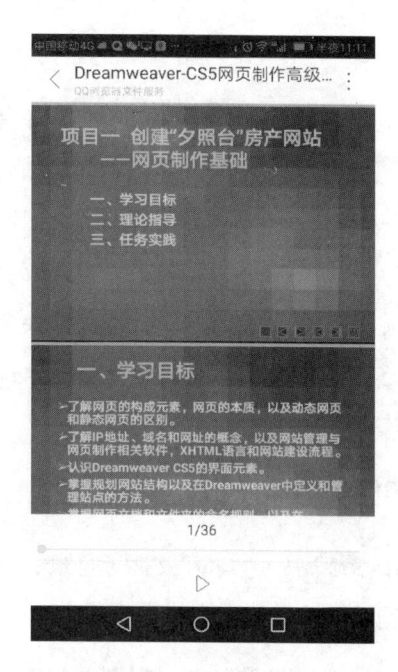

图 4-42　电脑桌面文件　　　　图 4-43　用手机打开电脑上 PPT 文件

（9）点击窗口右上角的菜单按钮，打开管理菜单，如图 4-44 所示。

（10）点击菜单中的"发送"命令，然后选择微信中的班级学生群，如"16 届计算机技术应用 2"群，如图 4-45 所示。然后再点击"分享"按钮，这样就可以将课件分享到学生手机中的班级微信群，学生可以用手机来跟随教师看课件，课堂教学继续进行。这就避免了因多媒体设备故障对课堂教学造成的影响。

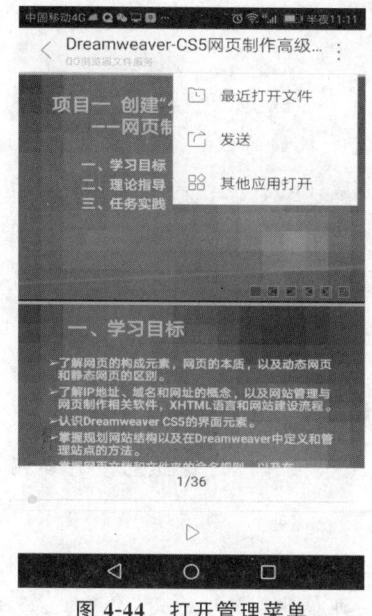

图 4-44　打开管理菜单　　　　图 4-45　发送分享 PPT 文件

任务五　有效提升技术素养

情景描述

以网络技术为特征的新的信息技术已融入教育教学的各个方面。在教学过程中，借助新的技术资源，鼓励学生参与教学过程，创造性地开展教学与学习活动，引导学生提升技术素养并发挥其技术优势。

任务分析

本任务通过创建QQ/微信讨论组、使用IP摄像头等信息技术手段，灵活地开展学习活动，以有效提升学生技术素养。

活动一　创建QQ/微信讨论组开展学习活动

每个小组分别创建QQ或微信讨论组，通过讨论组进行研讨，体验通过讨论组开展学习活动的利弊以及管控措施，形成小组体验总结文档，上传至电子学档。

在本活动中，讨论组的建立方法可参考本活动"知识与技能"的讲解或通过互联网检索。之后各个小组根据体验结果形成小组文档成果。

知识与技能

随着时代的发展、科技的进步，尤其是网络技术、移动技术的飞速发展，人们的生活从有线网络时代迈向了无线网络时代。智能手机的普及，教育信息化的逐步实现，使人们的生活、学习方式发生了深刻变化。特别是QQ、微信的出现，使泛在学习变成了现实。QQ/微信成为人们沟通、交流的主要载体，通过创建QQ或微信讨论组，学生之间的学习讨论与思想交流不再受时间、空间的限制，问题讨论、观点诠释、理念创新、知识互补与积累，创造性地开启了知识学习的新模式。

下面以QQ讨论组为例，介绍QQ讨论组的使用。讨论组没有QQ等级限制，人人都可创建讨论组且数量不限，一个讨论组可容纳多达50人。通过讨论组，可以进行传送文件、发送语音消息、修改主题、漫游消息等操作。讨论组的多种实用功能使学习与生活变得更加轻松、方便。

1. 创建QQ讨论组

(1)在QQ窗口，用鼠标单击"群聊"图标，再单击"多人聊天"命令，窗口出现"发起多人聊天"链接命令，如图 4-46 所示。

图 4-46　QQ 群聊创建窗口

(2)单击"发起多人聊天"链接命令，打开"发起多人聊天"窗口，用鼠标单击选择参与讨论的学生，如图 4-47 所示。

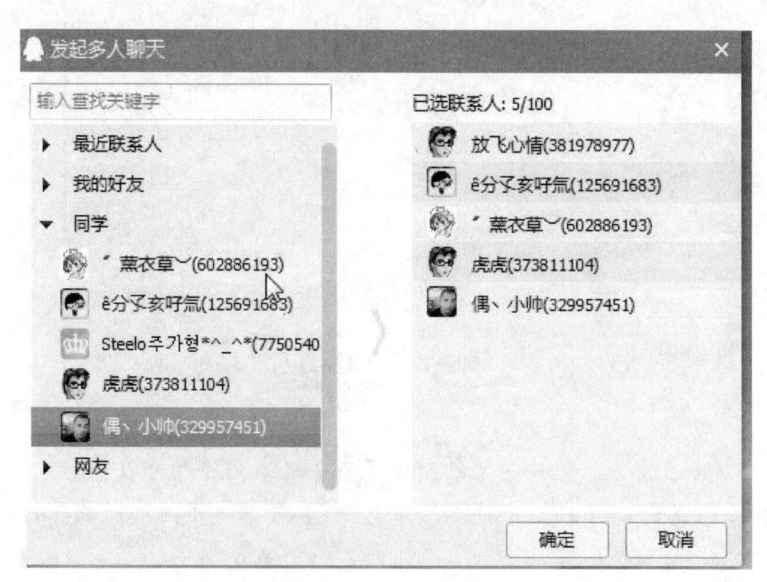

图 4-47　选择讨论组同学

(3)单击"确定"按钮,创建成功并打开讨论组,如图4-48所示。

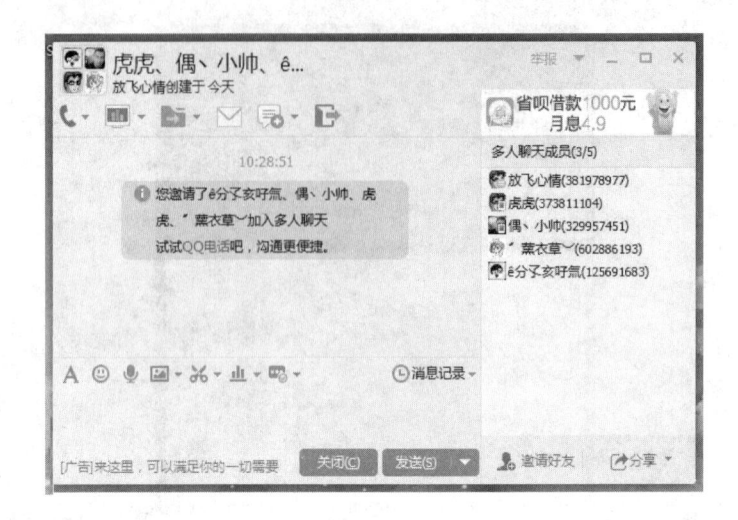

图4-48 成功创建QQ讨论组

(4)给讨论组修改主题名称。找到窗口上端的主题名称,直接单击修改名称即可,如图4-49所示。

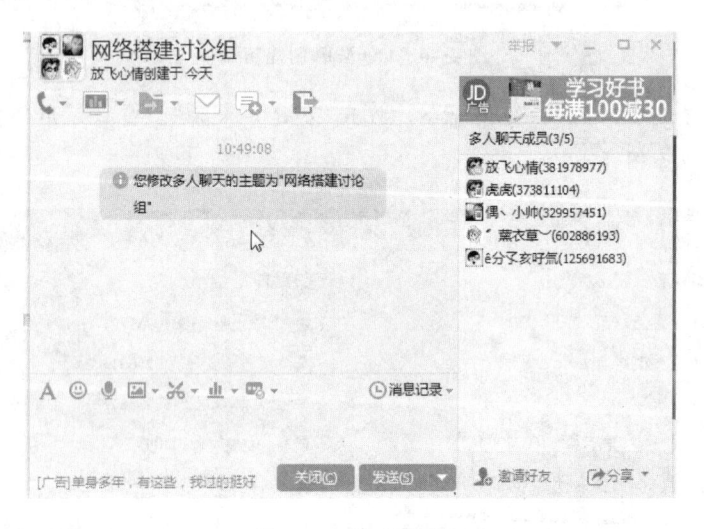

图4-49 修改主题

2. 传送文件

讨论组可以传送文件。无论是文档、照片还是压缩文件都可以传送。

(1)在会话窗口上方的大工具栏中,单击"传送文件"图标,在弹出的菜单中选择"发送文件"命令,找到要传送的文件,单击"打开"窗口中的"打开"按钮即可。

(2)也可以将要传送的文件,直接拖放到讨论组输入框中,单击"发送"按钮即可。传送文件过程,如图4-50所示。

图 4-50　发送文件

3. 发送语音消息

QQ 讨论组可以发送语音消息，不管对方是否在线，也不管对方是用电脑登录还是用手机登录，都可以非常方便地接收讨论组成员发送的语音消息。

点击讨论组工具栏中的 QQ 电话图标，在弹出的菜单中选择"开始 QQ 电话"命令进行录音，完成后发送即可，如图 4-51 所示。

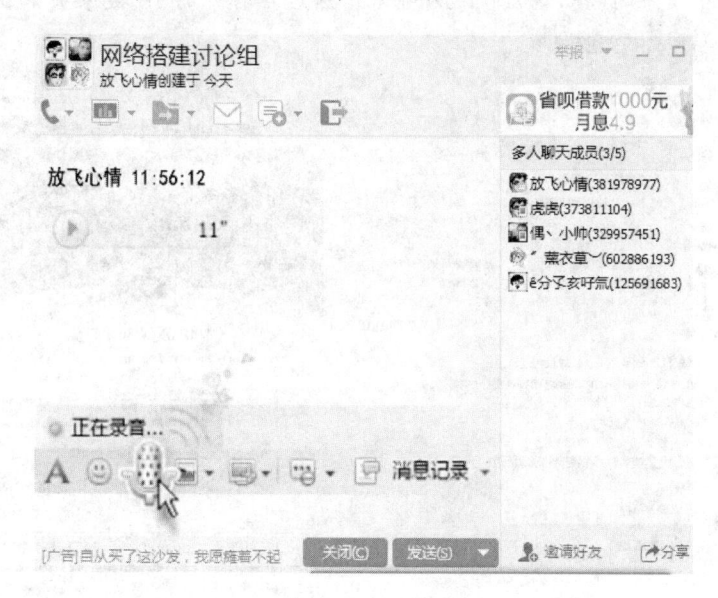

图 4-51　发送语音消息

另外，讨论组可以长时间保留聊天记录及发送的文件，可以随时随地看到讨论组讨论的内容，不用备份。

活动二　使用 IP 摄像头开展学习活动

每小组创建一个 IP 摄像头，将本小组的"队名""队徽""队训"投放到投影机的幕布上。小组研讨 IP 摄像头对开展学习活动的作用，形成小组体验总结文档，上传至电子学档。

在本活动中，IP 摄像头的建立方法可以参考本活动"知识与技能"的讲解或通过互联网进行查找，然后每小组根据体验研讨结果形成小组文档成果。

知识与技能

随着智能手机的普及，海量的手机应用正在改变着人们的生活和学习。学生在课堂、实训室、课外自学或研讨时，都希望能够方便地把自己的学习和实训过程、自己的问题与想法、小组的讨论过程录制下来，实时地与人展示共享，或用于探讨和寻求解答。现在通过一部智能手机就可将希望变为现实，就可以利用手机灵活地开展学习与交流活动，使用 IP 摄像头技术。

1. 手机下载 IP 摄像头应用

手机上网，百度一下"IP 摄像头"，点开百度列表中的"IP 摄像头_官方软件免费下载_百度手机助手"链接，如图 4-52 所示。然后在打开的 IP 摄像头下载页面，点击"普通下载"，如图 4-53 所示。

图 4-52　搜索 IP 摄像头软件　　　　图 4-53　下载 IP 摄像头软件

2. 手机安装并打开 IP 摄像头应用

完成下载并在手机上安装。安装完成后，如图 4-54 所示。点击页面右下角的"打开"按钮，打开后如图 4-55 所示。

图 4-54　完成 IP 摄像头软件安装 　　　图 4-55　打开 IP 摄像头软件

3. 打开 IP 摄像头服务器

在 IP 摄像头界面，点击页面最下面的"打开 IP 摄像头服务器"命令，如图 4-56 所示。点击页面右上角的"运动检测"按钮，在手机上可以看到摄像头摄取的动态视频内容，还可以看到一行以"局域网：http：//"开头的地址，如图 4-57 所示。

图 4-56　IP 摄像头服务器界面

图 4-57　IP 摄像头录像界面

4. 电脑实时转播手机 IP 摄像头录像

在计算机端，打开浏览器，输入手机上的局域网 IP 地址（注意：计算机和手机必须在一个局域网内，可通过 WiFi 等来实现），如 http：//192.168.0.103：8081，在计算机浏览器窗口，会弹出"Windows 安全"窗口，输入用户名和密码，如图 4-58 所示。用户名和密码可通过打开手机 IP 摄像头界面右上角的设置按钮来查看和设置，默认用户名和密码均为 admin。输入用户名和密码后，单击"确定"按钮，就可以从计算机的浏览器实时观看来自手机 IP 摄像头的转播，如图 4-59 所示。

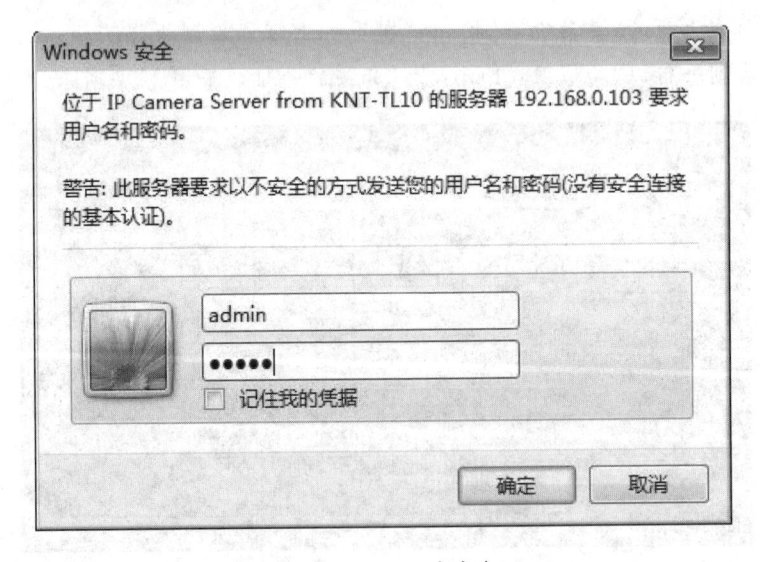

图 4-58　Windows 安全窗口

图 4-59　来自 IP 摄像头的转播

如果在教室或实训室有多媒体设备，学生就可以通过手机将自己或小组的作品转播到大屏幕上，向全班同学展示、互相讨论和交流学习；教师也可以用来评讲学生的作业或成果。这种灵活、创造性的学习方式，必将引导学生提升技术素养并发挥其技术优势。

项目五 评估与诊断

信息技术成为教与学的工具，促进了学校根本性的改革。随着教育信息化的飞速发展，教学模式和教学方法发生了巨大的转变。新的教学模式和教学方法是否比传统的教学模式和教学方法更能提高教与学的效果；教师、学生家长和学校的管理人员，如何知道教学工作已经圆满完成；学生如何知道自己是否达到了学习目标。这就需要有可靠的评价标准和科学的评价方法。

教学评价是指依据教育方针、一定的教学目标和教学规范标准，利用所有可能的评价技术，对教学效果和教学目标的实现程度做出价值上的判断，以期改进教学工作。理解这个概念，要注意以下问题：第一，教学评价是以教育方针、教育目标为依据的；第二，教学评价是一个过程，它包含着一系列的步骤与方法；第三，教学评价是教学工作的一个重要组成部分，直接作用于教学活动的各个方面；第四，教学评价的最终目的，是用一定的价值标准对学校的教学情况进行价值判断，以改进后续的工作。

教学评价和教育评价既有联系，又有区别。教学评价是教育评价的一个重要方面，是构成教育评价的主要部分和基础。教学评价是整个教学工作的重要组成部分，它不仅体现在对教师与学生的评价，体现在对具体的课堂教学过程、教学设计、教学手段、教学方法、教学内容等的评价，还涉及对与教学活动和教学效果紧密相关的教学管理、教研室建设、办学水平等情况的评价。教育评价是以教育的全部领域为对象，它涉及教育的一切方面。

信息化教学评价是指在现代教育理念的指导下，运用一系列评价技术和工具，对信息化教学过程和结果进行测量和价值判断的活动。它为教学问题的解决提供根据，并保证教与学的效果。信息化教学评价着眼于促进学生素质的全面发展，坚持将评价过程和教学过程进行整合。这样不仅有利于学生综合素质的发展，而且有利于学生分析问题、解决问题能力的培养，注重给予学生更大的自主选择空间，使学生从被动接受评价转变成为评价的主体和积极参与者。

项目学习要点：
- 了解信息化教学评价。
- 学习开展自评和互评。
- 掌握评价学习过程的方法。
- 学会评价教学资源。
- 学会利用电子档案袋评价教学。
- 掌握在教学中使用评价量规的方法。

任务一　了解信息化教学评价

情景描述

当前，尽管信息化教学评价引入了一定的信息化手段和方法，如采用学生网上评价，通过信息化手段进行评价数据的采集与分析等，但从总体来看，整个教学评价体系基本上还是以目标本位的评价为指导，教学评价较为严重地依赖教学目标和手段，缺乏对目标和手段本身的价值评判和意义追问。特别是课堂教学目标基本上只是些可观察、可量化的知识学习和技能训练任务，对一些体验性、情感性、过程性和发展性的目标没有给予应有的重视，而这些目标恰恰又是信息化教学评价内容的重要组成部分，对人的个性发展、和谐发展具有非常重要的意义。

任务分析

学习信息化教学评价的相关知识，分析当前教学评价的现状，通过信息化教学评价和传统教学评价的比较，理解信息化教学评价的内涵。

活动一　检索信息化教学评价的相关知识

教师布置活动内容，学员根据活动内容在组内进行研讨，将研讨的结果进行汇总，并将汇总结果上传至云笔记共享。

在本活动中，每个学员根据教师布置的任务，结合自己的专业，利用网络搜索信息化教学评价的功能、标准、原则等相关知识，整理后分组汇总。整理收集到的教学评价理论知识，填写教学评价理论整理表，如表5-1所示。

表 5-1　教学评价理论整理表

教学评价的概念	
教学评价的功能	
教学评价的原则	
其他教学评价的知识	

知识与技能

一、职业教育教学评价的现状

大体来说，目前职业教育常规教学评价主要存在如下问题。

1. 评价功能单一

职业教育教学评价过于强调对课堂教学效果的考核或评估，大多数学校把教学评价的功能定位为导向与激励、评估与考核等，把教师教学任务完成好坏、水平高低以及学生知识水平和学习能力达成的高低当成了教学评价的主要方面，而忽视了教学评价的诊断与反馈、教学与研究等功能。

2. 评价标准单一

评价标准通常侧重对教师教学水平的评价，对学生学习水平和效果的评价没有引起足够重视。同时，不少学校在对教学进行评价时，通常采用通用性教学评价标准，并没有针对公共课、专业理论课、专业实训课等设计专门的有针对性的评价指标体系。不少学校在设计评价标准或评价指标体系时，也没有根据职业教育的特性来设计有职业教育特色的标准或体系，不少院校基本上是套用基础教育的教学评价标准。

3. 评价方法单一

在职业教育教学中，评价多使用统一的量表。尽管这些教学评价量表设置的评价指标全面，但是二级指标较多，又过于空泛、烦琐，不利于操作实施。大多数职业院校在进行常规教学评价时，基本上是采用通堂听课评价、课堂教学量表打分、期末学生凭感觉打分等方式。评价的方法较为单一随意，不够严谨科学；过于注重量化评价，忽视质的评价；注重相对评价，忽视绝对评价和个人内在差异性评价。特别是采用信息化手段和方法来进行教学评价的方式、方法不多。评价方法的单一和陈旧，在一定程度上影响了教学评价的信度和效度。

4. 评价主体单一

职业教育的教学评价主体是评价者，评价活动以他评为主，任课教师自评和参与评价的活动不足。评价活动往往由教育管理者或其他受教育管理者委派的教师或督导人员来操作。评价结果很少反馈给评价者，或者反馈信息不充分。在评价过程中，教师和学生一直处于被动接受评价的地位。特别是缺乏用人单位、学生家长、社会其他机构或人员的参与，还没有构建起院校主办单位、学校教学管理者、教师、学生、用人单位、学生家长和其他社会机构或人员组成的多元化的评价主体，开放性的教学评价体系还没有有效建立。

二、信息化教学评价与传统教学评价的比较

为了达到信息化教育的培养目标，信息化教学评价必须要与各种相关的教学要素相适应，也必然与传统的教学评价存在不同，具体区别可以概括为以下五点。

1. 评价目的不同

传统的教学评价侧重于评价学习结果，以便给学生定级或分类。评价通常包含根据外部标准对某种努力的价值、重要性、优点的判断，并依据这种标准对学生所学到的与没有学到的进行判断。为了评价学习结果，传统的评价往往是正规的、判断性的。而在信息化教学中，评价是基于学生表现和过程，用于评价学生应用知识的能力。关注的重点不再是学生学到了什么知识，而是在学习过程中获得了什么技能，这时的评价通常是不正规的、建议性的。

2. 评价标准的制订者不同

传统评价的标准是根据教学大纲或教师、课程编制者等的意图制订的，因而对团体学生的评价标准是相对固定且统一的。信息化教学强调学生的个别化学习，学生在如何学、学什么等方面有一定的控制权，教师则起到督促和引导的作用。为此，在信息化教学中，评价的标准往往是由教师和学生根据实际问题和学生的知识、兴趣和经验共同制订的。

3. 对学习资源的关注不同

在传统教学中，学习资源往往是相对固定的教材和辅导材料，因而对于学习资源的评价相对忽视，往往只是在教材和辅导材料等成为产品前，才会出现由特定学生与教师实施的检验或实验性质的评价。而在信息化教学中，学习资源的来源十分广泛，特别是互联网在学习中的应用，更使学习资源呈现了取之不竭之势。然而这些资源的质量跨度是很大的，有一流的精品，也有大量的垃圾信息。在这种情况下，选择适合学习目标的资源不仅是教师的重要任务，而且是学生终身学习所要获得的必备能力之一。因而，在信息化教学评价中，对学习资源的评价受到更广泛的重视。

4. 学生所获得的能力不同

在传统的教学评价中，学生的角色是被动的。他们通过教师的评价被定级或分类，并从评价的反馈中认识自己的学习是否达到预期。然而，在信息化教学中，面对不断更新的知识，指望他人像传统教学中的教师一样适时地对自己的学习提供评价是不可能的。因而，作为一个合格的终身学习者，自我评价将是一个必备的技能，培养学生的这种技能本身就是信息化教学的目标之一，也是评价工作的任务之一。

5. 评价与教学过程的整合性不同

在信息化教学中,培养自我评价的能力和技术本身就是教学的目标之一。评价具有指导学习方向、在教学过程中给予激励的作用。正是由于有了评价的参与,学生才有可能达到预期的学习结果。因此,评价是镶嵌在真实任务之中的,评价的出现是自然而然的,是一个进行之中的、嵌入的过程,是整个学习不可分到的一部分。应该指出的是,虽然信息化教学评价与传统教学评价有种种不同之处,但在应用上并不是对立的。

三、教学评价的功能

1. 导向功能

党和国家的教育方针,课程计划规定的学校培养目标,各科教学大纲规定的教学目的、任务、内容,是教学评价的基本依据。它们是通过教师的教和学生的学的具体活动实现的。

2. 鉴别和选择功能

教学评价可以了解教师教学的效果和水平、优点和缺点、矛盾和问题,以便对教师进行考察和鉴别。这有助于学校和教育行政部门领导决定教师的聘用和晋升;有助于在了解教师状况的基础上,安排教师的进修与培训。教学评价能对学生在知识掌握和能力发展上的程度做出区分,从而分出等级,为升留级、选择课程、指导职业定向提供依据,为选拔、分配、使用人才提供参考。同时,教学评价也是向家长、社会、有关部门报告和阐释学生学习状况的依据。

3. 反馈功能

通过教学评价,能使教师和学生知道教学过程的结果,及时提供反馈信息。反馈信息在教学中具有重要的调节作用。教师获得教学评价的反馈信息,能及时调节自己的教学工作,了解自己的教学方法和教学组织过程中的某些不足,诊断出学生在学习上存在的问题与困难;可使教师明确教学目标的进展和实现程度,明确教学活动中所采取的形式和方法是否有利于促进教学目标的实现,从而为改进教学提供依据。学生获得反馈信息,能加深对自己当前学习状况的了解,确定适合自己的学习目标,从而调整自己的学习。此外,还能起到激发学生学习动机的作用。

4. 咨询决策功能

科学的教学评价是教学工作决策的基础。只有对教学工作有全面和准确的了解,才能做出正确的决策。教学决策实践表明,任何科学的教学决策都是建立在教学评价提供的具有说服力的评价结果上的。

5. 强化功能

教学评价可以调动教师教学工作的积极性,激起学生学习的内部动因,维持教学过程中师生适度的紧张状态,可以使教师和学生把注意力集中在教学任务的某些重要部分。实验证明，适时地、客观地对教师教学工作做出评价，可使教师明确教学中取得的成就和需要努力的方向，可促使教师进一步研究教学内容、教学方法，以提高自己的教学水平。对学生来说，教师的表扬、鼓励以及学习成绩测验等，可以提高他学习的积极性和学习效果。同时，教学评价能促进学生根据外部获得的经验，学会独立地评价自己的学习结果，即自我评价。自我评价有助于提高学生成绩。

四、教学评价的原则

1. 方向性原则

教学评价必须以党和国家的教育方针、国家颁布的课程计划和教学大纲为依据，通过评价使教学坚持正确的方向，促进学生的全面发展。对教学各个环节的评定、考核，要体现出相应的教学目标要求。对教学的评价要全面，要体现出教学要求的目标方向，既要评价知识、技能的掌握情况，又要评价情感、态度和价值观的提高情况；既要评价教师在课堂教学中的表现，又要评价学生的参与情况，还要评价教学是否面向全体学生，是否全面完成大纲规定的教学任务，是否达到课程计划中规定的培养目标。总之，教学评价必须坚持正确的方向。

2. 客观性原则

教学评价必须采取客观、实事求是的态度，要客观地反映被评价对象的真实价值，不能主观臆断或掺杂个人感情。在编制评价指标体系时，一定要进行深入的调查研究，广泛征求教师的意见，使评价指标体系尽可能准确地反映教学实际情况。标准一旦确定，任何人都不能随意改动。如果教学评价是客观的，就会激发师生的教与学；如果评价是不客观的，就会挫伤师生的积极性。因此，客观性原则对于教学评价至关重要。

3. 整体性原则

教学是教师教与学生学的双边活动。构成教学过程的诸多因素如师生、教材、设备等，不仅各自发挥作用，而且相互关联、相互影响，形成整体的功能。因此，教学评价时要注意影响教学质量的各个因素及它们之间的联系，要抓住主要矛盾，全面系统地进行分析评价。在评价时，还要注意教学安排是否符合学生的认知规律，教师、学生、教材、设备之间的关系是否达到了整体优化。

4. 目的性原则

教学评价实际上是一种管理手段，每一次评价就是对教学进行一次调控。目的性原则是指在进行评价时必须要有明确的目的。每一次评价都要有具体的目的，不能为评价而评价。评价的具体目的决定着采用什么样的评价标准，也决定着评价的具体做法。教学是一种有目的的活动，评价决不能随心所欲，愿意评什么就评什么，也不能愿意怎么评就怎么评。

5. 可行性原则

教学评价要从当地教学的实际情况出发，评价的内容、方案、指标等都要符合当地的具体条件，并能够实行。在编制评价指标体系时，要充分考虑教学实际水平。过低，起不到评价的激励作用；过高，绝大多数教师经过努力也达不到，会使教师失去信心和兴趣。评价的方法要简便易行，能为教师、教学研究人员和学校领导理解、掌握。

  6. 评价和指导相结合原则

  评价是按照一定的原则、标准，对评价对象已完成的行为做出肯定或否定的判定，使被评价者从中受到启发和教育。指导是评价的继续和发展，它把评价的结果上升到一定的理论高度加以认识，并根据评价对象所具有的主客观条件，从实际出发，使评价对象能掌握自身在今后一个时期内发展的方向。从教学管理上讲，有对教学问题的评价，就有对教学问题的指导，否则评价就失去了意义和价值。从评价到指导，再从指导到评价，循环往复，这是提高教学质量、保证教学沿着科学性轨道发展的关键。

五、教学评价的标准

  1. 效果标准

  效果标准就是从教师教学工作效果的角度确定的评价标准。效果标准可以使人们关心、重视工作效果，有利于切实提高教学质量。

  2. 职责标准

  职责标准主要是从评价对象所应承担的责任和完成任务的情况进行评价，如评价教师的教学工作，可以从备课、讲课、作业、课后辅导等职责的履行情况进行评价。在备课质量方面主要看：对备课的工作态度，对大纲的钻研情况，对教材的理解和处理，对学生情况的了解，对教法、学法、教学手段的选择等；在讲课质量方面主要看：教学目的是否明确，教学内容是否体现思想性、科学性，教学方法是否体现以学生为主体、降低教师为主导，教学重点是否突出，教具和电化教学手段是否充分利用，教学组织是否严密等；在作业批改方面主要看：对作业的要求是否明确，习题是否是精选的，作业是否及时批改、按时收发等；在课后辅导方面主要看：对好、中、差三类学生是否都进行辅导，对学生辅导是否经常、认真、耐心等。

  3. 素质标准

  素质标准是从承担和完成各种任务应具备条件的角度提出的，如评价一个教师的教学情况，除了效果标准和职责标准，还要看他的素质如何。作为一个教师，要有较高的政治、道德修养，要有渊博的专业知识和一定的教育、心理学知识，要有较强的教学能力、表达能力，要热爱学生、热爱教育事业等。素质是被评价对象的基础和条件，它是一种长期起作用并能决定日后发展方向的因素。因此，确定教学评价标准要充分考虑素质标准的重要性。

活动二 研讨信息化教学中常用的评价方法

教师布置活动内容，学员根据活动内容在组内进行研讨，将研讨的结果进行汇总，并将汇总结果上传至云笔记共享。

在该活动中，每个学员根据教师布置的任务，结合自己的专业，列举出平时教学中使用的评价方法并归类。

提示：按评价的功能分类、按不同的分析方法分类、按不同的参与主体分类、按面向学习过程和学习资源分类。

知识与技能

一、按不同功能的评价分类

按不同功能的评价分类，如表 5-2 所示。

表 5-2 按不同功能的评价分类

类型	诊断性评价	形成性评价	总结性评价
实施时间	教学之前	教学过程中	教学之后
评价目的	摸清学生底细，以便安排学习	了解学习过程，调查教学方案	检验学习结果，评定学习成绩
评价方法	观察法 调查法 作业分析法 测验法	经常性测验 作业 日常观察	考试 考查
作用	查明学习准备情况和不利因素	确定学习效果	评定学业成绩

二、按不同分析方法的评价分类

按不同分析方法的评价分类，如表 5-3 所示。

表 5-3 按不同分析方法的评价分类

类型	定量评价	定性评价
含义	采用数学的方法，收集和处理数据资料，对评价对象做出定量结论的价值判断	不采用数学的方法，而是根据评价者对评价对象平时的表现、现实的状态或文献资料的观察和分析，直接对评价对象做出定性结论的价值判断
举例	如运用教育测量与统计的方法、模糊数学的方法、量规等，对评价对象的特性用数值进行描述和判断	评出等级、写出评语

续表

类型	定量评价	定性评价
特点	客观、评价结果一目了然、易比较。随着测量与评价理论的发展,量化评价的形式越来越多地在教育领域广泛应用	全面、准确,但是主观性比较强。教育活动是非常复杂的,具有模糊性,存在着许多难以量化的因素。因此,定性评价是不可缺少的
趋势	定性评价和定量评价各有其优缺点,各有其适用范围。现代评价理论和实践发展的趋势就是将定性评价和定量评价结合起来,求得更客观和更全面的评价结果	

三、按不同参与主体的评价分类

按不同参与主体的评价分类,如表5-4所示。

表5-4 按不同参与主体的评价分类

类型	自我评价	他人评价
含义	评价者在组织内部对自身进行的评价	评价对象自身以外的任何评价者实施的评价
举例	教师对自己教学思想、内容、方法、态度、效果等的评价	校领导对教师的评价、教师间的互评、教师对学生的评价、学生间的评价等
优点	第一,因为被评价者对自己的情况最熟悉,因此自我评价有利于全面收集信息,形成准确的判断。第二,进行自我评价,有利于大大减轻评价组织者的工作量。第三,开展自我评价,有利于评价活动真正发挥促进改革、推动工作的作用。自我评价促使被评价者自己主动去寻找问题,这对今后由自己去解决问题是十分有利的	他人评价的优点是非常严格,评价结果客观性较强
缺点	不太客观,评价结果不可完全信赖	组织工作较为繁杂,耗费人力和时间较多
趋势	将自我评价和他人评价结合起来,更大地发挥两者的优点	

四、面向学习过程的评价与面向学习资源的评价

面向学习过程的评价与面向学习资源的评价,如表5-5所示。

表 5-5　面向学习过程的评价与面向学习资源的评价

类型	面向学习过程的评价	面向学习资源的评价
含义	面向学习过程的评价着重于测量与评价学生的学习情况，也就是采用测量工具和方法对学生的学习过程或学习结果进行描述，并根据教学目标对所描述的学习过程或结果进行价值判断	学习资源是指学生能够与之发生有意义联系的人、材料、工具、设施、活动等。这些资源来自两个方面，一方面是现实世界中原有的可利用的资源，另一方面是专门为了学习目的而设计出来的资源。这里讨论的学习资源主要是指后一种，如各种教学产品(在信息化教育中，尤其是指教学软件和网上资源)等。面向学习资源的评价主要是根据教学目标，测量和检验学习资源所具有的教育价值

任务二　开展自评与互评

情景描述

实施评价要注意教师的评价与学生的自我评价相结合。目前，新的课程评价方式日趋丰富，它不再局限于教师对学生情况进行的随时评价，还包括学生之间的互评与反思。课堂要由教师的"一言堂"变成"群言堂"。过去，学生一直是学习评价的对象，现在学生可参与到学习评价中，对自己评价、对他人评价及对教师评价，让学生在交流中学习、在评价中认知、在反思中进步。

任务分析

在课堂上，应该让学生大胆、主动地学习和讨论；应该以学生为主体，充分发挥学生的主体作用，让他们积极主动地参与自评和互评。教师在教学中，应该及时检测自己的教学目标和教学方法，并适时调整，给学生更多的机会，让学生参与到自评和互评的过程中。

活动　评价教学设计

教师布置活动内容，学员根据活动内容在组内进行研讨，将研讨的结果进行汇总，并将汇总结果在班内共享。

评价各小组编写的授导型课堂教学设计(详见项目三任务三活动二)。

在该活动中，每小组选出代表讲解本组的授导型课堂教学设计。各组都讲解完成后，开始小组间互评。小组内部学员间也要开展自评与互评，针对每个教学设计的优缺点提出点评意见。

提示：以小组为单位，记录小组参与教学的情况，充分调动学员的学习积极性，建立学员活动情况记载表。

知识与技能

一、加强学生自评与互评，提高教学效果

1. 以学生为主体，充分发挥学生的主观能动性，为学生创造更多的机会

学习是一个以学习者为主体，以体验为基础，通过不断地探索及反思而融入世界的过程。学生作为学习主体，必须积极主动参与自评和互评。教师在教学中，应该及时检测自己的教学目标和教学方法，并适时调整，给学生提供更多的机会，让学生参与到自评和互评的过程中。

2. 积极实施多种形式的自评和互评，加强策略训练

中等职业学校学生的心智发展还不成熟，有时无法对自己和他人做出准确客观的评价。因此，教师在教学过程中应加强对学生自评和互评的指导。在评价时不仅要促使学生发现自己的问题与不足，还要引导学生发现自己和他人的长处，汲取经验教训，争取更大的进步。教师可指导学生通过小组内部评议、全班交流评议，使原来的单项评议转变为师生、生生之间的多角度、全方位、多层次交流。小组评价后，可让小组内部先将自己的评价与同伴的评价对比，在班级展示前有修正、完善的机会。让学生在评价的过程中提高评价的准确性和语言的流畅性，从而增加学生评价的勇气和对评价的兴趣。

二、学生自评和互评的意义

1. 自我评价有助于学生认清自我

自我评价的过程就是学生认识自我、分析自我、提高自我的过程。通过自我评价，学生可以找出自己的优势与不足；可以更好地挖掘自己身上独特的可塑性优势，引导自己找到自尊和自信；还可以了解各个阶段自身的优劣，并适时提出未来的计划与目标。

2. 有助于激发学习动机和学习兴趣

自评与互评增强了学生的主体意识，提高了学生的学习主动性和独立思考能力，发展了他们的批判性思维，使他们对活动能投入更大的热情，因此有利于激发学生的学习动机和学习兴趣。对大部分学生来说，看到自己的进步与得到同伴的赞扬更能给他们提供动力，比教师直接评价更有成就感。

3. 有助于培养学生之间的合作精神与责任意识

自评与互评有助于加强学生之间的相互理解、相互尊重，让学生知道评价是如何

进行的，要对评价的质量承担责任，对自己和他人负责。

三、信息化教学评价的要求

1. 评价应在体现基本教学目的、课堂教学规律的同时，强调广泛性、全面性的新变化

即使是信息技术环境下的新课程，也不是对传统课程的全盘否定，也应该完成其最基本的教学目的，符合最基本的教学规律。

（1）教学目的。

教学评价标准首先应反映既定的教学目的，要符合教育的培养目标。但在反映社会对课堂教学外在要求的同时，也要反映学生发展对课堂教学的内在要求。教学评价不能局限于关注学生知识的掌握，同时要关注学生是否获得主动学习并不断更新知识的能力；更要关注课堂教学是否促进学生兴趣、爱好、意志等个性品质的形成和发展以及创新能力的培养等。

（2）教学内容。

课堂教学在传授教材知识的基础上，还要增加与社会生活紧密联系的内容，特别是学生生活、社会实际、现代化技术和生产实际相关的内容。所以在进行课堂教学内容评价时，既要参考教材的基本教学内容，又要不拘泥于教材。

（3）教学规律。

课堂教学是长期以来形成的重要的学校教学活动，虽然教学过程中存在许多不确定性因素，但在这些不确定性因素的背后仍然存在一些不以人的意志为转移的规律，师生在教学活动中必须认识并遵循这些规律才能使教学发挥最大作用，如启发式原则、因材施教原则等；同时，教学过程、方式、技巧等要符合学生的认知基础和情绪基础；评价要以教学环境、设施等客观条件为基础等。在确立教学评价标准时，应正确反映课堂教学规律和基础，通过评价反馈，来指导师生的课堂行为。

2. 对教师评价的内容要进行扩充

正确评价教师的课堂行为是传统教学评价的主要内容之一，信息化教学环境下的教学特点使对教师的评价在传统评价的基础上增加了新内容。

（1）对教学基本功评价。

在对教师教态、板书、语言等进行传统评价的同时，还要强调一些新的基本功，如教师寻找信息、处理信息的能力，教师把与教学有关的、反映科学技术进步和社会经济发展等问题及时应用到教学当中的能力，自制教具、模型、多媒体教学课件的能力等。

（2）对教师素质进行评价。

对人才培养的高要求，决定了对教师素质的高要求，课堂评价应增加对教师素质评价的内容，如教师在教学过程中体现出的职业道德、个性品质、学科知识、文化、

艺术素养等。同时，课堂评价应该对师生情感交流给予肯定，积极鼓励教师创造平等、民主、和谐的教学关系。

(3) 驾驭课堂能力。

基于信息化教学环境的教学改变了传统教学的单向模式。课堂评价既要考虑教师与学生的互动，又要考虑学生与学生的互动，要求教师有更高的驾驭能力。在教学过程中，教师不但要把时间、空间还给学生，更重要的是要从不同角度、不同方向和不同层次鼓励学生以批判和发展的眼光观察和学习，体验思维的过程。

3. 评价应体现学生的主体性

课堂评价是依据一定的目标和结果对师生双方的行为给予价值判断。传统的教学评价，在一定程度上对促进教师的教学有积极的作用，但若用新的教育观来分析，就显得过于关注教师的课堂表现。即使关注到学生的行为表现，也往往只注意到学生对教师所教内容的反映，这种评价就容易导致教师将备课精力投入到准备"表演"上。

4. 从强调定量测量向注重评价的有效性转变

以前制订教学评价标准更多考虑的是规范性和客观性，导致教学评价越来越僵化、教条、千篇一律。而事实上，评价的有效性应是评价活动赖以进行的基本要求，即使评价再客观、再准确，如果有效性差，最终也很难达到评价目的。因此，要发挥评价应有的作用，使从事具体课堂教学的人员认可和接受，并能对教学起到促进和导向作用。

5. 评价要注重个性化、差异性，体现开放性原则

课堂教学是丰富多彩的，每一节课都是丰富和复杂内容的综合体。课堂教学本身还是一门艺术，这门艺术水平的高低，是和教师与学生共同的创造性努力程度分不开的。教学评价要反映教学目标、内容、行为方式的层次性；对学生的评价要关注每个学生的差异。评价时，对信息的收集应当是多样、全面和丰富的，所以对课堂教学的评价不可能用一个统一的标准来框定教师和学生的教学行为，而应该体现开放性原则。教师与学生巨大的创造力决定了他们在课堂教学中的具体表现是难以预测的，一个教学评价标准不可能涵盖所有的教学与学习行为。

6. 课堂评价应向多元化转变

(1) 评价者的多元化。

专家的评价意见：各级各类专家通常作为传统课堂评价的执行者，通过课堂评价，给出权威性的结论意见。但受各种主客观因素的影响，专家的结论可能有些偏颇，甚至起到消极的影响。因此，应该结合其他评价者的结论，使教学评价发挥最有效的功能。

上课教师自评：教师在设计教学时，可能有自己的特殊目的，听课者未必能完全体会，即使没有完全达到预期目的，也可以通过自评和交流体会存在的问题，为以后

教学提供经验和教训，这样可以更好地发挥评价的作用。

学生参与评价：学生在参与评价的过程中，评价学习材料和学习过程，评价自身的长处与不足，这些做法既能培养学生勇敢自信的品质，又能锻炼学生分析、判断的能力，从而使学生的主体意识进一步确立。学生参与评价，给学生提供了发现、研究、探索的空间，为学生发展、创造创设了有利条件；而且教师可以通过学生的评价意见，得到及时反馈，得以尽快改进教学。

其他评价者：参加评价的，还可以包括同科或其他科的听课教师、教育管理者、多媒体资源的开发设计者等。他们分别从不同的角度，给出对课堂教学的评价结论。将所有这些评价者的评价结论综合起来，可以使课堂评价更加全面。

(2)评价内容的多元化。

课堂评价包括教学目的达成情况，教学规律体现情况，教学环境布置情况，教学内容丰富准确程度，教师的指导情况，师生互动方式，资料展示和教具呈现的清晰可见度，学生主体性的体现情况，学生差异性的兼顾情况，课堂气氛活跃、和谐、热烈的程度，以及学生情感、品德、多种能力的培养和展示情况等尽可能翔实的多个方面。

(3)评价形式的多元化。

课堂评价内容和参评者的多元化、评价的开放性，决定了教学评价的形式不可能是单一的。具体应该包括语言评价和书面评价、程度水平分等、测试和量化结果的数据、评价者情绪体会和主观感觉等多种形式。

7. 教学评价必须促进教师和学生的发展

对教师和学生实施以尊重评价对象为前提，以促进评价对象不断发展，从而不断满足自我实现需要的教学评价，一方面能够有效地发掘教师的潜能，提高教师的职业道德、业务能力和创新素质，促进和提高教师的教学工作水平；另一方面能够有效地发现和发展学生的潜能，促进学生的全面发展，并对学生创新素质和实践能力的提高产生积极的效果。

四、不同教学模式下的教学评价

教学评价的关键在于制订出明确而又客观的标准。在以教为主的教学模式评价体系中，教师最主要的责任是把知识传授给学生，所以教师本人的学识非常重要。另外，相同的教学内容和教学时间，要达到相同的教学目标，经验丰富的教师能省时、高效地完成教学任务，而没有经验的教师，往往既费时又费力，效果还不佳，这是因为不同教师采用的教学方案和策略不同。而教学方案的好坏、教学策略的优劣，是靠诊断和评价学生的学习状况做出判断的。因此，评价教师的教，通常是以教师拥有知识的数量多还是少、面宽还是面窄、渊博还是肤浅，教师的教学方法是否得当、是否容易为学生所接受等为标准的。这种模式下对学生的评价更多集中于以对教师所传授知识接受数量的多少、掌握程度的深浅等为标准。

在以教为主的教学模式评价体系中,教师是知识的传播者和灌输者,学生是被动的接受者,是灌输的对象。因此,教学评价的主要对象是教师,评价的内容围绕教师的教展开,如教师确定教学内容的范围和深度是否合适;选择的教学媒体是否适合所选的教学内容和教学对象;讲解的时间长短等。在这种评价体系中,对学生进行评价,一般是检验学生接受教师所传授知识的数量和程度,通过学生的学习状况来审查、评价教师确定的教学内容和教学方法是否合适、教学策略是否得当等,评价结果作为评价教师的实例和佐证。简言之,这种对学生的评价,是为评价教师服务的。

在以学为主的教学模式中,强调学生的认知主体作用。因此,教学评价的对象,必然从教师转向学生,评价学生的学习,如学生的学习动机、学习兴趣、学习能力等。在此指导思想下,教学评价的主要对象是学生,当然也对教师进行评价,但评价的出发点从是否有利于教师的教转变成是否有利于学生的学、是否为学生创设了有利于学习的环境、是否能引导学生自主地学习等。显而易见,对教师的评价标准是围绕学生制订的。

在以学为主的教学模式中,因为采用了自主学习策略,学生可以按照自己的认知结构、学习方式,选择自己需要的知识,并以自定的进度进行学习,所以评价方法也多以个人的自我评价为主;评价的内容,也不是掌握知识数量的多少,而是自主学习的能力、协作学习的精神等。个人自我评价的优越性在于,学生可以不考虑评价结果造成的不利影响。因此,评价会更客观确切地反映学生的实际情况。

当然,以学生为中心的教学评价体系,仍需对教师进行评价。但是,因为教师已经从中心主导地位转变成了意义建构的帮助者、促进者以及学习者的伙伴,所以评价的标准也发生了相应的转变,包括教师能否为学生创设一个有利于意义建构的情境,能否激发学生的学习动机、培养学生的主动精神、使学生保持学习兴趣,以及能否引导学生加深对基本理论和概念的理解等。

任务三 评价学习过程

情景描述

面向学习过程的评价着重于测量与评价学生的学习情况,也就是采用测量工具和方法对学生的学习过程或学习结果进行描述,并根据教学目标对所描述的学习过程或学习结果进行价值判断。

学的评价在教学评价中处于核心地位,因为教学的效果如何,归根结底要落实在学生学习的效果上。学的评价则主要从知识与技能的掌握及提高、一般能力及学科能力的发展、学生人格的发展三个角度进行，有计划、有目的地对学生学习能力、所学知识及技能等的发展状况进行评价，是教学工作不可缺少的组成部分。

任务分析

了解几种常用的面向学习过程的评价方法及其优缺点，灵活应用多种评价方法。在实际授课中，几种评价方法综合使用以实现最佳教学效果。

活动　研讨常用的评价学习过程的方法

教师布置活动内容，学员根据活动内容在组内进行研讨，将研讨结果进行汇总，并将汇总结果在班内共享。

在该活动中，每个学员根据教师布置的任务，结合自己的专业，列举自己使用的评价学习过程的方法，整理后分组汇总。

知识与技能

一、观察法

课堂观察是有目的的研究活动，观察者只有清楚观察的目的，才能收集到更确切有效的资料，才能确保观察的有效性。因为课堂情境包含众多要素，如果没有观察目的，观察行动便是低效的。

日常观察是指在自然状态下，评价者直接观察并获取教学活动中学生发展状况的资料，并做出相应价值判断的一种方式。虽然日常观察具有自发性、偶发性特点，但它却是学习评价中最为常用的方式之一。如教师每天上课时都在观察学生的注意力是否集中、学生情绪有什么变化等。另外，对学生的态度、学习习惯、鉴赏能力、兴趣、意志和个性品质等一些难以量化的因素，主要通过日常观察进行评价。因此，学校领导和教师要经常深入教学，多接触学生，观察了解每个学生的学习态度、学习方法和学习效果，了解他们的性格、兴趣、行为习惯、意志品质、创造能力和体质状况，从而对每个学生做出全面的切合实际的评价和指导。

在教学过程中，观察法是一种常用的评价方法。它是通过有目的、有计划地观察学生在日常学习中的表现并加以记录，对学生学习的成效做出较为全面的评价。观察法有自然观察、选择观察和实验观察等几种。观察记录也有多种方法，如通过设计观察表格来记录整个学习过程中学生在知识、技能、行为和情感等方面的变化。观察的目的、观察的必要性和观察的可行性用观察备忘录的形式加以记载。常用的观察表格包括学生个体使用的自我检查表和整个班级使用的记录表。观察的项目可以预先设计在表格里，也可以随时择取。表格可以与学生档案放在一起，也可以挂在教室的墙上，让学生了解需要考评的内容和自己的进步。要注意运用录音机、录像机、摄像机等现代化音像设备进行观察，提高观察法的信度和效度。

但是，观察法也有一定的局限性，如精确性受到限制，难以控制各种变化，无法避免观察者个人因素的影响等。

二、考查法

考查法是借助对学生日常学习活动的观察而对他们的学习行为及结果进行的评定。通过考查可以多方面地获取学生的学习动态，为教师提供及时反馈。考查法的形式主要有以下几种。

1. 课堂提问

课堂提问即教师在课堂上抽出一定的时间，让学生当场口头回答问题。这是考查中最普遍、最灵活的方法。口头提问可以通过学生回答问题的速度和质量，知晓学生对知识的理解及掌握情况，了解学生思维活动的方式，并及时给予评价，指出优缺点，激励、教育和督促学生。同时，课堂提问可以培养学生的口头表达能力，当个别学生回答问题时，全班学生都能从中受到启发，起到进一步理解、复习和巩固的作用。教师需要注意掌握课堂提问的技巧，如问题呈现的时机、方式等。

2. 批改作业

批改作业是教师了解和检查学生学习的一种方式，可以促进学生理解、巩固和运用课堂所学的知识，以达到融会贯通、举一反三的目的。通过作业检查与评分，教师可以了解学生理解与运用知识的质量，为改进教学提供信息；同时，学生也可以了解自己的学习情况，对其学习起到诊断和指导作用。教师在布置作业时，要注意作业的分量要适度，切勿盲目搞题海战术。而且，教师必须认真批改，严格要求，分数判定或评语都必须具有针对性与切合性，给予及时反馈与强化。

3. 黑板演算

黑板演算是指在中小学特别是在理科教学中，教师经常让一些学生到黑板上现场演算试题，来考查学生的知识和技能。这种考核有利于教师把评价与指导结合起来，教师可以当场对学生的演算过程、步骤和结果进行讲评和更正。

三、调查法

调查法是以提问的方式请学生对预先精心设计的一些题目进行座谈或书面调查，从中了解学生信息并做出评定。一般使用书面问卷或座谈的形式进行。问卷是通过书面的形式，让学生回答以预先精心设计的问题或表格，以收集资料和数据的方法。问卷调查要求学生实事求是地陈述自己的态度、特征、观点与看法以及行为表现等。问卷设计应简单、明了，尽可能不带倾向性和暗示性，以免造成结论失真。座谈是一种召集学生就有关问题进行专门交谈或与个别学生单独进行交谈而获取所需信息的方法。座谈要精心准备，预先计划好要谈的问题，谈话过程中应注意目的性，把握话题并记录要点。由于评价者与被评价者面对面地直接交谈，便于适时地把握问题，灵活地转换内容。

调查法是通过预先设计的问题请有关人员进行口述和笔答，从中了解情况，获得所需要的资料。它是教学评价的重要手段之一，有助于教师了解学生的学习兴趣、态度、学习习惯、学习策略、学习效果等内容，为改进教学提供支持。调查法的主要形式有访谈和问卷两种。

访谈作为一种常用的质的研究方法。按结构可分为封闭型、开放型和半开放型；按正式程度可分为正规访谈和非正规访谈，正规访谈又可分为直接访谈和间接访谈；按受访人数可分为个别访谈和集体访谈。

问卷调查是教育科学领域中最常见的研究方法，它是以严格设计的问题或表格向研究对象收集研究资料和数据的方法。问卷的编制是问卷调查的核心，它的一般设计步骤：首先，根据研究目的与假设，收集所需资料，构建问卷项目；其次，确定问卷的形式，列出征求意见，修订项目，完成修订后正式进行测试。

在协作学习过程评价中，问卷可以包括学生自评、他评与师评问卷。自评问卷常用的是一分钟问卷(one-minute paper)。一分钟问卷通常在协作学习完成之后由学生填写，由三个以内的问题组成，问题可以包括协作学习过程、内容、资源、任务等。利用这种快捷的方法，可以很快地了解学生的学习过程，给教师提供反馈信息。

四、心理测量

心理测量是根据教育或心理研究的要求，按照一定的规则，对教育、心理活动的效果加以数量化测定的过程，即借助心理量表来测量学生心理发展的状况。它也是教学评价的重要途径之一。例如，在学的评价中经常使用的测验有学业成就测验、智力测验、性向测验以及人格测验等。一般来说，专门的心理量表具有稳定的常模（评价标准）、固定的施测程序和系统的资料分析方法，因而科学性较强。但在实施测验时，应由专业测验人员来主持，严格遵循测验程序的要求和有关的测验规范，防止滥用和误用。此外，应慎重对待专门的心理测量工具的作用以及测验得到的结果，不应迷信和夸大。

五、学期和学年报告

学期和学年报告应明确包括以下内容：学生已经掌握的知识、学生能够运用的技能、学生已经养成的态度和习惯。学生的成就应建立在教育教学目标及教学大纲要求的标准上，而不是建立在与同班、同年级学生比较的基础上。报告至少每学年两次。报告可以和学生个人代表作品档案及其他材料装订在一起。报告应包括知识、技能、态度和习惯方面的综合内容。报告还应指出学生学习状况所处的程度，具体包括三个层次：正处在形成和发展的层次中；已经达到和实现的层次中；仍处在某种层次之下，有待进一步努力。

六、考试

考试是对学进行评价最主要的方法之一，也是在具体的教学评价中比较常用的一种获取评价资料的方法，旨在全面检查和衡量学生对所学知识、技能的掌握情况。

试卷是大家非常熟悉的工具，考试是总结性评价的一种主要形式。测试是教学中常用的评价技术，有利于了解学生认知目标的达成度。测试的形式主要有面试、笔试与综合考试。在学校教育中，最常用的就是闭卷考试。

信息技术的发展推动了网络测试系统的出现，计算机辅助测试为信息化教学评价提供了有力的帮助。编制试卷时，应该注意以下问题：试卷按照教学大纲来编制；注意题目的难度、效度和区分度；试卷前后题目不能重复；题目描述要简洁明了，不能出现歧义。

考试工作的基本程序是：明确考试目的—科学命题—选择恰当的考试方式—试卷评阅标准化—及时总结分析。要使考试工作科学化，必须做到以下几点。

1. 明确考试目的

任何考试都是为一定目的服务的，要使考试充分达到预定目的，就要将它具体反映在考试过程中。因此，必须综合考虑考试的用途、参加考试的对象以及考试的重点内容等。

2. 科学命题

命题是考试的关键，要严格根据课程标准，考虑考试的目的、对象、性质、内容、题型、方式、时间、记分方法等。同时，有必要考虑命题的知识覆盖面、题目的分量与难度、题型的多样化以及试题用语等。

3. 选择恰当的考试方式

考试有口试、笔试、实际操作等方式。笔试又分为闭卷和开卷两类。考试的具体方式要依据学科的性质以及考试的目的而定。但不论采取何种考试方式，教师都要严肃考纪、认真对待，以此使学生端正考试态度、实事求是、汇报真实成绩。

4. 试卷评阅标准化

客观、公正、准确地评阅试卷，给予适切的评分，是成绩检查和评价的又一关键。评阅试卷时要制订统一的评卷标准，并依据课程内容和评价的性质确定适当的记分方式及分数解释原则。

5. 及时总结分析

对考试结果进行分析，是判断和评价学生是否达到目标程度的过程。但要注意从事实数据中合乎逻辑地引出结论。教师对每次考试总结分析后，还应将试卷发给学生，让学生进行自我检查，逐步培养学生自我分析、自我评价的习惯和能力。

任务四　评价教学资源

情景描述

学习资源是指那些学生能够与之发生有意义联系的人、材料、工具、设施、活动等。这些资源来自两个方面，一方面是现实世界中原有的可利用的资源，另一方面是专门为了学习目的而设计出来的资源。在此讨论的学习资源主要是指后一种，如各种教学产品（在信息化教学中尤其是指教学软件和网上资源）等。评价学习资源主要是根据教学目标，测量和检验学习资源所具有的教育价值。

任务分析

通过对学习资源的评价，一方面改进学习资源的设计，使之更加符合教学或学习的需要；另一方面选择符合特定要求的学习资源，提高教学或学习的成效。

活动　评价微课资源

在本活动中，各小组派代表分别展示手机制作的微课视频（详见项目二任务四活动一）。展示结束后各小组分别进行讨论，并评选出优秀视频资源。

知识与技能

随着科学技术的普及和发展，学习资源尤其是教学软件和网上学习资源随处可见，甚而到了泛滥的程度。虽然这些资源都声称是依据合理的教学原则设计的，但显然其中很多资源还有待改进。网上的学习资源更是如此，由于任何人或组织都可以在网上发布自己的作品，因而网上学习资源的质量更是参差不齐。目前，教师和学生面临的主要问题就是，如何在资源的海洋中通过有效的评价，挑选出有助于师生学习的、高质量的学习资源。

在实际的教学评价中，评价和选择学习资源的任务通常是由教师担当的。同时，值得注意的是，信息化教学也要求学生具有评价学习资源的能力。因此，教师不仅自己要学会评价学习资源，还要引导学生学会评价学习资源。因此，评价时依据相应的标准是非常必要的。目前教育技术界比较关注的是音像教材、教学软件及网上资源的设计、编制和选用，并总结了五个原则作为评价这类学习资源的基本标准。

一、教育性

看其是否能用来向学生传递教学大纲所规定的教学内容,为实现预期的教学目标服务。教育性是学习资源的精髓。学习资源首先要有明确的教学目的,且与课程的教学目的统一起来。教学目的是评价媒体选择的出发点,符合教学大纲,教学目的性强,符合教学原则和学生认知规律,这样才能有助于解决教学中的重点和难点,有效地启发和诱导,达到最佳教学效果。

二、科学性

看其是否正确地反映了学科的基础知识或先进水平。科学性是学习资源的立足之本。教学内容选择要典型、真实,具有代表性,符合科学要求。同时,教学内容的表现形式也要符合科学原理和客观规律。

三、效益性

看其是否以较小的代价获得了较大的效益。效益是教育性与成本的比例。学习资源的生命力不仅在于它的使用价值,还在于它的效益。在选择学习资源时,既要考虑到其教育性,同时也要尽量降低成本,才能达到良好的效益。

四、技术性

看其传递的教学信息是否达到了一定的技术要求。在教学过程中,可以将一个主题内容,适当地使用多种媒体的形式呈现出来,充分调动学生的听觉、视觉等感官,以取得理想的传播效果。

五、艺术性

看其是否具有较强的表现力和感染力。学习资源的艺术性必须以教育性为前提。媒体呈现的信息,吸引力、感染力越强,越能调动学生的注意力。利用理解和记忆、艺术性与教育性的巧妙结合,能对学生接收信息产生积极影响。

如表5-6、表5-7所示,具体体现了学习资源的基本评价标准。

表5-6 第五届CIETE全国多媒体教育软件大奖赛的评比标准

评审指标	评价标准
教育性	符合教育方针、政策,紧扣教学大纲
	选题恰当,适应教学对象需要
	突出重点,分散难点,深入浅出,易于接受
	注意启发,促进思维,培养能力
	作业典型,例题、练习量适当,善于引导
科学性	内容正确,逻辑严谨,层次清楚
	模拟仿真形象,举例合情合理、准确真实
	场景设置、素材选取、名词术语、操作示范符合有关规定

续表

评审指标	评价标准
技术性	图像、动画、声音、文字设计合理
	画面清晰,动画连续,色彩逼真,文字醒目
	配音标准,音量适当,快慢适度
	交互设计合理,智能性好
艺术性	媒体多样,选材适度,设置恰当,创意新颖,构思巧妙,节奏合理
	画面简洁,声音悦耳
使用性	界面友好,操作简单、灵活
	容错能力强
	文档齐备

表 5-7　K-12 网站课件评比标准

评审指标	评价标准
教育性	直观性:课件的制作直观、形象,利于学生理解知识
	趣味性:有利于调动学生学习的积极性和主动性
	新颖性:课件的设计新颖,进一步调动学生的学习热情
	启发性:课件在课堂教学中具有较大的启发性
	针对性:课件的针对性强,内容完整
	创新性:能否支持合作学习、自主学习或探究式学习模式
科学性	描述概念的科学性:课件的取材适宜,内容科学、正确、规范
	问题表述的准确性:课件中所有表述的内容要准确无误
	引用资料的正确性:课件中引用的资料正确
	认知逻辑的合理性:课件的演示符合现代教育理念
技术性	多媒体效果:课件的制作和使用上是否恰当运用了多媒体效果
	交互性:课件的交互性较高
	稳定性:课件在调试、运行过程中不应出现故障
	易操作性:操作简便、快捷
	可移植性:移植是否方便,能否在不同配置的机器上正常运行
	易维护性:课件可以被方便地更新,利于交流、提高
	合理性:课件是否恰当地选择了软件的类型
	实用性:课件是否适用于教师日常教学
艺术性	画面艺术:画面制作应具有较高艺术性,整体标准相对统一
	语言文字:课件所展示的语言文字应规范、简洁、明了
	声音效果:声音清晰,无杂音,对课件有充实作用

任务五　利用电子档案袋评价教学

情景描述

电子学习档案袋，简称电子档案袋或电子学档。电子档案袋是在学档的基础上发展而来，是学档的电子化。

电子档案袋是以数字化的形式记录学生学习档案的载体，是学生运用信息手段表现和展示自己在学习过程中关于学习目的、学习活动、学习成果、学习业绩、学习付出、学业进步以及关于学习过程和学习结果进行反思的有关学习的一种集合体。

网络化的学习环境，以其强大的交互性、广泛的传播性、数据收集整理的即时性和方便性，以及快捷的数据统计分析功能，为电子档案袋的构建及使用提供了强劲的技术支持。主要体现在：借助计算机数据库技术能够进行自动化的数据收集处理和档案管理；借助计算机网络技术能够完成学生学习行为的跟踪和记录；借助计算机的智能性可以实现自适应的学习反馈，给学生以个性化的学习指导。

在信息技术环境下，学生运用信息手段来记录和展示其学习过程，从而形成了电子档案袋。电子档案袋可以较好地反映学生的学习过程和最终结果。利用电子档案袋可以支持教学评价的改革，实现面向学习过程的评价。

任务分析

了解电子档案袋的特点、优势、内容，掌握电子档案袋的建立流程，反思电子档案袋评价在使用中的优缺点。

活动一　收集电子档案袋评价的内容

在项目一中，学员已经在云笔记中建立了自己的电子档案袋。在本活动中，通过学习电子档案袋评价的知识，每组学员收集整理本次活动的电子档案袋评价内容。

提示：

1. 明确评价目的

电子档案袋评价属于发展性教学评价，所有的评价活动都要从明确目的开始。电子档案袋评价的基本目的与用途表现在三个方面。第一，展示，即用电子档案袋展示学生最好的作品；第二，反映学生的进步，即通过形成性评价，证明学生的进步；第三，评价工具，即把电子档案袋作为一种总结性的评价工具。

学生在电子档案袋中展示自己的最佳成果，描述电子作品的制作过程以及美化过程，对自身的发展水平进行评估等。教师通过收集的例子和学生的反思，即可知道学生对知识的思考以及在学习过程中的进步。学生也能体验到自己的进步，从而提高学习兴趣。

2. 确定评价对象

电子档案袋的评价对象可以包括各年级的学生，这种评价方法适用于绝大部分学科。就具体的设计过程来讲，教师可以根据自己确定的评价目的，灵活地选择具体的评价对象。如果将建立的目的确定为促进家校沟通，向家长展示孩子的成绩，那么，评价对象就应该包括班上的所有学生（并且必须收集学生的一系列作品）；如果建立档案袋只是为了收集某一特定教学内容的反馈信息，进而做出教学诊断，那么，只要收集一部分学生的信息即可。

3. 确定评价内容

电子档案袋中究竟应收集哪些材料呢？这取决于评价的目的。如果评价的目的是展示，那么，只要收集学生最满意的作品即可。如果评价的目的是反映学生的进步，那么，档案袋中既收集过程性作业，也收集结果性作业；既收集学生的作品，也收集其他一切可以描述学生进步的材料（如观察记录、他人的评价、测验试卷等）；同时，学生的自我反省和自我评估材料也可放入其中。

电子档案袋内容和类型的设定应注意：收集材料的类型要与评价目的、评价方式、评价内容联系起来；内容的设计既要面向全体，又要照顾个体；制作的技术难度既要使全体学生达到基本要求，又要使能力强、基础好的学生有施展才华的空间；在设计评价参与的主体方面，要使电子档案袋的评价多元化。

电子档案袋是一种基于信息技术的关于学生知识、技能、学习过程的数字化表达方式。因此，从评价要求出发，电子档案袋至少应该包括：学习目标、作品选择的原则、明晰的作品评价标准、教师反馈与指导、学生自我反思、好作品的范例。其中，作品可包括电子文档、电子表格、演示文稿、制作的网页、制作的多媒体资源、制作的图片、设计的小软件等。

电子档案袋评价内容还包括：对所要制作的电子作品进行设计和规划，包括主题、主题说明、创意、作品结构等，存入电子学习档案袋；按照创意设计选择收集素材的内容和渠道，收集素材并存入电子学习档案袋；按照作品的设计选择合适的工具，对素材进行加工，存入电子学习档案袋；在教师的指导下，学生将作品上传发布，然后对作品进行自评，并做创作小结，一同存入电子学习档案袋。这些内容要求学生以定稿形式发布，教师和学生通过电子档案袋的管理系统进行评价，一些好的作品也可以通过校园网对外发布，以发挥社会、家庭参与评价的作用。

4. 制订评价方式

制订调动学生积极参与的有效方法。为了调动学生的积极性，教师应该设计一些学生愿意参加的活动，或通过其他方法来调动学生的参与兴趣。例如，选择放入电子档案袋的作品、撰写作品的制作过程、对自己电子档案袋中的内容进行评价和反省，对同学的表现和作品进行评价，与同学交流自己的作品和进步，教师评价和总结等。

5. 强化交流机制

电子档案袋的评价，还应建立一定的交流机制，使学生关注他人的学习成果，从交流中获得灵感，扩大知识面，发现操作技巧。在不断地交流与分享过程中，学生可以体验到成长发展的快乐。在评价过程中，对于小组协作完成的任务，要用一节课的时间进行交流评价。每个小组要展示本组的研究成果，大家对研究成果、信息技术的应用情况、交流时的表达能力综合评分。要求学生从不同的角度对其同学的作品进行评分，使学生能够学会从多个层面审视作品，全面理解作品的内涵。

6. 电子档案收集内容的注意事项

电子档案袋的基本成分是学生的作品，而且数量很多。作品的收集是有意而不是随意的。电子档案袋应给学生提供发表意见和对作品进行反思的机会。教师要对档案袋里的内容进行合理地分析和解释。

知识与技能

电子档案袋的建立体现了收集、选择和反思的过程：信息收集是学生体验学习的过程；信息选择是学生展示自己能力的过程；反思是学生自我了解的过程。这个过程全面反映了学生学习的过程和表现。这样的过程如果持续下去，就会变成一个全校范围内的知识管理体系和新型评价体系。教师能够根据学生完整的学习过程，与学生共同看到一个更大的学习全景，做出更加综合和全面的评价。在学习过程中，这样的学习档案也非常有助于进行"形成式评估"，更及时地帮助学生改进学习方法和态度，或者由教师做出一些方向性的引导。

学习档案的收集和保存必须有学生的参与，通过将每个学生学习过程中各个阶段的作品、作业、收集的资料以及多次修改的草稿，即能够反映其学习情况的所有材料汇集于个人档案袋之中，来展示学生学习和进步的状况。由于学生是选择学习档案内容的主要决策者，他就拥有了判断自己学习质量和进步的机会。因此，在这种评定中，学生成了评价的主体。

活动二 研讨电子档案袋评价的特点

教师布置活动内容，学员根据活动内容分组研讨，并将各组的完成结果在学员班内共享。

在该活动中，通过学习电子档案袋评价，了解电子档案袋评价实施的方式以及不同方式的优劣。每组学员总结几条电子档案袋评价的特点和优势。

知识与技能

电子档案袋评价显然要依赖于一定的技术环境，不同的技术环境对评价的方式和效果有较大的影响。目前，使用较多的技术方式有以下三种。

第一种是通过网上邻居，采用共享文件夹的方式。这种方式操作简便，对网络管理和技术要求低，容易实现。但是，这种管理存在许多问题和漏洞，如管理学生数量有限，信息安全性差，也不利于智能化评价。

第二种是采用FTP协议进行文件管理。这种应用能够克服共享文件夹的一些弊端，但其后续开发困难较大，尤其是开发一些能够协助教师进行智能化评价功能的部分。

第三种是采用云存储技术进行管理。这种技术是建立在云存储和数据库技术之上的信息管理技术，因此能够很好地将学生完成学习任务的全过程利用数据库的管理方式进行记录，还可以利用数据库的管理技术开发一些评价程序，拓展在线评价功能，使这种电子档案袋的评价更加有效，如在项目一中利用有道云笔记建立电子档案袋。

电子档案袋评价的一个重要用途就是让学生评价自己的作品、反思自己的学习过程，从而发现自己的优势与不足。通过自我评价和反思获得的结果，不仅能够更有效地激发学生进一步改进的愿望与信心，而且能够培养学生主动学习的态度和对学习负责的精神，让学生学会学习，为终身学习发展打下基础。

评价他人作品，能够从他人作品中吸收好的观念、提高自身的鉴赏力和批判性思维能力。同学间的评价和平等交流，能够促进同伴关系、提高交往技能，如学会如何与人合作或进行合理的竞争、如何正确看待他人的进步与不足等；能够实现学科目标以外的一般性发展目标，如责任感、交流与合作、理解和尊重他人等。

教师评价则是在学生自我评价、同学评价的基础上，根据学生的学习行为、学习效果得出的综合评价，对学生而言是最有说服力和指导意义的。教师可以用成绩评价学生的作品，还可以通过评语指出学生作品的不足、表扬学生作品的闪光点，以达到激励学生学习的目的。

通过多元评价，学生从不同侧面了解自己的学习状况，对自身形成更加清楚的认识，能够更加客观地评价自己，明白自己努力的方向和需要改进的地方，同时也学会更加客观地评价他人，学习他人的长处。

电子档案袋评价是依托现代网络信息技术，对教育教学过程进行真实性评价，关注评价发展性、反思性功能的一种有效的质性评价方式。它出现的实质是全球化知识经济网络社会背景下教与学变革的一种体现,是一种极具潜力的教师评价方式和学习技术。电子档案袋评价给每个学生表现的机会,它注重学生的多元智能发展,重视评价的情境性,记录学生学习成长的过程,注重学生在学习过程中的反思并强化反思。它所汇集的是学生在某一学习阶段或基于任务的学习活动中几乎全部的学习成果和作品,其目的不是鉴别选拔,而是发现每一个学生独特的智能特点,发展其优势智能并促进弱势智能向优势智能迁移,从而促进学生的全面发展。使用电子档案袋进行评价,学生可以感受进步、不断反思,在不断回顾作品的过程中获得发展。

电子档案袋可以通过多种方式展示学生的表现,通过展示,学生发现自己在学习上可以不断地进步,从而对改进自己的学习状况产生兴趣,进而对这个任务产生责任感,主动探索如何来规划自己的学习进程和评估自己的学习效果。实质上,这是一种基于学生真实作品或表现的过程性评估方式,学生本身就是评估的主体。

作为质性评价方法,电子档案袋评价是通过追踪记录学习过程来完成评价的,是典型的面向过程的学习评价。评价的基础是学生运用所学知识而获得的成就,构成评价的意义是学生在学校生活中进行某种范围的活动,通过这些活动提供判断学生学习质量和进步的机会。因此,电子档案袋评价的目的是展示学生学习的质量和进步情况。

一、电子档案袋评价的特点

电子档案袋评价的主要特点可归纳为以下几点。

(1)基于现代信息技术的学习档案袋评价,具有数字化表达形式和开放性的特点。

(2)记录学生独立思考和创新学习活动,具有学生自主性创作和创新性思维构思的特点。

(3)把学生看作一个全面发展的人,具有明显的人文性特征。

(4)把学习看成一个整体,把评价嵌入整个学习过程,具有过程性评价的特点。

(5)价值主体多元化,评价角度多元化,评价具有多元性。

(6)提供了详细而真实的资料,评价具有真实性。

使用电子档案袋评价,使学生的学习和反思相结合。它的一个主要价值在于,允许学生学会判断自己的进步。学生清楚地知道对他们的期望是什么。学生成了所提交作品质量和价值的最终裁判者。这种评价方式和课堂教学具有相容性,这种学习和反思的结合十分有利于学生的成长,这就是电子档案袋评价的主要特点。

二、电子档案袋评价的优势

它主要有以下几个方面的优势。

1. 有利于学生作业的管理

使用电子档案袋来保存学生的作业资料,通过数据库管理模式,可以使教师或学生很容易地查找到需要的内容;同时,为教师管理学生作品和作业提供了简单的操作方法，有利于教师对作业整体情况的分析与总结。

2. 有利于多元评价模式的实施

电子档案袋的主要优势就是交互性比较好，师生可以通过网络平台交流各种信息。同时，对学生的作业评价也可通过自我评价、相互评价以及教师评价等多种形式进行，为有效地实施多元评价提供一个良好的平台。这种评价可以呈现多元资料，获得关于学生发展的更真实的表现与成果。

3. 有利于不同层次学生的发展

通过电子档案袋管理，教师可以及时全面地了解学生的发展过程、对不同层次的学生给予不同难度的要求。这样不仅有利于分层教学，而且有利于对学生进行客观评价，同时也能突出学生的个性特长，发挥各自的优势，真正做到因材施教。

4. 能激发学生的学习兴趣

课堂中通过电子档案袋管理，让学生在整个学习过程中体验到自己的进步，能够提高他们的学习积极性；同时，通过对其他同学作品的评价，能够提高学生的鉴赏能力和判断能力；让学生在评价中畅所欲言，能够极大地调动学生的学习积极性，激发他们的学习兴趣，培养学生主动积极、自我成长、自我评价、自我负责的精神及价值观。另外，还能增进师生互动、同学沟通、合作精神等。

活动三　反思电子档案袋评价在教学中的应用

教师布置活动内容，学员根据活动内容分组讨论反思，并将各组反思的结果在学员班内共享。

通过在教学中应用电子档案袋评价，对实施过程遇到的各种问题进行反思，每个小组将反思结果汇总并上传至云笔记。

知识与技能

电子档案袋评价在教学中应用的反思。

1. 师生观念

在应用中，多数教师只是采用了展示型档案袋，对学生自我评价与自我反思的重视不够，设计上随意性较大，个别教师还把电子档案袋简单地等同于资料袋或文件夹，不能很好地指导学生反思学习过程，促进学习优化。学生也没有很好地认识到电子档案袋的作用，很多学生只是比较机械地按照教师的要求把完成的作品上传到电子档案袋中。因此，要想让教师、学生科学合理地应用电子档案袋评价，应该给予适当的培训，以增强观念。

2. 教师信息素养

教师是教育评价的主要实施者，如果教师缺乏必要的理论素养和实践能力，势必会影响到电子档案袋评价的效度与信度。因此，电子档案袋评价对教师的信息素养要求比较高。

3. 教师进行必要的信息技术辅导

学生的信息技术水平参差不齐，在教学中，很多学生对于访问网站、注册登录、上传作品、修改文章、发表评论等操作，都很陌生，每次都有学生不能很好地操作一些步骤，即使是一些简单的步骤，这就需要教师对学生进行一定的辅导。在实践中，教师可以先辅导出若干名骨干学生，再由骨干学生去帮助其他学生，这样效果会比较好。实践证明，接受辅导后的学生会较快地掌握一些必备的操作。

4. 对学生作品做出反馈

对于学生上交的作品，教师应该及时审阅并给予评价反馈，对学生而言，教师的评价是最有说服力和指导意义的。对于学生的作品，教师可以进行成绩评定，还可以通过评语指出作品的长处和不足，以达到激励学生学习的目的。实践证明，学生非常注重教师的评语，也会尽量按教师所提出的意见去完善自己的作品。

5. 评价交流

通过电子档案袋的发布系统和交流评价系统，能够对学生的学习过程进行评价。但是，过分强调网上评价和交流，会淡化面对面直接交流的作用。评价不仅要评价作品本身，更要评价参与程度、学习态度、合作意识等诸多方面，这些是要通过面对面交流才能了解的。因此，在使用电子档案袋评价时，一定要组织好交流这一环节，要留出一定的时间让学生进行表达。

6. 电子档案袋评价比较耗费教师时间

电子档案袋的制作、使用和评价过程需要耗费教师较多的时间。在这一过程中，教师必须具备高度的责任心、爱心和奉献精神。在强调教师具备奉献精神的同时，还要要求教师不断探索更加科学的方法，使电子档案袋评价既有实效性，又不至于占用教师太多的时间。

7. 不断完善电子档案袋

与学生相关的日常学习活动信息有很多，简易电子档案袋只是记录了学生的作品，而缺乏对学生考试成绩的管理、对学生日常表现的评估等功能，对学生情感、价值观转变的评估纪录也不够，所以需要不断地完善电子档案袋。

8. 运用电子档案袋评价需要注意事项

其一，档案袋评价必须与教学相结合；其二，档案袋评价应与其他评价方法并存使用；其三，档案袋评价应采用渐进式、引导式、循序渐进式；其四，档案袋评价应实施多次、进行阶段性的反思与协助；其五，档案袋评价应顾及学生的承受力与可利用的资源。

总之，利用电子档案袋评价，可以充分调动学生的学习兴趣。电子档案袋评价不仅注重对学生学习结果的评价，更注重对他们学习过程的评价；不仅关注学生信息技术的水平，更关注他们在学习过程中所表现出来的情感与态度。进行电子档案袋评价也使学生学会认识自我、发现他人长处，学会客观评价他人，学会与人相处；同时，也使学生增强了民主意识。电子档案袋在利用信息技术进行过程评价方面具有很大的发展空间。

任务六　学习在教学中使用评价量规

情景描述

在中职计算机基础的 Word 教学单元中，有一节 Word 图文混排的教学内容。通过对 Word 中的文字、边框和底纹进行设置，或通过插入艺术字、形状、剪贴画、图片等，对 Word 文档进行美化，形成一个有美感的作品。

教师在机房完成了 Word 文档图文混排知识的课堂讲解后，要求学生利用网络，按课堂教学的要求，用 Word 制作一张足球小报。在随后的学生操作阶段，教师在机房巡回指导。

教师在巡回指导过程中，发现有几个学生做得又快又好，给予了表扬。但也发现几个学生并没有在做课堂布置的作业，而是在上网看视频或聊天。

由于教师只布置了课堂作业，没有给出评价的要求。虽然大部分学生都会去做教师布置的操作练习，但是仍有一些学生学习积极性不高。

任务分析

没有设计评价量规的教学任务很难达到理想的教学效果。通过学习评价量规的相关知识，为本节 Word 图文混排课设计一张学生学习效果评价量表。

活动一　设计评价量规

在该活动中，每个学员根据教师布置的任务，按照评价量规设计的步骤，设计一张学习效果评价表，并将自己设计的评价表在组内进行分享，最后在班内进行展示共享。

提示：

1. 确定主要评价要素

对学习计划的内容进行分析，然后确定影响学习计划执行的主要学习环节或要素，从中选择某些环节或要素作为评价要素。选择评价要素时，要考虑其总体涵盖的范围及其在单元学习计划中的地位。

2. 确定主要评价指标

主要评价指标应该符合以下要求：应该与学习目标紧密结合；要尽可能用简短的词语进行描述；一个有效量规中的每个主要指标通常是一维的，它可以被分解成几个二级指标，它与其他一级指标并列构成评价的主要方面；所确定的主要指标整体要能够涵盖影响评价要素的各个主要方面。

每个评价要素的主要指标数目不必相同，但每个指标都应该是构成评价要素的主要影响成分。每个评价要素还可以拥有多级指标，但指标级数并不是越多越好，而应根据实际需求来确定。

3. 设计评价指标权重

对所选定评价要素的主要评价指标进行综合权衡，为每个主要评价指标分配权重，并对量规中各评价指标的权重（分数）进行合理设置。

首先，评价指标的权重设计与教学目标的侧重点有直接的关系，并与评价的目的相关，反映主要考察目的的评价指标，权重应该高些。其次，在设计评价指标权重时要保证某个一级评价指标的所有二级评价指标权重之和应等于该一级评价指标的权重。

4. 描述评价的具体要求

在设计描述评价的具体要求时，应该使用具体的、可操作性的描述语言，避免使用概括性的语言。

知识与技能

量规是一种结构化的、定性与定量相结合的评价技术。它一般由评价要素、指标、权重、分级描述这几个基本要素构成，常以二维表格的形式呈现。但这并不是一个机械的规定，有时量规可能缺少权重或等级描述，而且形式也可能多种多样。使用量规时应根据实际需求，不必拘泥于形式。

评价量规是一个真实性评价工具，它是对学生的作品、成果或者表现进行评价或者等级评定的一套标准；同时，它也是一个有效的教学工具，是连接教学与评价的一个重要桥梁。

评价量规具有以下三个要素：一是评价准则，决定表现性任务、行为或作品质量的各个指标；二是等级标准，说明学生在表现任务中处于什么样的水平；三是具体说明，描述评价准则在质量上从差到好（或从好到差）的序列、评价准则在每个等级水平上的表现是什么样的。

在传统的教学评价中，特别是在评价非客观性的试题或任务时，人们已经自觉不自觉地应用这种工具。例如，教师对学生作文的评价，往往会就内容、结构、卷面等方面所占的分数分别给予规定，以便更有效地进行评价；教师在期末评价学生一学期的表现时，也往往会从学生的学业成绩、劳动与纪律、同学关系等多个方面进行综合考虑，给出优、良、中、差的等级评定。只是教师在使用量规的自觉性和规范性上还远远不够。在评价学生的学习时，应用量规可以有效降低评价的主观随意性，不但可以由教师评，而且可以让学生自评或同伴互评。如果事先公布量规，还可以对学生的学习起到导向作用。此外，让学生学习自己制订量规也是很重要的一个评价方法。随着教育信息化的发展，越来越多的学习任务是以非客观性的方式呈现的。传统的客观性评价方法已被证明具有较大的局限性，因而，量规的应用逐渐受到重视。

活动二　研讨评价量规

在该活动中，学员们分组研讨在不同情况下，评价量规应该如何制订才能更合理，各小组分别派代表在班内展示共享。

提示：

1. 针对不同的个体

对信息技术的掌握情况，一个班的学生差异非常大。有些学生信息技术基础很差，教师通过批改作业，可以掌握这部分学生的学习情况。平时学生在进行操作练习时，教师可以有意识地对这部分学生进行更多的个别指导，并且给予他们更多的鼓励。事实上，如果教师引导得好，这部分学生较少受网络的干扰、学习专心，往往在制作作品时，就不会输给那些自以为操作熟练但不认真制作的学生。教师的这种鼓励，事实上是在情感上对学生进行的一种评价，往往对学生起着较大的激励作用。

在平时的教学中，你是如何对学生进行情感上的评价的？有些学生，一方面希望得到教师更多的指点，另一方面又特别敏感，不希望教师时不时出现在自己的身边。遇到特别敏感的学生，你又是如何处理的？

2. 针对不同的教学单元

如对于下列教学单元，你采用哪些针对各教学单元的特色教学评价？

(1)用文字处理软件制作电子小报。

(2)用电子表格软件制作图表。

(3)汉字输入法。

（4）在平时教学中，有对学生的过程评价，也有对学生整个学期的总评价，你是如何进行评价的？

活动三　改进评价量规

在该活动中，学员们根据对评价量规的研讨，对制作的学习效果评价表进行针对性的修改，并将修改的结果在组内分享。

提示：

1. 活动思考，怎样的评价量表才是合理的？

部分学生应付作业，往往是因为操作基础较好，认为教师讲解得太简单，但又要交作业。因此，他们快速做完后会立即上传，接着就进入自己的网络世界中去了。但教师希望这部分学生能做出更好的作品，而上述评价量表又无法促使这些学生将更多的精力投入到制作精品中去。因此，在上课时，应加强对学生人文精神的灌输，如拓展学生作品内容的深度和广度；或在课堂上充分鼓励学生制作作品时注重美感，以培养学生对美的追求等。在评价量表上则可以加上一些奖励性的分数，如可加上"作品有创新之处"，奖励5分，并在下一节课的讲评中对这些有创新作品的学生进行表扬，鼓励学生制作出更多更好的作品。

提高课堂教学效率一个很重要的方面，就是激励学生的学习动机。学习动机是直接推动学生进行学习的一种内部动力，是激励和指引学生进行学习的一种需要。精心设计、运用得当的评价方式可以成为激发学生学习动机的诱因，使学习活动指向预期的学习目标。

另外，为了充分发挥评价对学生的激励作用，应尽量给学生提供短期的学习目标，避免提出遥不可及的、空泛的学习目标。

2. 在何时给出评价量表比较适当？

在条件允许的情况下，要在教学之前就告知学生教学过程中可能要进行的评价，并呈现评价标准。明确需要学习的任务类型，激发学生学习动机，并引导学生围绕评价指向的预期学习目标展开学习。

3. 如何合理地应用评价结果？

要将评价结果尽快地反馈给学生。在向学生呈现评价结果和反馈时，应多采用评价报告，多采用鼓励性的语言；反馈应最大限度地反映教学的重点，并提供后续学习的建议，帮助学生明确今后学习的方向并调整学习策略。

向学生提供反馈时，要引导学生根据学习结果进行合理的归纳，正确认识努力、有效的学习策略与学习成功之间的关系，消除对运气的依赖，避免学生将学习失败不恰当地归为自己的能力低下，并由此影响学生的自我概念。

4. 如何利用评价，反思和改进教学效果？

教师在了解学生的学习和发展状况的同时，也要利用评价结果反思和改善自己的教学过程，发挥评价与教学的相互促进作用。应充分利用和分析学生在评价中的表现，确定学生在多大程度上实现了教学目标，反思教学方法和教学材料的选择是否恰当，学生学习活动序列的组织是否恰当等，并提出改进措施。

活动四　制订小组合作学习的评价量规

在该活动中，学员分组进行研讨，每组制订出一张小组合作学习的评价量表。

提示：

1. 明确评价量规

任何一种教学形式，如果忽视了评价这一环节，教学效果就很难保证。在学生自学前应交给他们明确的评价量规。评价量规应分成小组和个人两种。内容从学科本身内容的要求、团体合作的效果、信息技术目标的掌握情况、团体和个人的进步情况几个方面加以考虑。

2. 评价要采取师生双向互动的形式

评价要打破传统的教师一锤定音的做法，采用师生共同讨论的方式；评价的时间不要只选在学习结束之时，也要选择学习过程中的适当时机。

3. 评价方法

评价可以采用笔试的方法，但应尽量采取口头报告、活动报告等形式。

如表 5-8、表 5-9 所示为两个小组学习评价量表。

表 5-8　课堂小组协作学习评价量表(20 分)

编号	项目	成员 1	成员 2	成员 3	成员 4
1	在大部分时间里他(她)踊跃参与，表现积极				
2	他(她)的意见总是对我很有帮助				
3	他(她)经常鼓励小组其他成员积极参与协作				
4	他(她)能够按时完成应该做的那份工作和学习任务				
5	我对他(她)的表现满意				
6	他(她)对小组的贡献突出				
7	如果还有机会我非常愿意与她(他)再分到一组				

表 5-9 探究型学习活动评价量表

行为	优秀	良好	一般	初级	自我评价	小组评价	教师评价
个人学习任务完成	承担起整个学习的职责,与他人合作无间,将自己的成果与他人共享,个人任务无懈可击,而且在规定的时间内有组织并出色地完成	帮助他人完成几乎整个新语言知识的学习,学习质量高,能在规定时间内完成个人的学习任务,促进小组内他人工作	清楚地知道自己的任务,学习过程中可能有一些失误,但能与他人协商解决,在规定时间内完成个人的任务	知道自己的任务,但在规定时间内未能完成个人的学习任务			
平等分享	不用人提醒,总是做布置的学习任务	常常做布置的学习任务,不要别人提醒	能做布置的学习任务,但总是要别人提醒	学习总是依靠别人			
与组员的合作学习	在小组中起领导作用,吸收接纳并能给出建议,并帮助其他小组成员,对最终知识点的掌握有举足轻重的贡献	帮助协调,推动整个小组的学习,鼓励其他成员,工作至最后一刻,对最终成果有一定的贡献	在学习小组中学习认真,为其他成员提供一定的帮助,参与了讨论工作,并对最终成果进行了评价	没有合作精神,不准备承担整个小组的责任,对学习最终成果的评价过程只是旁观而已			
课后作业	构思巧妙,想象合理,学习任务完成表达能力强,文章有个人的特色,没有错别字	想象合理,结构完整,文字表述准确,文章能表达出个人的观点,很少错误	想象合理,结构基本完整,基本能表达出作者的意图,错别字较多	想象不合理,文章结构不完整,词不能达意,错别字很多			

我的反思:

知识与技能

一、学习契约

学习契约就是一份由学习者和帮促者(专家、教师或学友)协商拟定的书面资料,它清楚载明学习的内容、学习的程序和方法、学习的时间以及评估的方式等,以详细规范教、学的职责。简单来说,就是学习者与帮促者之间的书面协议或者保证书。

学习契约的优点有以下几点。第一，可加强教与学之间的良性互动；第二，可使教学更具弹性，更能顾及学员间的差别；第三，能够有效地控制学习程序；第四，学员具有一定的主动权，能激发其学习的积极性。

学习契约评价应遵循以下几个步骤。

(1) 诊断学习的需要，并确立学习目标：让学习者在学习之前，就已明确学习内容及要达到的标准。

(2) 根据学生的学习风格、时间表、费用等各种因素来选择最优的学习资源和策略。

(3) 制订学习计划，包括学习者如何实现既定目标；如果遇到困难或障碍，学习者将采取哪些其他可供选择的计划或方案。

(4) 由学习者和帮促者共同协商对学习结果进行评价的方式，并确定评价标准和工具，协商后协议双方签字确认。

(5) 实施学习契约，帮促者和学习者，根据契约的内容，共同对学习过程和学习效果进行检查。

如表 5-10、表 5-11 所示为两份学习契约。

表 5-10　同伴辅导学习契约

被辅导者姓名：_____　　辅导者姓名：_____
辅导专题：_____
辅导：
你期望通过这次辅导学到什么？打算通过什么来学习？
这个假期你想学习什么技能？怎样培养这些技能？
你在怎样的环境下学习最有效？
辅导者：
你打算何时开始辅导？如何辅导？
日期/时间/地点：_____
你打算何时评价被辅导者的作业？如何评价？
日期/时间/地点：_____
你打算何时检查被辅导者的学习状况？如何检查？
日期/时间/地点：_____
签名：
被辅导者：_____　　日期：_____
辅导者：_____　　日期：_____

表 5-11　自主学习契约

学生姓名：_____　　　　学号：_____
学习主题：_____
学习目标：
1. 了解音乐剧的发展及其特点。
2. 区分音乐剧与话剧、戏剧的区别。
3. ……
学习活动：
1. 观看《钟楼怪人》《悲惨世界》《猫》《剧院魅影》音乐剧。
2. 读六篇关于音乐剧的文章或书籍
3. ……
签名：_____　　　　日期：_____

二、范例展示

范例展示就是在布置学习任务之前，向学生展示符合学习要求的学习成果案例，以便为学生提供清晰的学习预期目标。例如，在计算机基础教学中，常常会要求学生通过制作某种电子文档来完成学习任务，如多媒体演示文稿或电子表格等，教师所提供的范例一方面可以启发和拓展学生的思路，另一方面还会在技术和主题上对学生的作业起到引导作用。科学的范例展示不仅可以避免拖沓冗长或含糊不清的解释，帮助学生较为便捷地达到学习目标，还会对学生日后的独立学习起到潜移默化的引导作用，使他们在必要的时候，可以通过各种途径寻找可参考的范例，来规范自己的努力方向。

三、评估表

评估表是以问题或评价条目形式组织的表单。适当地设计评估表可以帮助学习者通过回答预先设计好的问题来产生某种感悟，有效地启发学生的反思，从而增强他们的自主学习能力，达到提高绩效的目的。

如表 5-12 所示，学习者在按照评估表的要求逐一回答问题的过程中，会领悟到应该从哪些方面去评价网上的教育资源。事实上，评价的结果已经不重要，重要的是学习者从中掌握了评价网上教育资源的技能。

表 5-12　评价网上资源

评价 Internet 上资源
• 网址：_____
• 网站名：_____
• 主要使用者：□学生　□教师　□其他
• 学科领域：_____
• 网站的主要用途和目的是什么？_____
• 哪个团体或个人创建了这个网站？_____
• 他们是否属于某种可能创建有偏见信息的组织？_____

四、概念图

概念图是用来组织和表征知识的工具。通常它是将有关某一主题的概念置于圆圈或方框之中，然后用连线将相关的概念和命题连接，连线上标明两个概念之间的意义关系。作为学习工具，概念图能够构造一个清晰的知识网络，便于学习者掌握整个知识架构。作为评价工具，概念图能够了解学生的学习进展和内心思维活动情况，从而给出及时诊断。

五、表现性评定

表现性评定是当今国外教育改革进程中的热门研究项目，是20世纪90年代世界各国进行教育改革的产物。当前，表现性评定已成为美国、加拿大等国外学校学生学业成就评定，特别是课堂评定的主流形式。

表现性评定一般包括陈述评定原因、设计问题情境、制订评定标准、设计评定表现等级四个组成部分，其形式主要有建构式反应题、书面报告、作文、演说、操作、实验、资料收集、作品展示等。表现性评定的优势在于有助于测量学生的高级思维能力、提高学生的实践能力、激发学生的学习动机及学习潜能等。

在信息化教学中，学生个人或小组针对某一主题，独立完成任务，并以成果(如电子作品、解决方案、研究报告等)方式来展示绩效，已经成为被大家普遍认可的一种学习模式。在这种学习模式中，绩效评估这种评价方法显得尤为重要。

绩效评估涉及学生创造成果或完成所要求的既定任务的过程，并且需要一整套的辅助工作，如学生作业的观察、展现、陈述、访问、学生生成的计划、模仿以及角色游戏等。为了绩效的真实性，它们应与真实世界或该世界的某些方面保持联系，即这应当是对知识的应用，而不只是对知识的回忆。好的绩效评估反映了真实世界的复杂性，并同时对许多方面进行测量。在绩效评估中，学生有机会展示广泛的才能。任务的完成使学生有可能扮演类似真实世界场景中所期望的角色。通过绩效评估，学生意识到学习不仅是记忆的练习，而且是既能发展既有具体训练的深度、又能适应所学领域复杂性的一种感悟。

项目六　学习与发展

　　互联网及人工智能时代的到来使教师专业发展面临全新的挑战，只有具备良好的教育信息化的学习能力和运用能力，才能在信息化的教学过程中灵活运用教育资源，构建新型教育课堂，实现教师角色的转变。

　　任何信息化的资源与技术都不能自主地促进教师的发展。因此，教师在专业发展过程中，应主动学习信息化知识和技能，将教育信息化的理论运用到教学过程中，体会教育信息化的优势，展现教师教育信息化的专业发展水平。

　　教师保持初心、不断学习，深度理解信息技术对教师专业发展的作用，具备主动运用信息技术促进自我反思与发展的意识。利用教师网络研修社区，积极参与技术支持的专业发展活动，养成网络学习的习惯，不断提升教育教学能力。利用信息技术与专家和同行建立并保持业务联系，依托学习共同体，促进自身专业成长。掌握专业发展所需要的技术手段和方法，提升信息技术环境下的自主学习能力。有效参与信息技术支持下的校本研修，实现学用结合。

　　项目学习要点：

　　•理解信息技术对教师专业发展的作用，具备主动运用信息技术促进自我反思与发展的意识。

　　•利用学习软件提升自身信息化能力，养成网络学习及带头使用的良好习惯，不断提升教育教学能力。

　　•掌握专业发展所需要的技术手段和方法，利用教师网络研修社区，积极参与技术支持的专业发展活动，提升信息技术环境下的自主学习能力；利用信息技术与专家和同行建立并保持业务联系，依托学习共同体，促进自身专业成长。

　　•积极探索信息化教学应用新模式，实现学用结合。

任务一　利用学习类软件提升信息化能力

情景描述

人工智能时代已经到来，不断学习和利用信息技术成为提升教师专业发展最有效的手段之一。各类基于知识、技能传授以及分享的网站和应用层出不穷，教师有充足的选择。教师完全可以通过软件商店、应用市场等平台，找到适合自己学习与发展的各类应用软件，如信息技术类、公开课类、专业技术类、研修社区类、微课程类、时间管理类、协同办公类、知识管理类、习惯养成类等应用软件。教师定期精心选用专业发展方面最佳的应用程序，在前进途中不断提升自己，达成目标。

教师需要紧跟时代步伐，养成在日常工作和生活中使用各种手机端以及电脑端应用软件的习惯，带头使用信息化技术，不断完善自身知识体系。

任务分析

了解日常工作和生活中教师经常使用的手机端以及电脑端应用软件，学会通过软件商店、应用市场等找到适合自己学习与发展的各类应用软件，掌握应用软件的安装和使用方法，养成带头使用各种软件解决工作及生活问题的习惯。

活动　安装使用学习类应用软件

学员分组讨论信息技术对教师专业发展的作用，具备主动运用信息技术促进自我反思与发展的意识，讨论自己手机端及电脑端常用的应用软件，归纳出各个应用软件的使用场景及优缺点，上网搜索目前专业发展方面最佳的手机端应用程序，进行安装使用。每个学员在自己的电子学档中记录常用的手机端应用程序，在小组内和班级内分享。

知识与技能

一、主动提升自我信息化发展能力

只有职业院校教师本人乐于进行信息化管理、教学与服务，并对发展信息化教学能力有信心，其能力才有可能得到提升。职业院校教师要自己愿意学习与实践，并且愿意提升自己的能力。自身信念、自主学习等自我发展内力必须与一定外力组成合力，才能最大限度地提升职业院校教师的信息化能力。在职业院校教师能力发展中应该努

力构建专业学习共同体。因为在专业发展共同体中，教师们共同实践，一起学习，一起探讨知识、技能和策略，并将新的学习成果在工作中加以应用，使专业发展变成一种持续不断的活动，渗透在学校各种各样的教育活动之中；同时，教师在与同事分享个人实践成果的过程中得到发展，同事之间互相借鉴、互相观察、彼此鼓励，对教学活动提供反馈意见，使教学活动能够帮助学生取得成就，并增强个人和组织的能力。

出生在数字化时代的学生，从小就享受着数字化环境的各种便利。教师也要随着时代的发展而做出改变，若在固有的传统教学经验上故步自封，那么，一定会被学生和各类教育工具所取代。

1. 主动拥抱而非被动接受信息化新技术

教师要和学生们一起拥抱新技术。学生用电脑答题的同时产生海量数据，大数据分析技术可以告诉教师：哪些题容易，人人都会做，答题是无效劳动；哪些题过难，多数学生在哪个知识点出现"卡壳"；学生是否在特定段落做了笔记；学生是否在文章结束前就放弃了阅读。这些数据可以揭示出学生最佳的学习策略。通过这些数据以及先进的技术手段，不但可以帮助教师掌握学生学情，还可以为教学提供更好的服务。

2. 主动借助互联网平台成为终身学习者

两千多年前，孔子杏坛讲学，口口相传，完全依赖于教师。一千多年前，活字印刷术迅速发展，文字典籍大量复制，师生得以初步分离。如今，只要接入互联网，海量知识就会扑面而来。无论是哈佛大学的课程，还是一线科研的成果；无论是视频教学，还是线上答疑、讨论；无论是身处著名的大学城，还是身处偏远的小山沟，都能依靠互联网进行学习。"互联网＋教育"，使学习由"套餐"变成了"自助餐"，因材施教变成了现实，同时也为教师开启了不断深入学习的大门。教师作为传道授业解惑者，任何时候都不能放弃学习。只有不断"海纳百川"，才能"源源不断"；只有不断吐故纳新，才能与时俱进。

3. 主动转变角色为课程"设计师"和"导演"

资源足、带宽够，还需要一批会用的人。互联网时代，教师角色变得复杂。传统课堂的主宰是教师，学什么、何时学、怎样学、学多深、学多快、学多少都由教师掌控，学生无论如何都摆脱不掉被动接受的学习状态。真正的自主学习是由学生自己掌控学习内容、时间、程度、进度、方式和节奏。在信息技术环境下，教师可以将优质的教学视频传至网上，学生何时看、在何地看、何时进、何时退、何时停都由自己掌控，他们可以在任何不懂的地方暂停、重播。学生可以独立、随时随地、重复地学习课程内容，真正实现"按自己的步骤学习"。

教师都希望抓住学生的兴趣点，让他们积极主动地投入到具体的教学或者活动中，顺带掌握知识点。教学活动是重中之重，而教学活动的设计依赖于教师教学能力的提升。教师不单是讲授者，更要变身为"设计师"和"导演"。

4. 主动采取多种方式与学生沟通

信息化教学不仅可以实现教学信息和内容的远程传输和资源共享，更重要的是可以突破时空的局限，让学生与学生、教师与学生之间进行全方位的双向互动交流。这种交流可以是实时的，也可以是非实时的。教师借助互联网，不仅能够满足学生的个性化学习需求，真正做到因材施教；而且能够通过虚拟学习社区、在线社区，和每个学生进行更全面、更密切的互动和交流，这也便于教师深入了解学生需求。

互联网时代，教师对学生的"言传身教"已经发生了改变。教师可以通过微博、微信等方式给学生提供生活的另一种可能性，传递积极、快乐、阳光的生活理念，让它成为课堂的延续。

二、常用的应用市场

应用市场也称应用商店，它是专门为移动手机、平板电脑等提供免费（收费）的应用下载服务的电子商店。

1. 苹果在线商店 App Store

App Store 是 iPhone、iPod Touch、iPad 以及 Mac 的服务软件，允许用户从 iTunes Store 或 Mac App Store 浏览和下载一些为 iPhone SDK 或 Mac 开发的应用程序。

用户可以购买收费程序或使用免费程序，将该应用程序直接下载到 iPhone、iPod touch、iPad 和 Mac 上。其中包含游戏、日历、翻译程式、图库，以及其他实用的软件。

App Store 拥有海量精选的移动应用程序，均由 Apple 和第三方开发者为 iPhone 度身设计。用户下载的应用程序越多，就越能感受到 iPhone 的无限强大，完全超乎你的想象。在 App Store 下载应用程序会是一次愉快的体验，在这里用户可以轻松找到想要的应用程序，甚至发现自己从前不知道却有需要的新应用程序。用户可以按类别随意浏览，或者选购由专家精选的应用程序，Apple 会对 App Store 中的所有内容进行预防恶意软件的审查。因此，用户购买和下载应用程序的来源完全安全可靠。

App Store 教育类应用软件的访问网址为：https：//itunes.apple.com/cn/genre/ios %E6%95%99%E8%82%B2/id6017? mt＝8，如图 6-1 所示。

2. 应用宝

应用宝是腾讯应用中心专为智能手机用户打造的应用获取平台。应用宝在应用搜索方面推出"唯一"搜索，可以有效帮助用户解决应用下载中误下载山寨应用的问题，使用户安全、放心地下载应用。

手机应用丰富：应用宝为移动应用用户提供丰富海量应用产品的下载和服务，适配各类手机平台、移动终端。

图 6-1 App Store 教育类应用软件

软件品质优良：应用宝提供的移动应用软件和服务经过严格的软件测试、病毒扫描，运营人员为用户提供多种应用榜单和推荐，保证每位用户获得安全、优质的移动应用软件和服务。

精彩用户互动：拥有无线互联网优质用户群体，用户活跃度高，依托 QQ 和手机腾讯网等海量用户群，为移动应用用户创造丰富多彩的用户互动。

服务贴心快捷：一切以用户价值为依归，提供真诚快捷有效的用户服务，努力为用户打造贴心、舒心、快乐、健康的移动应用服务平台。

应用宝中教育类应用软件的访问网址为：sj.qq.com/myapp/category.htm?orgame=1&categoryId=111，如图 6-2 所示。

3. 360 手机助手

360 手机助手是一款智能手机的资源获取平台，可以为用户提供海量的游戏、软件、音乐、小说、视频、图片。通过 360 手机助手可以轻松下载、安装、管理手机资源，实现海量资源一键安装、绿色无毒安全无忧和应用程序方便管理等功能。

所有提供的信息资源，全部经过 360 安全检测中心的审核认证，绿色无毒、安全无忧。360 手机助手帮助用户用最省流量、最快捷、最方便、最安全的方式获取网络资源，通过数据线将手机连接至计算机，便可以通过 360 手机助手下载海量应用，电子书、视频、音乐、图片应有尽有，游戏、应用软件一应俱全。通过它还可以进行应用

图 6-2　应用宝教育类应用软件

管理，任务管理，短信和联系人的备份和恢复，图片、视频、音乐等的导入导出等。

海量资源一键安装：360 手机助手除了自有软件、游戏宝库外，还与超过 30 家应用商店合作，提供超过 10 万款手机资源，不花手机流量，一键下载安装。

绿色无毒安全无忧：360 手机助手提供的所有信息资源，全部经过 360 安全检测中心的审核认证，为用户提供一个最安全、最放心的手机资源获取平台。

应用程序方便管理：360 手机助手提供应用程序卸载、安装、升级，服务实现本地化高效管理。

一键备份轻松还原：通过 360 手机助手，可以一键备份短信、联系人信息，方便快捷地进行还原。

便捷的存储卡管理：通过 360 手机助手，可以轻松地对存储卡文件进行管理，如添加、删除等，全方位管理手机文件。

实用工具贴心体验：通过 360 手机助手，可以快速地添加、删除手机资源，设置来电铃声、壁纸，提供手机截图功能。

360 手机助手中教育类应用软件的访问网址为：http：//zhushou.360.cn/search/

index/? kw=%E6%95%99%E8%82%B2，如图 6-3 所示。

图 6-3　360 手机助手教育类应用软件

三、教师喜爱的学习与发展 APP

1. 知乎

知乎是一个真实的网络问答社区，社区氛围友好与理性，连接各行各业的精英。用户分享着彼此的专业知识、经验和见解，为中文互联网源源不断地提供高质量的信息。

知乎是中文互联网著名的知识社交平台。知乎以知识连接一切为使命，凭借认真、专业和友善的社区氛围和独特的产品机制，聚集了中国互联网上科技、商业、文化等领域里极具创造力的人群，将高质量的内容透过人的节点来成规模地生产和分享，构建高价值人际关系网络。用户通过问答等交流方式建立信任和连接，打造和提升个人品牌价值，并发现、获得新机会。

2. 今日头条

今日头条是一款基于数据挖掘的推荐引擎产品，它为用户推荐有价值的、个性化的信息，提供连接人与信息的新型服务，是国内移动互联网领域成长较快的产品服务之一。

"头条号"是今日头条针对媒体、国家机构、企业以及自媒体推出的专业信息发布平台，致力于帮助内容生产者在移动互联网上高效率地获得更多的曝光和关注。

3. 得到

得到由罗辑思维团队出品，旨在为用户提供省时间的高效知识服务，提倡碎片化的学习方式，使用户在短时间内获得有效的知识。

4. 网易公开课

2010年，网易正式推出"全球名校视频公开课项目"，首批1200集课程上线，其中有200多集配有中文字幕。用户可以在线免费观看来自哈佛大学等世界级名校的公开课，以及来自可汗学院、TED等教育性组织的精彩视频，内容涵盖人文、社会、艺术、科学、金融等领域。网易公开课，力求为爱学习的用户创造一个公开的免费课程平台。

5. 腾讯课堂

腾讯课堂是腾讯推出的专业在线教育平台，它聚合了优质教育机构和优秀教师的海量课程资源。作为开放式的平台，腾讯课堂计划帮助线下教育机构入驻，共同探索在线教育新模式，这无形中又为在线教育O2O增添了几分热度。

腾讯课堂凭借QQ客户端的优势，实现在线即时互动教学；并利用QQ积累多年的音视频能力，提供流畅、高音质的课程直播效果；同时支持PPT演示、屏幕分享等多样化的授课模式，还为教师提供白板、提问等功能。腾讯创建腾讯课堂这一在线教育平台，改善了中国教育资源分布和发展不均衡的现状。腾讯课堂依托互联网，打破地域的限制，让每个立志学习、有梦想的人，都能接受优秀教师的指导和教学；同时希望给优秀的机构及教师提供一个展示的平台。

6. 百度传课

百度传课是中国教育领域新兴的在线教育平台，致力于用互联网的方式来打破中国教育资源地域分布的不平衡，精心打造在线课程发布网站、直播互动教室，提供在线直播互动的一站式全方位的专业教育服务。

百度传课作为中国领先的在线教育平台，一直致力于用互联网的力量突破地域和时间的限制，高效整合教育资源，同时服务于教育企业及个人用户。百度传课以强大的产品、核心技术优势以及专业的咨询服务，为有教育、培训和授课等需求的企业，提供营销培训体系建立、师资管理、课程安排、授课所需的各种课堂功能以及后期的学习跟踪、效果评估、学习目标延伸等服务，扶持内容、服务兼优的企业成长，帮助其最大限度地实现教育培训目标；同时，将不断优选出来的课程内容和学习资源呈现给想要获取知识、实现自我提升的个人用户，打造一个良性的教育生态圈。

7. 网易云课堂

网易云课堂是网易公司打造的在线实用技能学习平台。该平台于2012年12月底正式上线，主要为学习者提供海量、优质的课程。用户可以根据自身的学习程度，自主安排学习进度。立足于实用性的要求，网易云课堂与多家教育、培训机构建立合作，课程数量已达4100+，课时总数超50000，涵盖实用软件、IT与互联网、外语学习、生活家居、兴趣爱好、职场技能、金融管理、考试认证、中小学、亲子教育十个大门类。

8. 学堂在线

学堂在线是由清华大学研发出的中文慕课（MOOC）平台，于2013年10月10日正式启动，面向全球提供在线课程。任何拥有上网条件的学生均可通过该平台，在网上学习课程视频。

目前，学堂在线运行了包括清华大学、北京大学、复旦大学、斯坦福大学、麻省理工学院、加州大学伯克利分校等国内外几十所顶尖高校的优质课程，涵盖了计算机、经管创业、理学、工程、文学、历史、艺术等多个领域。

学堂在线平台一直坚持教育资源的精品化和多元化。目前，平台的国内课程来自清华大学、北京大学、复旦大学、西安交通大学、中国科学技术大学、台湾清华大学、台湾交通大学等著名高校；国外课程则来自麻省理工学院、加州大学伯克利分校、斯坦福大学、荷兰代尔夫特理工、澳大利亚昆士兰大学等世界一流大学。所有课程均严格遵循慕课的教学特点和规律进行设计和制作，以保证课程品质和教学效果。

此外，学堂在线积极利用在线教育资源促进混合式教学模式创新。混合式教学旨在通过更有效率、更为弹性的学习方式，充分利用并结合线上与线下学习的不同特点，提升学习效果。迄今，学堂在线为国内超过100个大专院校及机构搭建了小规模私有在线课程（SPOC）平台，使这些机构能借此开展慕课建设并推进基于慕课的混合式教学实践。

9. 豆瓣

豆瓣是一个社区网站。该网站以书影音起家，提供关于书籍、电影、音乐等作品的信息，无论描述还是评论，都由用户提供，是Web 2.0网站中具有特色的一个网站。网站还提供书影音推荐、线下同城活动、小组话题交流等多种服务功能，它更像一个集品味系统（读书、电影、音乐）、表达系统（我读、我看、我听）和交流系统（同城、小组、友邻）于一体的创新网络服务，一直致力于帮助都市人群发现生活中有用的事物。

豆瓣表面上看是一个评论（书评、影评、乐评）网站，但实际上它却提供了书目推荐和以共同兴趣交友等多种服务功能，它更像一个集博客、交友、小组、收藏于一体的新型社区网络。

豆瓣擅长从海量用户的行为中挖掘和创造新的价值，并通过多种方式返还给用户。凭借独特的使用模式、持续的创新和对用户的尊重，豆瓣被公认为中国极具影响力的Web 2.0网站和行业中深具良好口碑和发展潜力的创新企业。豆瓣主要的盈利模式是品牌广告、互动营销，以及不断建设和增长的、围绕电子商务行业的渠道收入。

在豆瓣上，你可以自由发表有关书籍、电影、音乐的评论。可以搜索别人的推荐，所有的内容、分类、筛选、排序都由用户产生和决定，甚至在豆瓣主页出现的内容也取决于用户的选择。

10. 爱课程

爱课程网是教育部、财政部"十二五"期间启动实施的"高等学校本科教学质量与教学改革工程"支持建设的高等教育课程资源共享平台。

本网站集中展示"中国大学视频公开课"和"中国大学资源共享课"，并对课程资源进行运行、更新、维护和管理。网站利用现代信息技术和网络技术，面向高校师生和社会大众，提供优质教育资源共享和个性化教学资源服务，具有资源浏览、搜索、重组、评价、课程包的导入导出、发布、互动参与和"教""学"兼备等功能。

本网站是高等教育优质教学资源的汇聚平台，优质资源服务的网络平台，教学资源可持续建设和运营平台。网站致力于推动优质课程资源的广泛传播和共享，深化本科教育教学改革，提高高等教育质量，推动高等教育开放，并从一定程度上满足人民群众日趋强烈的学习需求，促进学习型社会建设。

任务二　利用信息技术促进教师专业成长

情景描述

教师专业成长是教师职业生涯的刚性要求。找到一个自己专业成长的理由并不难，难的是找到一个自己认同并可以给自己带来幸福的理由。只有深刻领会"师德为先，学生为本，能力为重，终身学习"的教师，才会在自己的职业生涯中体会并享受教师专业成长的幸福。

一个教师如果没有自身的专业成长和发展，就会陷于简单、枯燥、重复的工作，即使辛苦忙碌，换来的也许只是无味无聊。教师职业幸福的关键在于成长，即不断提高教学水平，让学生受益；不断提升教研能力，让同事受益；不断提炼教学思想，让同行受益。

在"互联网＋教育"的时代，教师可以充分利用信息技术，加快自身的专业成长。

任务分析

了解教师专业成长的主要途径，掌握利用信息化促进教师专业成长的方法，培养在线自主学习的习惯，学会充分利用信息技术，加快自身的专业成长。

活动一　研讨信息技术促进教师专业成长的策略

学员结合自身实际工作情况，分组讨论教师专业成长的主要途径，探讨如何有效利用信息技术促进教师专业成长；如何利用信息技术与专家和同行建立并保持业务联系，依托学习共同体，促进自身专业成长；如何积极参与信息技术支持下的校本研修，实现学用结合。每个学员制订自己的专业成长方法及途径，并记录到自己的电子学档中，在小组内和班级内分享。

知识与技能

一、教师专业成长的主要途径

1. 重构与塑造教育理念与专业精神，找准教师专业成长的方向

教师专业成长最根本的问题是对教育工作的正确理解，在实践中探询和回答教育是什么、什么是好的教育、教育及教师工作的基本价值，并在此基础上形成符合教育规律和时代要求的教育理念及专业精神。

2. 不断学习专业和非专业知识，打牢教师专业成长的根基

作为专业教师，专业知识和技术的达标是最基本的要求。教师专业知识包括通识性知识、本体性知识、条件性知识和实践性知识四个方面。教师专业成长就是要在满足基本专业知识要求的基础上，使教师成为一个高品位的人，这才是真正的教师专业成长。

3. 对教育实践的不断反思，是教师专业成长的"催化剂"

当教师对教育工作不断思考感悟并达到一定程度时，教师的专业境界就会发生变化，教学工作就会不断走向优异和卓越。若教师能真正表现出对教育规律的深刻把握，对教育价值的深刻洞悉，在实践中不断反思，在理论和实践的结合点上不断探索，教师专业成长就会得到很大提高。

4. 读书是教师专业成长的基石

读书能够完善教师的知识结构，满足现代教育的需求。与经典为友，是成为一个有思想的教师的重要途径。教师应多读一些代表人类精神文明境界的经典著作。与经典为友，就是与人类的崇高精神对话，它可以培养教师深厚的文化底蕴、高品位的人文修养和艺术美感，使教师形成饱有学识的智者气质。

教师的通识性知识是通过广博的阅读获得的。教师的通识性知识是指教师所拥有的有利于开展有效的教育教学工作的普通文化知识，这种知识无论是对学生的全面成长还是对教师的专业发展都起着十分重要的作用。因此，教师只有广泛阅读、博览群

书、兼收并蓄，才能支撑起教师所必需的通识性知识，才能建构起合理的知识结构，以满足现代教育的需求。

5. 校本培训是教师专业成长的重要手段

（1）加强新课程理论培训，适应课程改革的需要。通过新课程理论培训更新教育观念，增强教育创新意识和创新能力，构建合理的知识结构，掌握新课程的理念和教学技能。

（2）加强教育科研培训，提高教师科研水平。通过课题培训使教师掌握课题研究的步骤、方法及措施，并开展课题研究，将教学与科研融为一体。

（3）加强信息技术培训，提高课堂教学效益。通过信息技术培训，帮助教师掌握多媒体技术，提高应用资源、课件制作及信息技术与学科整合设计的能力。

（4）充分利用在线教育技术开展培训，与专家、名师及其他学员在线交流与互动。所有培训项目从立项到课程设计、项目实施、答疑直播、在线活动研修，直至培训结束后的日常研修，课程专家及区域名师都要提供全程跟踪服务。

通过以上有计划、有目标、有层次的校本培训，可以全面促进教师职业道德素质、教育教学水平和教育教学能力的提高，有力促进教师专业成长。

6. 校本教科研是教师专业成长的根本举措

（1）加强校本教科研团队建设，促进教师共同提高。

校本教科研组长制订计划、明确分工、责任到人，确保各项活动有序进行。每周定时、定点、定内容、定主讲人开展活动。加强对集体备课情况的检查，保证备课组活动有效进行。校本教科研活动形式多元化。通过大量教研活动，即听课、评课、竞赛等形式，进行问题会诊和同伴互助。打造精品课堂、精品学案、精品课题等，让教师在教学工作中随时随地针对教学问题开展教研活动。

（2）加强集体备课，促进教师在学科专业知识和教学技能上互补互促、互激互进。

集体备课时应更多关注学生的智慧发展水平和成长的内在动机，自主、合作、探究学习方式应体现在每个教案上。因此，备课时对教学要求及教材进行研究分析，有针对性地组织学生活动，明确课前、课中和课后要求。在教材内容的处理上，主张变通性、灵活性，要求教师在集体备课时把握新课程标准的同时，精选和补充新内容。集体备课突出"议"的环节，要求全体教师在集体备课时充分讨论、集体研议、达成共识、形成教案。

（3）教学反思是教师专业成长的必由之路。

教学反思是提升教师专业水平的法宝，是教师专业发展和自我成长的核心因素。教师应具有较强的反思能力，并通过反思不断更新教育观念，改善教学行为，提升教学水平，使自己真正成为教学和研究的主人，实现专业发展。

首先，教学过程反思。教师审视和分析自己的教学行为、教学决策和教学结果，包括对教材内容的取舍和补充、对教学目标的确立和对教学重点的确定等，其典型方式是撰写教学后记。通过撰写教学后记，对自己的教学过程重新认识并做出评价，肯定成绩，找出问题，分析具体原因，及时提出改进教学的措施。教学反思能促进教师积极主动地探究教学问题，进一步激励教师终身学习的意识；教师不断地反思会发现问题，并积极寻找新思想与新策略来解决这些问题。

其次，教育事件反思。教师在教育教学实践中，经常会遇到各种问题带来的焦虑、困惑和冲突，他们在自觉或不自觉地进行思考、反思，这意味着教师在用自己的理性思考来评判自己的教育教学行为，力图解决教育过程中的问题。教师在自我反思过程中，重新理解学校教育，重新理解自己的学生，在这种反思中教师专业水平得到提升。

(4) 以教学竞赛为载体，促进教师成长。

学校定期开展多种评优评先和教学比武活动，激发教师的自我发展要求，提升教师的专业成长动力。

(5) 以校本科研为主要手段，引领教师实现经验型—学习型—学者型的转换。

首先，建立教师全员参与课题研究的科研机制。全校教师关注教学过程中的实际问题，把问题作为课题进行研究，课题研究注重针对性和实效性，形成一种带着研究意识和角度去进行教学的行为模式，学会教学中研究和研究中教学。

其次，建立健全科研管理机制。加强课题研究管理，做到课题申报与评审立项制度化，课题研究进程规范化，课题成果鉴定科学化。

最后，创建开放的科研体制。定期邀请专家到校指导科研工作并直接参与课题研究，派出骨干教师到外地、外校进行科研交流，谋求共同发展。

二、利用信息技术促进教师专业成长的策略

教师要敢于向自己挑战。在信息技术时代，不断提高自身信息技术应用能力，充分利用信息技术资源与教育教学活动进行整合实践研究，不断反思和发展自己，不断成长，准备迎接教育数字化时代的到来。

1. 建好信息化软硬件环境，为教师专业成长提供条件

信息化软硬件设施是教师利用信息技术资源，促进专业成长的先决条件。学校优先建好信息化软硬件环境，为教师充分利用信息技术资源提供便利条件。

2. 拓展信息化教学培训内容，为专业成长打下基础

加强教师的理论学习，让教师从观念上实现信息技术与教学的融合，从思想上达成共识。加强对信息化意识、软硬件知识、操作技能与态度的培训。提供展示平台，积极创设氛围，将提高教师信息技术能力作为常抓不懈的重点工作，并将其贯穿于学校的教育教学工作始终。提高教师运用信息技术进行教学的能力。把合理运用信息化教学与教师量化工作考核、年度评优结合起来，强化教师信息化教学的意识，提高实际运用的能力。通过教师之间互相观摩、互相介绍经验、互相切磋等形式，提高教师

信息化教学的创新能力。

首先，走出去，请进来，选派骨干教师参加培训，并利用双休日请计算机专业人员对教师进行培训。

其次，定时学习，以骨干带全体。由受过培训和技能较熟练的教师担任辅导，提高全体教师的操作水平。

最后，进行考核，严格把关。利用暑期对教师进行信息化教学考核，要求教师能熟练掌握教学中常用软件的操作方法。

3. 借助课题研究，为专业成长提供平台

由研究者和骨干教师引领，使教师能在行动中利用好信息技术资源，提高教师的专业水平。

4. 充分利用在线教育技术开展继续教育

充分利用在线教育网络资源，建立由教师个人和集体构成的学习和研究共同体的新型教师继续教育模式，研究培养一支观念新、积极钻研、勇于创新、功底厚、与新技术同步发展的教师队伍。每学期教师都要完成不少于30小时的远程课程学时，参与网络交流，提交研修报告。教师能利用网络听到一流专家教授的精彩讲课，与专家在线探讨，教师的教育观念、教育思想、教学能力都将得到很大的提升。

5. 积极共建共享优质资源

通过搜集与利用网络的教育资源，探讨学校课件的特点，设计、编制一些教学课件，实现优质资源最大限度的共享。

6. 主动探索教育教学新模式

充分利用信息网络资源，构建学校的新型教育教学模式，探索运用现代信息技术改进教育教学实践的途径和方法。

7. 加强信息化教学反思，为教师专业成长开拓思考之路

教学反思是教师不断更新教育教学方法、掌握新的教育技术、提高自己专业技能的一个重要途径。教师不仅要重视基础理论的学习，更要特别重视掌握"诊断性"研究方法，重视发现问题、解决问题和教育教学实践能力的发展，突出对教学和实际情境与自身教育经验的分析与反思。

活动二　培养良好的在线自主学习习惯

学员上网搜索符合自己研修目标、研修方式、研修内容的主流网络研修社区，并记录下来。学员分组讨论提高自主学习能力的方式、方法，养成网络学习的习惯，不断提升教育教学能力。每个学员在自己的电子学档中记录自己的习惯养成计划，在小组内和班级内分享。

知识与技能

一、中国职业教育信息资源网

中国职业教育信息资源网（以下简称网站）的建设是贯彻落实国家关于"加快教育信息化进程""职业教育优先部署"等战略要求的实际行动，是构建"中国职业教育数字化信息资源公共服务体系"的基础工程之一，是职业院校教师主流网络研修社区。网站的建设与运行，由有关高等学校和行业企业提供技术支持；全国职业教育数字化资源共建共享联盟成员单位提供人员、信息、资源和设施条件。网站首页如图6-4所示。

图6-4 中国职业教育信息资源网首页

网站的服务定位是立足"公共项目、公益网站、公众服务"，坚持"服务决策、服务战线、服务社会"。总体目标是提供优质权威、动态更新、开放共享的职业教育信息资源服务，支持管理方式、教学方式与学习方式变革。工作原则是坚持共建共享，在全国范围内整合人才、技术、管理、信息等要素，汇聚、开发和创新优质资源，服务职业教育改革发展。网站具有以下五类服务功能。

1. 动态发布职业教育改革发展信息

网站设置了主题新闻、职教资讯、政策法规等板块。其中，主题新闻板块集中报道职业教育的国家战略、地方行动、院校发展、产业升级、企业创新等体现政府主导、行业指导、产教结合、校企合作等职业教育特色的动态信息。

目前，网站主要开设了政策法规、发展规划、专业建设、科研教研、职教人才、数字校园、校企合作、国际交流、职业竞赛等栏目，基本涵盖了职业教育政策、改革、经验、项目、科研等方面的相关内容。

网站正在着力建设网络互联互通、信息共建共享的信息服务机制，加强与其他职业教育网站、地方网站、校园网站、行业网站以及资源提供方的协作共建，切实发挥信息的互联互补优势和扩容倍增效应。

2. 共建共享优质数字教育教学资源

网站承担着建设、运行和维护国家职业教育数字化信息资源库的重要任务。目前，经过认证入库的资源有政府立项开发、行业企业研发、学校自主制作提交、社会评审征集四大类。其中，教育部立项开发的"面向21世纪职业教育远程教育资源"130门网络课程已陆续上线，供职业院校免费使用。

3. 运行维护职业教育管理信息系统

受教育部职业教育与成人教育司委托，依托网站的技术平台，开通了"国家中等职业教育改革发展示范学校项目管理信息系统"。目前，申报遴选、专家复核、任务评审、中期检查、过程监测、质量控制等子系统已陆续投入使用，并实施每天24小时动态维护。

职业教育管理信息系统符合国家教育管理信息化标准和示范学校项目业务管理需求，能够支持学校在线填报、专家远程评审、部门统计分析。能够支持1000所项目学校用户，5000人在线填报、提交上传和动态管理，并发峰值访问量可达15000人。国家有关部门、省级教育部门和项目学校用户可凭统一授权的用户名、密码及验证码登录访问和使用该系统。

4. 支持国家职业教育重大项目建设

网站先后开通了国家示范性职业学校建设计划、特色职业学校建设计划、实训基地建设项目、改革创新三年行动计划、产教对话、国家职业教育试验区等专题信息服务平台。

5. 推广全国职业教育改革创新经验

网站设置了职教名校等栏目，动态更新学校改革创新案例，展示各校办学特色。还将适时启动"三千互联—职教优质资源共享行动"，支持1000所国家示范性职业学校在各自校园网上开通改革创新成果展示区，逐步形成千所示范校互动、千个校园网互联和千个展示区互通的资源汇聚共享格局。

二、培养在线自主学习的习惯

自主学习强调培育学生强烈的学习动机和浓厚的学习兴趣，从而进行能动的学习，即主动地自觉自愿地学习，而不是被动地或不情愿地学习。因此，自主学习这一范畴本身就昭示着学习主体自己的事情，体现着主体所具有的能动品质；学习是自主的学习，自主是学习的本质，自主性是学习的本质属性。学习的自主性具体表现为自立、自为、自律三个特性，这三个特性构成了自主学习的三大支柱及所显示出的基本特征。

1. 自主性

每个学习主体都是具有相对独立性的人，学习是学习主体自己的事、自己的行为，是任何人不能代替、不可替代的。每个学习主体都具有自我独立的心理认知系统，学习是其对外界刺激信息进行独立分析、思考的结果，具有自己的独特方式和特殊意义。每个学习主体都具有求得自我独立的欲望，这是其获得独立自主性的内在根据和动力。每个学习主体都具有天赋的学习潜能和一定的独立能力，能够依靠自己解决学习过程中的障碍，从而获取知识。学习自立性的上述四层含义是相互联系、有机统一的。具有独立性的学习主体，是自主学习的独立承担者；独有的心理认知结构，是自主学习的思维基础；渴求独立的欲望，是自主学习的动力基础；而学习主体的学习潜能和能力，则是自主学习的能力基础。

可见，自立性是自主学习的基础和前提，是学习主体内在的本质特性，是每个学习主体普遍具有的。它不仅经常地体现在学习活动的各个方面，而且贯穿于学习过程的始终。因此，自立性又是自主学习的灵魂。

2. 自为性

学习主体将学习纳入自己的生活结构之中，成为其生命活动中不可缺少的有机组成部分。学习自为性是独立性的体现和展开，它内含着学习的自我探索性、自我选择性、自我建构性和自我创造性四个层面的结构关系。因此，自为学习本质上就是学习主体自我探索、自我选择、自我建构、自我创造知识的过程。

（1）自我探索往往是基于好奇心。好奇心是人的天性，既产生学习需求，又是一种学习动力。自我探索就是学习主体基于好奇心所引发的，对事物、环境、事件等的自我求知、索知的过程。它不仅表现在学习主体对事物、事件的直接认识上，而且表现在对文本知识的学习上。文本知识是前人或作者对客观事物的认知，并非学习主体的直接认识。因此，对文本知识的学习，实际上也是探索性的学习。通过自我探索而求知、认知，这是学习主体自为获取知识的方式之一。

（2）自我选择性是指学习主体在探索中对信息的由己注意性。外部信息只有经学习主体的选择才能被纳入认知领域；选择是由于被注意，只有经学习主体注意的信息才能被选择而被认知。因此，学习是从学习主体对信息的注意开始的。而一种信息能引起注意，主要是由于它与学习主体的内在需求相一致。由内在所求引起的对信息选择的注意，引起对头脑中长时记忆信息的选择、提取、运用，从而发生的选择性学习，是自为学习的重要表现。

（3）自我建构性是指学习主体在学习过程中自己建构知识的过程，即学习主体新知识的形成和建立过程。在这个过程中，由选择性注意所提供的新信息、新知识，是学习的对象。对这一对象的学习，必须以学习主体原有的经验和认知结构为前提，从头脑中选择提取的信息是学习新信息、新知识的基础。这两处信息经由学习主体的思维加工而发生了新旧知识的整合和同化，使原有的知识得到充实、升华、联合，从而建立新的知识系统。因此，建构知识即是对新信息、新知识的建构，同时又包含了对原有经验和知识的改造和重组，即既是对原有知识的保留，又是对原有知识的超越。

（4）自我创造性是学习自为性更重要、更高层次的表现。它是指学习主体在建构知识的基础上，创造出能够指导实践并满足自己需求的实践理念模型。这种实践理念及模式，是学习主体根据对事物发展客观规律的了解、对事物真理的超前认识以及自身强烈而明确的内在需求，从而进行创造性思维的结果。建构知识是对真理的认识，是对原有知识的超越；而实践理念模型则是以现有真理性知识为基础，并超越了它，即对事物真理的超前认识。这种超前认识是由明确的目标而导引的创造性思维活动，在这种活动中，学习主体头脑中的记忆信息库被充分地调动起来，信息被充分地激活，知识系统被充分地组织起来，学习主体的目标价值得到了充分的张扬。

可见，不管是探索性学习、选择性学习，还是建构性学习、创造性学习，都是自为学习的重要表现特征，也是学习主体获取知识的途径。从探索到选择、到建构、再到创造的过程，基本上映射出了学习主体学习、掌握知识的一般过程，也大致反映出他成长的一般过程。从这个意义上来说，自为学习本质上就是学习主体自我生成、实现、发展知识的过程。

3. 自律性

自律性即学习主体对自己学习的自我约束性或规范性。它在认识域中表现为自觉地学习。

自觉性是学习主体的觉醒或醒悟性，对自己的学习要求、目的、目标、行为、意义的一种充分觉醒。它规范、约束自己的学习行为，促使自己的学习不断进取、持之以恒。它在行为域中则表现为主动和积极。主动性和积极性是自律性的外在表现。因此，自律学习也就是一种主动、积极的学习。主动性和积极性来自自觉性。只有自觉到自己学习的目标意义，才能使自己的学习处于主动和积极的状态；而只有主动积极的学习，才能充分激发自己的学习潜能和聪明才智，从而确保目标的实现。

自律学习体现学习主体清醒的责任感，它确保学习主体积极主动地探索、选择信息，积极主动地建构、创造知识。

综上所述，自主学习就是学习主体自立、自为、自律的学习。学习的自立性、自为性和自律性是学习自主性三个方面的体现，是自主学习的三个基本特征。其中，自立性是自主学习的基础，自为性是自主学习的实质，自律性则是自主学习的保证。这三个特性都说明了同一个思想：学习主体是自己学习的主人，学习归根结底是由学习主体自己主导和完成的。承认并肯定这一思想，对于改革矫正曾有的诸多不合理的教育教学手段、模式，从而探索创立崭新的教育教学手段、模式，无疑具有特别重要的现实功能和意义。

培养自主学习能力是社会发展的需要。面对新世纪的挑战，为了适应科学技术飞速发展的形势、适应职业转换和知识更新频率加快的要求，一个人仅仅靠在学校学的知识已远远不够，每个人都必须终身学习。终身学习能力成为一个人必须具备的基本素质。

三、如何培养自主学习的能力

1. 激发学习兴趣

托尔斯泰说："成功的教学所需要的不是强制，而是激发学生的兴趣。"兴趣是学习最好的教师。心理学研究表明，学习兴趣的水平对学习效果能产生很大影响。学生学习兴趣浓厚、情绪高涨，他就会深入地、兴致勃勃地学习相关方面的知识，并且广泛地涉猎与之有关的知识，遇到困难时表现出顽强的钻研精神。否则，他只是表面地、形式地去掌握所学的知识，遇到困难时往往会丧失信心，不能坚持学习。所谓"强扭的瓜不甜"也就是这个道理。因此，要促进学生主动学习，就必须激发和培养他的学习兴趣。

2. 合理分配每天的学习任务

把自己的学习任务分解成每天能够完成的单元，并坚持当天的任务当天完成，无论如何不能给自己找任何借口推迟完成原定计划。

3. 合理规划每天的时间

把必须完成的工作尽可能安排在工作时间内完成，把既定的学习时间保留出来，养成利用每天的零星时间学习的习惯。

4. 按照既定的时间表行事

学习时间表可以帮助学生克服惰性，使学生能够按部就班、循序渐进地完成学习任务，而不会有太大的压力。

5. 及时复习

为了使学习有成效，应该养成及时复习的习惯。研究表明，及时复习可以巩固所学的知识，防止遗忘。

6. 向他人提问

在学习中碰到疑难问题，要及时向专家和同行请教，无论认为自己的问题是多么简单、多么微不足道。应特别注意经常向周围同学请教、交流。

7. 养成做笔记的习惯

做笔记既可以帮助学生集中精力思考和总结、归纳问题，加深对学习内容的理解和记忆，又可以把学习内容中的重点记录下来，便于以后查阅和复习。

8. 保持适量的休息和运动

休息和运动不仅使学生保持良好的状态，也是消除压力的好办法。

任务三　积极探索应用信息化教学新模式

情景描述

"互联网＋"时代，大数据、云计算、移动互联网、人工智能等新一代信息技术对社会各个领域产生深刻影响，教育也不例外。在学校信息化教学实践中，从早期的辅助教学手段到与学科教学的深度融合，信息技术促使传统课堂向数字化、智能化、泛在化方向发展，许多学校开展"电子书包""智慧课堂""一对一数字化学习""智能学习终端""自适应教学"等教学实验，对信息化教学进行了有益的探索。信息化教学的核心在于用"互联网＋"的思维方式和最新的信息技术手段来变革和改进课堂教学，打造智能高效、富有智慧的课堂教学环境，通过智慧的教与学，促进学生个性化成长和智慧发展，解决传统课堂教学中长期存在和难以解决的问题。

任务分析

学习目前在用的信息化教学新模式，结合自己的教学实践，分析几种主流教学模式的优缺点，理解信息化教学模式的内涵，掌握一种信息化教学新模式。

活动　研讨信息化教学新模式

请学员上网搜索"电子书包""智慧课堂""一对一数字化学习""智能学习终端""自适应教学""线上线下混合教学模式"等教学实验的案例，结合自己的专业课程分组讨论各个信息化教学新模式的优缺点，重新为自己的信息化课堂教学设计一种新模式。每个学员在自己的电子学档中记录研讨结果，在小组内和班级内分享。

知识与技能

一、"互联网＋"时代的智慧课堂教学模式

我国职业教育教学信息化大体上经历了两个阶段：一是"互联网＋网络课程＋平

台"阶段。在此期间，国家为了推进优质网络课程共享，开展了网络教育资源共享平台建设工作。二是"互联网＋网络视频教学＋师生互动"阶段，主要是着眼于优质教学资源共享以及网络学习的需要。教育部启动"国家精品开放课程建设计划"，建设了1000门精品视频公开课和5000门国家级精品资源共享课，对文化素质课、公共基础课、专业课开展全课时视频教学。MOOC(慕课)在我国兴起，进一步推动了网络视频教学向师生互动发展，包括线上讨论、混合式教学、翻转课堂等。一些研究表明，只有把传统教学和MOOC结合起来，才能获得较好的教学效果。"互联网＋"时代的教学改革要针对当前教学改革难题，满足教学改革面临的实际需要，扭住提高课堂教学质量这个牛鼻子，充分发挥教师运用信息技术、网络资源开展课堂教学的积极性，充分调动学生课前、课上、课后的学习主动性。清华大学推出的智能教学工具雨课堂，将PPT、MOOC、微信融为一体，预示着教学信息化将进入一个新的发展阶段，这个阶段的特征就是"互联网＋黑板＋移动终端"。

智慧课堂的提出和发展实际上是学校教育信息化聚焦于教学、课堂、师生活动的必然趋势。对智慧课堂的概念有两种视角的理解：一种是从教育视角提出的，新的课程理念认为，课堂教学不是简单的知识传授或学习的过程，而是师生情感与智慧综合生成的过程，智慧课堂的根本任务是"开发学生的智慧"，这里"智慧课堂"的概念是相对于"知识课堂"而言的；另一种是从信息化视角提出的，指利用先进的信息技术手段实现课堂教学的信息化、智能化，构建富有智慧的教学环境，这里是相对于使用传统教学手段的"传统课堂"。事实上，上述两种视角的认识是紧密关联的，利用信息技术创设富有智慧的课堂教学环境，其根本目的也是促进"知识课堂"向"智慧课堂"转变，实现学生的智慧发展。

现在人们广泛应用的"智慧课堂"实质上就是智能化课堂，是从信息化的视角来界定的，即使用先进的信息技术实现教育手段的智能化，使课堂教学环境更加富有智慧，进而实现教育教学的智慧化。目前，基于信息化视角对智慧课堂概念的理解或定义区分度比较大的，主要有以下几类：

一是基于物联网技术应用。有的学者定义"智慧课堂"是集物联网和智能终端等新技术于一体的智能课堂，强调基于物联网的"智能化"感知特点。智慧课堂互动教学是一种由"互动教学系统"整合了电脑终端、互动电子白板、实物展台、即时反馈系统、智能终端等软件、硬件的智能化教学方式。

二是基于电子书包应用。有的研究者提出建立基于电子书包的"智慧课堂"系统，强调基于电子书包的"移动化"智能终端特点，具有课前多媒体电子教材预习、课中互动教学、课后微课程作业辅导的功能，解决了智能学习终端不受控、无线网络掉线、与电子白板难以无缝对接等关键问题，为教师和学生提供了一种高效的"教"与"学"模式。

三是基于云计算和网络技术应用。有学者认为"智慧课堂"重点是课堂中的应用，强调课堂中的"个性化"学习应用的特点。"智慧课堂"是通过云计算、网络技术、应答系统等技术手段来支持个性化学习的有效开展，具体依托课前备课系统、多媒体教学系统、问卷和答题系统等信息化技术手段为个性化学习的开展提供支持。

四是基于技术支持的课堂目标分析。有的学者专门研究认为，"智慧课堂"的构建应以主动、轻松愉快、高质高效和提升智慧为根本目标，智慧的培养应贯穿于整个智慧课堂中。因此将智慧课堂定义为：在信息技术的支持下，通过变革教学方式方法，将技术融入课堂教学中，构建个性化、智能化、数字化的课堂学习环境，从而有效促进智慧能力培养的新型课堂。

"互联网＋"时代下的智慧课堂实质上是基于动态学习数据分析和"云＋端"运用的新型课堂教学形态，是由系统（信息化平台和工具）、人（教师和学生）及其活动（课前、课中、课后教学环节）等组成的现代信息化课堂教学体系，由五个部分组成，即资源管理与服务、师生移动终端、应用支持平台、多元评价分析和教学应用环节，详细说明如下：

一是资源管理与服务。提供智慧课堂的教学内容基础，是实现智慧课堂教与学的基本支撑条件，采取云部署服务模式。基于资源管理平台，建立课程标准、数字化教材、微课及多媒体课件、各类题库系统、教学动态数据和教育管理信息等资源库，提供学习资源的管理和服务。

二是师生移动终端。移动终端是智慧课堂的主要应用工具及应用方式。应用工具包括智能手机、平板电脑、可穿戴智能设备等，分为教师端工具和学生端工具两种类型，分别安装不同的应用软件，提供教师的"教"与学生的"学"的应用程序和方法，实现对智慧课堂教学全过程沟通交流和信息服务支持。

三是应用支持平台。应用平台是智慧课堂的基本工具，为智慧课堂的教与学终端提供应用支持。应用支持平台实际上是由一类移动 APP 组成的，提供智能终端的学习、管理和应用功能，包括微课制作、微课应用、作业平台、统计分析、学习资源推送、沟通交流工具和第三方 APP 应用等。

四是多元评价分析。这是智慧课堂的核心组成部分，是实现动态学习数据分析和评价的关键。基于多元学习评价系统，实现课前、课中、课后的全过程动态测评和数据分析，提供对学习和教学的形成性评价、总结性评价和诊断性评价服务，包括测试系统、动态评价分析系统、综合评价系统和教学质量评价系统等子系统。

五是教学应用环节。智慧课堂教学应用总体上由课前、课中、课后三个环节组成。课前环节包括学情分析、预习测评、教学设计等步骤，课中环节包括课题导入、探究学习、实时检测、总结提升等步骤，课后环节包括课后作业、微课辅导、反思评价等步骤。

"互联网＋"时代下的智慧课堂就是以建构主义学习理论为依据，以"互联网＋"的思维方式和大数据、云计算、移动互联网等新一代信息技术打造的，实现课前、课中、课后全过程应用的智能、高效的课堂。其实质是基于动态学习数据分析和"云＋端"的运用，通过数据化的决策分析、即时化的评价反馈、立体化的互动交流和智能化的资源推送，创设富有智慧、有利于协作交流和意义建构的理想学习环境，通过智慧的教与学，促进全体学生实现符合个性化成长规律的智慧发展。与传统课堂相比，"互联网＋"时代下的智慧课堂具体以下四个特点：

一是资源推送智能化。智慧课堂为学习者提供了极为丰富的多媒体资源，包括微视频、电子文档、图片、语音、网页等形式多样的学习资源，而且可以根据学生的个性化特点和差异，智能化地推送有针对性的学习资料，满足学习者富有个性的学习需要，帮助学生固强补弱，提高学习成绩。

二是交流互动立体化。智慧课堂教学的交流互动更加生动灵活，教师与学生之间、学生与学生之间的沟通、交流与互动方式立体化，除了课堂内的师生互动，师生还可以借助云端平台进行课外交流，实现师生、生生之间的持续沟通，无障碍地进行任何时间、任何地点的交流互动。

三是教学决策数据化。智慧课堂始终以学校构建的信息技术平台为支撑，基于动态学习数据的收集和挖掘分析，对学生学习全过程的效果进行数据化呈现，使得智慧教学过程从依赖于存在教师头脑中的教学经验转向依赖于对海量教学数据的分析，一切靠数据说话，依靠直观的数据精准地掌握学情，方便教师有的放矢地安排及调整教学。

四是评价反馈即时化。智慧教学中采取动态伴随式学习评价，即贯穿课堂教学全过程的动态学习诊断与评价，包括课前预习测评和反馈、课堂实时检测评价和即时反馈、课后作业评价和跟踪反馈，从而实现了即时、动态的诊断分析和评价信息反馈，重构形成性教学评价体系。

"互联网＋"时代下的智慧课堂将引发课堂教学的全面变革，对传统教学结构产生"革命性"的影响，主要体现在以下几个方面：

一是教学理念与形态的变革。"互联网＋"时代，数据改变教育是智慧课堂的核心理念。传统课堂主要依靠教师的个人教学经验对课堂上学生的学习行为进行判断和制定教学决策；智慧课堂则从依赖于存在教师头脑中的教学经验转向依赖于对海量教学案例和行为数据的分析，一切靠数据说话，数据来源于学生作业、测试、学案、课堂即时反馈等学习全过程，依据对学生学习行为大数据的挖掘分析与决策，用直观的数据了解学生对知识掌握的水平，用数据描述每一个学生的个性化特征和差异，即时、精准地掌握来自全体学生的第一手学情资料，及时调整教学策略，基于数据分析提升教学机智，在课堂教学中实现了基于证据的教育。

二是师生角色与关系的变革。在传统课堂教学中，教师是知识的传授者、垄断者，而学生是被动接受知识的容器，是被教育的对象、被制造的"产品"。智慧课堂教学中，这种角色关系得到了根本性的转变。智慧课堂倡导教育为学习服务，教师是学习服务的提供者、帮助者，协助学生自主学习和知识构建。智慧课堂是"以全体学生为中心"，尊重学生学习的主体地位，实现了"把课堂还给学生，让学生自己成为学习的主人"。

三是教学目标与设计的变革。智慧课堂能够将传统课堂中难以描述与传递的隐性知识显性化，使认知目标发生了由低阶至高阶的变革，为认知目标及教学设计的优化提供了重要条件。例如，在认知目标及教学内容的选择和确定上，基于动态学习数据分析的智慧课堂，根据课前进行的数字化预习和预习测评情况的反馈，即时、精准地掌握来自一线学生的学情分析资料，弄清学生已有的认知基础，据此来设置教学目标，确定相适应的教学内容和教学方法，就是要基于学生的"最近发展区"设计问题，做到有的放矢，以学定教，提高智慧课堂教学的整体效能。

四是教学模式与方法的变革。从以教师为中心、强调知识传授的传统教学转向以学生为中心、强调能力培养的新型教学；从传统多媒体教学的"望屏解读"向师生共同使用技术转变，师生、生生之间的沟通交流更加立体化，无障碍地进行即时交流互动；学习资源实现媒体化、智能化、碎片化，按需推送、实时同步；可实现导学式、互动式、合作式、游戏式、泛在式等各种教学方式。课堂教学流程和方法均发生了变化，从"先教后学"到"先学后教""以学定教"，教师依据动态测评分析，掌握每一个学生的知识掌握情况和个体差异，有的放矢，分层教学，真正实现个别化教学和因材施教。

五是课堂环境与结构的变革。新技术、新媒体和智能终端为学习者提供了丰富的认知工具与支撑环境，为师生建立了更为开放的教室、更为开放的课堂活动。例如，智慧课堂中没有了传统的讲台、黑板和粉笔，课桌、座椅以分组讨论方式摆放，投影屏幕、电子白板可以放置在教室的前后左右任一个需要的地方，教师始终面向学生教学并直接融入小组讨论。

六是评价体系与策略的变革。基于动态学习数据分析，教师能够快速地对学生的学习全过程进行动态、实时的诊断评价和反馈，对教师的评价也从传统的注重结果评价转变为动态过程评价，从主观评价转向数字化客观评价，依靠大数据分析实现精准评价诊断。

"互联网+"时代基于动态学习数据分析的智慧课堂具有以下关键目标与功能：

实现课堂动态开放：智慧课堂本质上是一个动态开放的系统，动态的信息互通交流，实现了更为开放的教室、更为开放的课堂活动，使得课前、课中、课后成为一体，单一、封闭的课堂教学向多元化的开放式教学发展。借助于云计算、移动互联网等新兴信息技术，运用智能手机、可穿戴计算设备等各种智能终端，智慧课堂系统超越了时空限制。开放的课堂有利于增强学生学习的独立性、自主性，鼓励学生自由、自主地学习，为学生激发潜能、发展智力提供了有利条件。

促进合作探究学习：依托信息化平台构建的学习环境，智慧课堂中可采取小组协商讨论、合作探究等学习方式，协作群组服务能够帮助有相同学习需求和兴趣的学习者自动形成学习共同体。通过平台获取丰富的学习资源和信息动态，就某个问题开展深入的互动交流和探究，有利于实现对所学知识的意义建构，促进知识内化。教师也可以通过平台对小组合作进行实时的数字化评价和及时的反馈，指导、帮助学习小组的讨论和合作探究。

促进个性化学习：大数据使实施个性化教学和因材施教具有了现实可能性，真正实现从群体教育的方式转向个体教育。基于大数据的学习分析，能够准确把握每个学习者掌握知识的状况，实现对学生的个性化学习能力的评估，使教师对每一位学生的认知度更清晰，有针对性地制定教学方案和辅导策略，推送个性化的学习资料，在课后进行个别化的"微课"作业和辅导，真正实现了以学生为中心的、"一对一"的个性化教学。

增进课堂高效互动：利用智能化的移动学习工具和应用支撑平台，教师与学生、学生与学生之间的沟通与交流更加立体化，能无障碍地进行即时交流，大大提高了课堂互动能力和教学效率。通过情境感知、数据挖掘等方法，可以提前预知学习者潜在的学习需求，可以针对学习者的需要，通过资源订阅和智能推送等方式，在第一时间推送最新的学习资源，基于动态学习数据分析和即时教学评价信息反馈，实现交互式教学，增加师生互动交互的深度和广度。

实现引导性施教：在新的课堂教学模式中，教师不再是知识的传授者、灌输者，而是教学活动的设计者、学生学习的引导者、帮助者，在教学全过程中始终起着重要的引导性作用。课前，通过情境建构、问题激发，教师引导学生对预习内容产生兴趣，并积极主动地查阅资料、开动脑筋、探讨研究教师推送的预习材料和测验；课中，通过互动交流，教师引导学生阐述自己对预习内容的认识过程、表达自己的观点，引导学生发现新的问题、展开讨论；课后，通过布置个性化的作业及辅导，教师引导学生形成对知识的整体掌握和更深入的理解。

提升课堂教学机智：课堂教学是千变万化的，再好的教学预设方案也不能预见课堂上可能出现的所有情况。在智慧课堂教学中，更要求教师具备很强的随机应变的能力，根据教学进程中随时可能出现的新情况、新问题，利用智慧课堂信息化平台提供的学生信息支持，基于动态学习测评分析和即时反馈，依靠数据科学决策，采取机智性行动，及时调整课前的教学预设，优化和改进课堂教学进程，充分体现智慧课堂中教师的教学智慧和教学艺术。

二、新媒体联盟地平线报告预测信息化教学创新趋势

新媒体联盟地平线报告(2017高等教育版)于2017年2月在新媒体联盟的官网上正

式发布。报告遴选出了 2017—2021 年间最有可能影响高等教育变革的关键趋势、重大挑战和重要进展，预测了信息化教学创新趋势，对职业教育信息化发展具有很强的借鉴意义。促进高等教育领域技术运用的关键趋势是：推进创新文化、深度学习方法、日益关注学习测量、重新设计学习空间、混合学习设计、协作学习。可能制约高等教育领域技术应用的重大挑战是：提升数字素养、正式学习和非正式学习的融合、成就差距、促进数字公平、应对知识老化、重新思考教育者的角色。重要技术进展是：自适应学习技术、移动学习、物联网、下一代学习管理系统、人工智能、自然用户界面。新媒体联盟地平线报告二维码网址，如图 6-5 所示。

图 6-5　新媒体联盟地平线报告下载网址

　　本年度报告的亮点是对近五年来所涉及的趋势、挑战和技术进行了归纳和排序，最终确立了推动技术应用的 9 大关键趋势、影响技术应用的 9 项重大挑战和 12 项教育技术的重要发展。9 大关键趋势：短期——更多应用混合式学习设计、开放教育资源快速增加、STEAM 学习的兴起；中期——重设学习空间、跨机构协同日益增加、反思高校运作模式；长期——程序编码素养的兴起、推进变革和创新文化、转向深度学习方法。9 项重大挑战：可应对的——将技术融入师资培训、混合采用正式与非正式学习、提升数字素养；有难度的——个性化学习、教育大数据的管理问题、推广教学创新；严峻的——培养复合思维能力、平衡互联生活和非互联生活、重塑教师角色。12 项教育技术的重要发展：一年之内——翻转课堂、移动学习、创客空间、大规模开放在线课程；二至三年——学习分析及适应性学习、增强现实及虚拟现实技术、虚拟和远程实验室、量化自我；四至五年——情感计算、立体显示和全息显示、机器人技术、机器学习。

　　1. 短期内关键趋势：混合学习设计

　　混合学习是"在线学习方式"与"面对面学习方式"相互结合，从而满足学生们更加多样化的学习需求。教师可以运用多媒体技术与互联网技术，灵活地将线上与线下的学习方式有效整合，巧妙地安排课堂内的教学活动，合理地将一些教学活动安排在课堂外，使得教学设计更加开放机动。教师可以尝试录制视频或挑选推荐有关内容，放在网络平台上，方便学生们通过在线学习的方式获取。

2. 短期内关键趋势：合作学习

合作学习是指学生之间、师生之间，以一种团队协作的方式开展学习。现实世界正在变得越来越复杂，许多任务往往需要合作才能解决。因此，在当今社会，学会合作变得异常重要。在互联网与移动互联网的技术背景下，人们很容易通过各种方式链接到一起，但是频繁联系并不代表合作学习。合作学习又往往出现成员贡献差异过大，一个人承包所有事情等状况。因此，合作学习可以围绕四个关键点展开，包括以学习者为中心，强调成员之间的互动，形成工作团体，为真正的挑战共同制定解决方案。在技术的支持下，合作学习可以在时间和地点上更加灵活，鼓励合作学习发生在跨区域、跨文化、跨专业之间，从而提升学生们面对复杂真实问题的理解力和解决问题的协作能力。

3. 中期内关键趋势：重新设计学习空间

人影响空间，空间也影响人。学校正在主动思考如何通过更加多样化的学习空间设计，帮助个体和群体找到更适合自身的学习方式。学习空间设计正在从以讲授为主的讲座型空间设计，转变为基于项目合作、团队展示、自主学习、自由讨论、工程设计等多样化的空间设计。

4. 中期内关键趋势：日益重视的学习测量

随着课程学习平台、学习管理系统、日常信息服务平台的广泛使用，学校正在拥有学生学习的大量相关数据，正在积极思考这些数据如何运用，从而更好地可视化这些数据。引导教师多维度地使用这些数据，一方面更多地揭示学生们日常行为所反映出来的学习需求，另一方面通过学习测量更全面地改变学校的课程设置和服务体系。

5. 长期内关键趋势：深度学习方式

深度学习关注培养学生们的批判性思维、协作能力、解决问题能力以及自我导向的学习能力。信息技术为深度学习提供了多样化而又比以往任何时代都廉价的工具。我们可以为某个真实的问题找到更全面的信息和更多样化的观点，找到解决问题所需要的技术工具并加之以组合，从而更深入地探索真实而又复杂的问题。

6. 长期内关键趋势：不断增进的创新文化

通过激发、鼓励和支持每一个学生的内在想法，学校正在努力创建一整套孵化创新的体系。越来越多的学校设立有自己的专利管理部门，有利于促成专利与外界进行有效合作的机会。学校积极鼓励学生们进行创业，提供一系列专业的帮助，对接相关投资人。

7. 可解决的挑战：提高数字素养

数字素养几乎涵盖了一个公民在数字化时代下需要具备的各种各样的能力。在这样一个数字化时代，我们不能一次又一次地闯入"信息化高速公路"，而完全不懂得如何"驾驭",也搞不懂其运行的"准则"。我们都是数字化时代下的"数字公民",需要提高自己的数字素养,懂得搜索、甄别、处理、加工信息,掌握必备的日常技术,遵守网络礼仪与道德,运用各种各样的数字化平台、数字化资源和数字化工具,不断分享与创造。

8. 可解决的挑战:整合正式与非正式学习

互联网正在创造的大量非正式学习机会。互联网不断地消除信息壁垒,让每一个个体拥有更多的机会自主学习。我们完全不需要交学费,不用坐在教室里,就可以获得这门学科的大量信息,甚至完整的在线课程。整合正式与非正式学习成了一项很明朗的挑战,对于个人来说是不同学习方式的整合,对于组织来说是更开放地接受多元的学习方式。

9. 有难度的挑战:数字权益

报告显示美国仍然存在大量地区无法提供高速网络,我国也有类似情况。这种客观状况造成的数字鸿沟仍在继续,需要面对数字权益不平等带来的挑战。

10. 有难度的挑战:成就差异

为什么入学的时候差不多而毕业的时候差距很大,之后对于社会的贡献差异也越来越大?这种成就差距正在成为教育的挑战。近些年来,相同学校毕业的学生个体差异正在凸显。学校需要反思这一现状,研究是否是因为无法满足大量学生个性化的学习需求而导致了学生的自我迷失。

11. 棘手的挑战:管理知识荒废

我们处在一轮又一轮的新技术革命之中。技术为教学和学习提供了更多潜在的机遇。运用一整套全新的管理系统、课程系统需要教职员工进行新一轮的学习。有可能出现经过一轮学习之后,管理系统又面临着更新换代,刚刚掌握的知识和技能就"荒废"了。因此,学校需要重视知识荒废现象,充分考虑新技术引入之后的有效使用时间,测评技术引入带来的综合效果,既要更好地适应时代的发展,又要让教学和科研真正从中受益。

12. 棘手的挑战:重新思考教师角色

教师不再是学生知识的唯一来源,教师不能被看作是知识的搬运工。教师开始更愿意使用多媒体资源、网络资源,把注意力集中在教学方法上。学校需要积极寻找和创设教师的不同角色定位,在科研与教学之间保持平衡。

教师如何真正地洞察学生的需求、如何发掘学生的潜能、如何组织学生一起探索、如何引导学生不断专业发展?在这样一个多元的时代,这些问题变得越加重要而急迫。

13. 短期内关键技术:自适应学习技术

自适应学习技术从最初的构想和不成熟,变成了成熟可行且见效的学习技术。简单来说我们的很多学习类应用程序背后都有自适应学习技术,可以根据学习记录及学习轨迹，推荐学习内容，优化练习的针对性，从而适应学习者循序渐进的学习需求。

14. 短期内关键技术：移动学习

随着移动互联网、智能手机以及应用程序的丰富和普及，移动学习被广泛应用。学生已经开始每天看微信的文章、刷朋友圈消息、用应用程序背单词等。

15. 中期内关键技术：物联网

物联网技术让学校内外大量设备可以无缝地连接在一起。学校内的各个传感器以及硬件设备正在相互连接起来，收集大量学生数据，通过挖掘这些数据可以更好地服务于学生学习。

16. 中期内关键技术：下一代学习管理系统

随着大量校企合作以及大量巨头企业不断研发，学习管理系统正在变得越来越适应教学和学习体验。学习管理系统将更深入地串联起整个教与学的过程，为其中的诸多环节提供效率，减少教师大量收集信息、批改作业、统计数据、分发建议反馈的时间和重复劳动，使学生获得更及时的反馈、更流畅的学习体验、更个性化的提醒。

17. 长期内关键技术：人工智能

人工智能具备更强的数据挖掘、深度学习和机器学习的能力。人工智能将进一步深入理解学习者特征、学习者思维模式，从而提升在线学习和自适应学习系统的效能。在线学习的时候可以开启摄像头，记录学习过程中学习者的表情，通过表情分析判断此刻学习者的状态、感受和情绪，从而改变学习路径，调整学习进度，提供学习个性化关怀。

18. 长期内关键技术：自然用户界面

人与机器的交互方式持续在变化，从最早的鼠标键盘，到多点触屏，再到现在刚刚兴起的语音输入和手势控制。未来更多的自然用户界面技术（如人机触觉控制技术），将让机器与计算机更紧密地融合到生活、工作和学习场景中。

参考文献

[1] 陈玉琨. 中国高等教育评价论[M]. 广州：广东高等教育出版社，1993.

[2] 王致和. 高等学校教育评估[M]. 北京：北京师范大学出版社，1995.

[3] 陈玉琨，等. 课程改革与课程评价[M]. 北京：教育科学出版社，2001.

[4] 闫寒冰. 信息化教学评价——量规实用工具[M]. 北京：教育科学出版社，2003.

[5] 何克抗，林君芬，张文兰. 教学系统设计[M]. 北京：高等教育出版社，2006.

[6] 李秀兰. 新课程背景下的教师评价[J]. 甘肃教育，2006(8).

[7] 何克抗. 教育技术培训教程（教学人员·中级）[M]. 北京：高等教育出版社，2007.

[8] 王鸽. 新教学模式中的教学评价[J]. 江苏教育，2008(11).

[9] 祝智庭，沈书生，顾小清. 实用教育技术——面向信息化教育[M]. 北京：教育科学出版社，2008.

[10] 董丞明. 现代教育技术培训教程[M]. 郑州：大象出版社，2008.

[11] 张传燧. 课程与教学论[M]. 北京：人民教育出版社，2008.

[12] 李文剑. 提高信息化课堂教学有效性之反思[J]. 中国教育信息化，2009(6).

[13] 卓松生. 教学质量监测与评估信息化初探[J]. 中国信息技术教育，2010(15).

[14] 董丞明. 学案教学的理论与实践[M]. 郑州：海燕出版社，2010.

[15] 南国农. 信息化教育概论（第2版）[M]. 北京：高等教育出版社，2011.

[16] 高鹏飞. 高校信息化教学质量评价研究[D]. 南京：南京师范大学，2011.

[17] 王发友. 巧用教室电子监控提升教学管理水平[A]. 2011全国高等职业教育电子信息类专业学术暨教学研讨会论文集，2011.

[18] 冯燕芳. 高职院校实践教学评价指标体系研究[J]. 职业技术教育，2012(8).

[19] 左晓梅. 关于信息技术教育应用效益评估方法的研究[J]. 远程教育杂志，2012(6).

[20] 南纪稳. 量化教学评价与质性教学评价的比较分析[J]. 当代教师教育，

2013(1).

[21]张俊斌. 信息化风险及其管理探讨[J]. 科技情报开发与经济,2013(6).

[22]凌静. 职业教育"2W2H"教学设计[M]. 北京:中国科学技术出版社,2013.

[23]臧侠. 浅谈多媒体教学在职业学校教学中的作用[J]. 电子制作,2013(24).

[24]祝智庭. 教育技术培训教程(教学人员版·中级)[M]. 北京:北京师范大学出版社,2013.

[25]柳春艳,傅钢善. 从教育社会学视角看基础教育信息化的负面社会影响[J]. 现代教育技术,2015(6).

[26]孟凡那. 计算机网络安全现状与防护策略[J]. 数码世界,2015(9).

[27]职业教育信息化课题组. 职业教育信息化研究导论[M]. 北京:清华大学出版社,2015.

[28]宋安国. 技能形成[M]. 北京:高等教育出版社,2016.

[29]邢楠. 职业院校教师信息化教学能力调研分析与结构模型研究[D]. 武汉:华中师范大学,2015.

[30]许红叶. 微课教学的设计与制作实践研究[J]. 微型电脑应用,2016(5).

[31]谢传兵. 信息化教学意识[M]. 北京:高等教育出版社,2016.

[32]张一春. 信息化教学设计实例精析[M]. 北京:高等教育出版社,2016.

[33]王兆华. 基于翻转课堂的高职"综合布线"课程微课教学改革与实践[J]. 职教论坛,2017(2).

[34]姜大源. 职业教育要义[M]. 北京:北京师范大学出版社,2017.